人人伽利略系列 37

U0076990

從細胞開始認識生物的
遺傳、演化與生態系

國中・高中生物

人 人 出 版

人人伽利略系列37

從細胞開始認識生物的遺傳、演化與生態系

國中·高中生物

4 導讀
6 生物多樣性
8 三域
10 系統分類與分類

1 組成生物體的細胞

監修 田沼 靖一／中野 明彥

14 細胞的多樣性
16 細胞的全貌
18 細胞核①～②
22 胞器的起源
24 內質網
26 高基氏體
28 粒線體
30 細胞膜
32 代謝
34 植物細胞
36 細胞分裂
38 細胞凋亡
40 病毒
42 癌症

個體的起源

監修 田沼 靖一

46 卵與精子、受精
48 全能性與三胚層
50 誘導
52 血液與免疫
54 恆定性
56 神經元
58 先天行為與後天行為
60 糖解作用與檸檬酸循環
62 消化與吸收

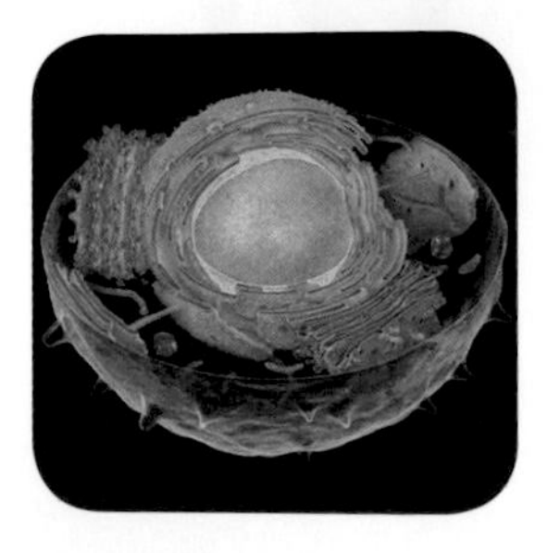

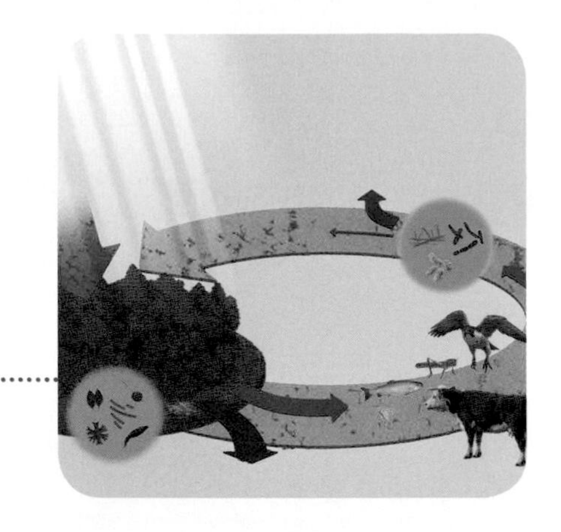

謎樣的基因

監修 田沼 靖一

66 子代和親代相似
68 遺傳法則
70 基因與染色體
72 基因重組
74 DNA
76 中心法則
78 密碼子與遺傳密碼表
80 蛋白質與酵素
82 調控基因的表現
84 RNA的加工
86 基因體
88 Column 1 遺傳傳遞了什麼

生殖與性別的機制

監修 田沼 靖一

92 無性生殖
94 有性生殖
96 性別決定
98 SRY基因
100 性轉變
102 為何演化出性別
104 Column 2 男孩子較像母親，女孩子較像父親，是真的嗎？

演化與生態系

監修 田沼 靖一

108 基因庫
110 哈溫平衡
112 突變
114 天擇
116 性擇
118 遺傳漂變
120 基因流動
122 達爾文《物種起源》
124 適應輻射
126 化學演化
128 藍綠菌
130 寒武紀大爆發
132 大滅絕與繁盛
134 人類
136 食物網與能量流
138 生態系
140 全球暖化
142 Column 3 不斷貼近生活的基因體編輯

Prologue

「生物」即學習從細菌到人類，地球上所有生物擁有的共同點與多樣性

主要在國中理化及高中的「基礎生物」會學到的知識

- 細胞的結構
- 呼吸作用與光合作用
- DNA與蛋白質
- 動物與植物的個體
- 細胞分裂與生殖
- 遺傳訊息的分配

高中「生物」的單元

生命現象與物質

細胞與分子

「細胞」是所有生物體的基本單位，此章節會講解其結構及構成細胞的物質（生物分子）。生物分子中，尤以蛋白質在生命現象中具有相當重要的功能。

代謝

介紹會分解葡萄糖等有機化合物以獲得能量的呼吸作用，以及植物將二氧化碳合成有機化合物的光合作用。也會涉及植物從空氣中吸收氮分子的固氮作用。

遺傳訊息的發現

DNA將遺傳訊息轉錄成RNA，並以此產生蛋白質。[illegible]物科技後，近年來一直有突破性的發展。

生殖與發育

有性生殖

生殖即精子與卵等「配子」相遇後，孕育出下一代個體的過程。產生配子時，細胞會進行名為「減數分裂」的特殊細胞分裂。

動物的發育

學習精子與卵受精形成受精卵後，長大成人的過程（發育）。細胞透過分裂增加數量，且會變成具有不同特性的細胞，這個情形稱為「分化」。

植物的發育

[illegible]

以下是高中「生物」會學到的內容。這些基礎知識會在國中理化與高中加強深度的「基礎生物」中學習到。

「生物」是探討從細菌到人類，所有居住在地球上的生物之共同點與多樣性的一門領域。因此，納入了急速發展的生命科學研究成果。而臺灣推出的108新課綱，跟以往的主要差別是強調以素養為導向，並培養自學能力，鼓勵學生蒐集資料、實際著手解決問題。該如何將課程內容與生活經驗做連結，將是老師與學生要共同探索的課題。

刺激與反應
體內環境的維持
免疫機制
自然與環境
植被的多樣性
生態系與保護
植物與動物的親戚
生物的變異
生物的演化
生物對環境的反應
生態與環鏡
生物的演化與系統生物學
動物的反應與行動
動物擁有眼睛、耳朵及皮膚等感覺器官（受器），會接收到來自外界各式各樣的刺激，並通過神經傳達到腦部。根據腦發出的指令，肌肉等動器會使身體產生動作。
族群與群集
生活於固定地區的所有族群集合稱為群集。族群及群集會產生競爭、掠食、寄生及共生等關係。
生物演化的機制
物多樣性。也會介紹突變與天擇等演化機制。
植物的環境反應
植物也會依據日照量等環境因素進行多種不同反應。既沒有神經也沒有腦的植物，為了反應環境變化，會分泌稱為「植物激素」的物質來進行重要作用。
生態系
將群集與其周圍環境視為一個系統即為生態系。將無機物轉化為有機化合物的生產者，與食用生產者的消費者會形成食物鏈。透過食物鏈，碳與氮等物質便產生循環。
生物的分類系統
生物分為真核生物、細菌、古細菌等三域，接著再分成界、門、綱、目、科、屬、種。人屬於真核生物、動物界、脊索動物門、哺乳綱、靈長目、人科、人屬、人。

註：本圖基於現行（～2021年度）日本學習指導要領繪成。

生物多樣性

生物形形色色，但生物學只有一門

地球是擁有生物的行星。陸地上就不用說了，連空中至深海海底都有很多種類的生物棲息其中。即使你只是稍微望向周圍，也會看到許多生物對吧？例如狗、貓、在水缸中游泳的魚、盆栽裡的植物、蒼蠅及蚊子等。你體內及皮膚表面上，也棲息著超過100兆個細菌（bacteria）。

生物多樣性（biodiversity）可從「物種多樣性」（species diversity）、「遺傳多樣性」（genetic diversity）與「生態系多樣性」（ecosystem diversity）等三個觀點來理解（如下圖），它們之間的關係錯綜複雜。

生物相關的知識和理論已統整為一門學科——「生物學」，透過不斷解讀生物的共同點，就能更深入了解生物，而且腦中還會不禁再次思考這些生物的演化奇蹟。

※右圖為多種生物的示意圖。靠種子（胚珠）散播的植物稱為種子植物。種子植物依種子有無外露，分為裸子植物及被子植物；動物依有無脊椎，分為脊椎動物跟無脊椎動物。脊椎動物包括人、鳥類和魚類，無脊椎動物包括屬於軟體動物的章魚、刺絲胞動物的水母及節肢動物的昆蟲。

鳳蝶
（節肢動物）
紅水母（刺絲胞動物）
系卷海星
（棘皮動物）
普通章魚（軟體動物）

構成生物多樣性的三種多樣性

物種多樣性
地球上棲息著許多物種。已經命名的生物就有150萬種，加上尚未發現的生物，據說總數多達千萬種。

遺傳多樣性
一個物種當中，每個個體的基因多少有些不同。在抵抗疾病等方面的差異，是個體產生差異的主要原因。

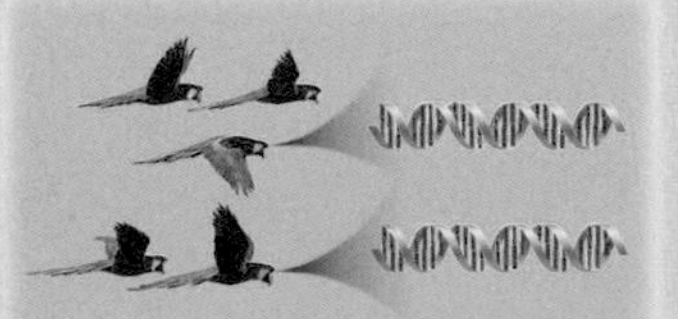

生態系多樣性
地球上分布著許多種氣候跟不同環境，各有能適應該氣候與環境的生物棲息著，因而產生了多樣化的生態系。

遺傳、物種、生態系多樣性，彼此間的關係錯綜複雜。

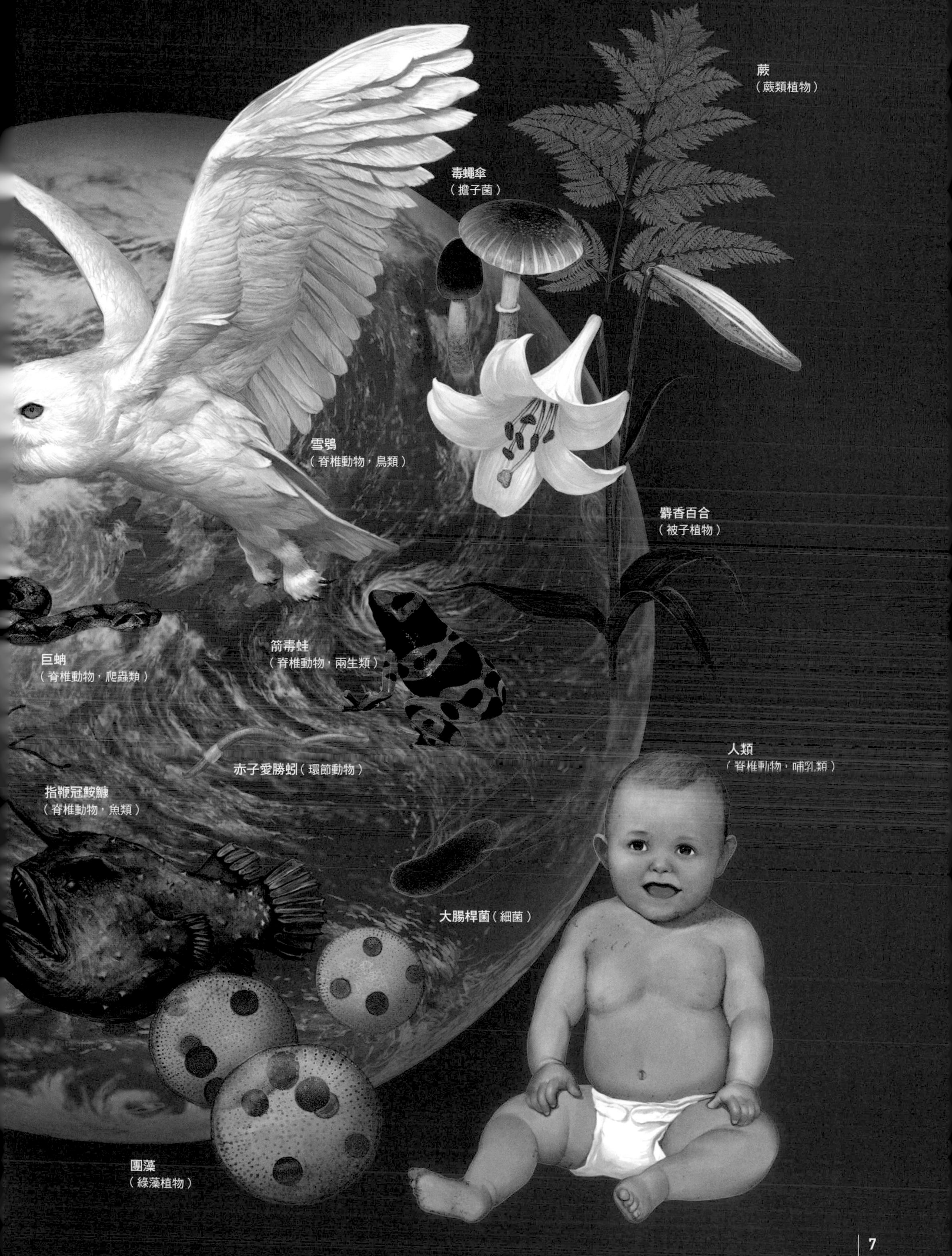

蕨
（蕨類植物）

毒蠅傘
（擔子菌）

雪鴞
（脊椎動物，鳥類）

麝香百合
（被子植物）

巨蚺
（脊椎動物，爬蟲類）

箭毒蛙
（脊椎動物，兩生類）

赤子愛勝蚓（環節動物）

人類
（脊椎動物，哺乳類）

指鞭冠鮟鱇
（脊椎動物，魚類）

大腸桿菌（細菌）

團藻
（綠藻植物）

三域

生物界的三域

生物一直在演化，持續不斷地多樣化。而現在放眼望向生物界，可知生物界分成三域（Three-domain）。

本頁上方的插圖是根據生物遺傳訊息劃分的分類群，分成「細菌」、「古細菌」（archaea）與「真核生物」（eukarya）。真核生物包括動物、植物、真菌（fungi）和許多原生生物（protist）。

在這三域中，細菌與古細菌的染色體（chromosome）沒有膜包覆，處於「裸露」的狀態，而且也沒有真核生物細胞擁有的「粒線體」（mitochondria）（第28頁）和「葉綠體」（chloroplast）（第34頁）等胞器（organelle）。

細菌與古細菌最大的差別在於細胞膜（cell membrane）。細菌的細胞膜比較柔軟，而古細菌的細胞膜比較緻密且堅硬。

很多細菌跟古細菌都能生存於跟共同祖先（common ancestor）類似的高溫環境下，因此推測最初的生命可能誕生於熱水環境。

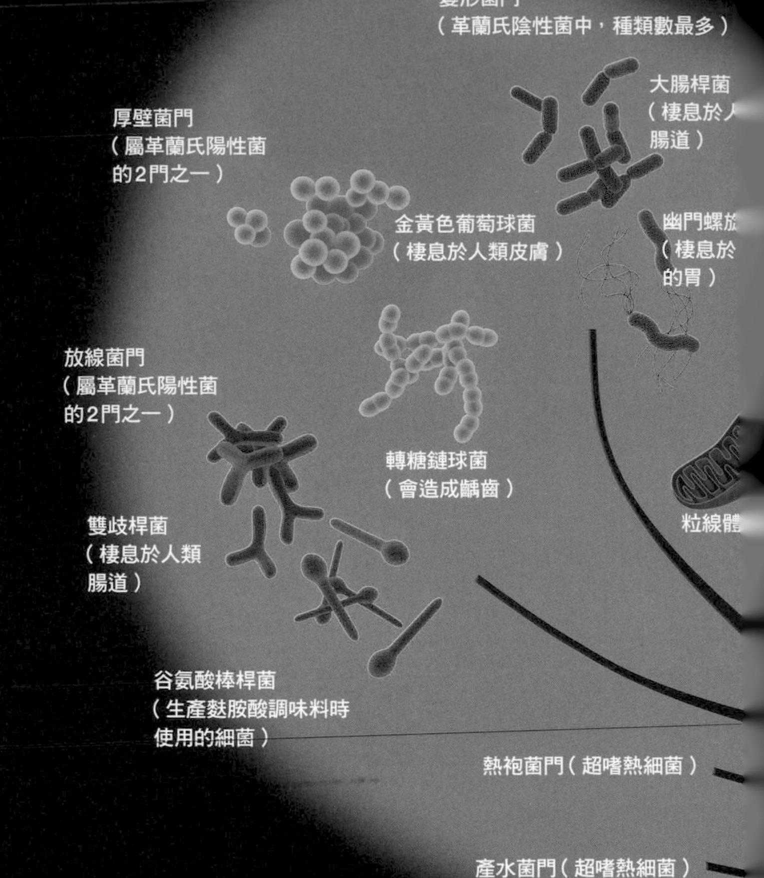
細菌
變形菌門
（革蘭氏陰性菌中，種類數最多）
大腸桿菌
（棲息於人
腸道）
厚壁菌門
（屬革蘭氏陽性菌
的2門之一）
金黃色葡萄球菌
（棲息於人類皮膚）
幽門螺旋
（棲息於
的胃）
放線菌門
（屬革蘭氏陽性菌
的2門之一）
轉糖鏈球菌
（會造成齲齒）
粒線體
雙歧桿菌
（棲息於人類
腸道）
谷氨酸棒桿菌
（生產麩胺酸調味料時
使用的細菌）
熱袍菌門（超嗜熱細菌）
產水菌門（超嗜熱細菌）

生物分類成三域

一般生物的系統分類關係如插圖上段所示，分成「細菌」、「古細菌」與「真核生物」三大群。一般認為真核生物演化自古細菌。細菌跟古細菌這兩群全都是單細胞生物，而真核生物中則是單細胞生物與多細胞生物皆有。

細菌、古細菌與真核生物的差異

細菌與古細菌不若動物與植物（真核生物）的細胞，它們沒有核膜跟胞器，結構單純。雖然細菌與古細菌的結構相似，但細胞膜的結構卻不同。細菌是雙層脂質結構，古細菌是單層。而且細菌細胞膜外側有「肽聚醣」形成的細胞壁；古細菌的細胞壁多是由蛋白質和醣蛋白組成的「S層」，或是由和肽聚醣很像的「假肽聚醣」所構成。也有細胞膜外沒有任何膜層的古細菌。

此外，從前將細菌與古細菌合稱為「原核生物」，但現在已不將兩者視為同一群（第10頁）。而病毒（如下圖）則不在三域之內。

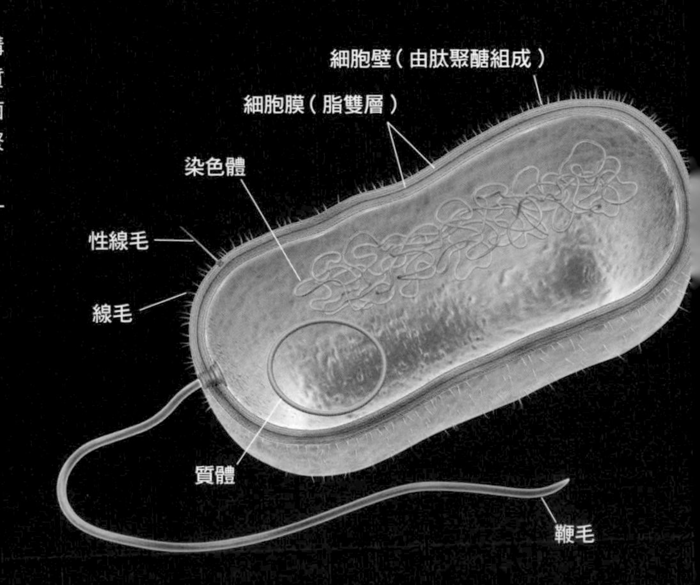
細菌
細胞壁（由肽聚醣組成）
細胞膜（脂雙層）
染色體
性線毛
線毛
質體
鞭毛

病毒

在三域中皆發現會寄生的病毒，而且這些病毒都有類似蛋白質的立體結構，普遍認為病毒有共同祖先。因此，早於三域分歧之前，病毒存在於35億年前是個很可信的假說。

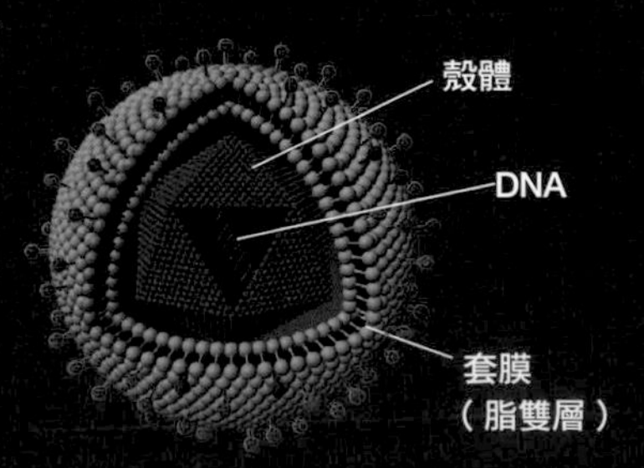
殼體
DNA
套膜
（脂雙層）

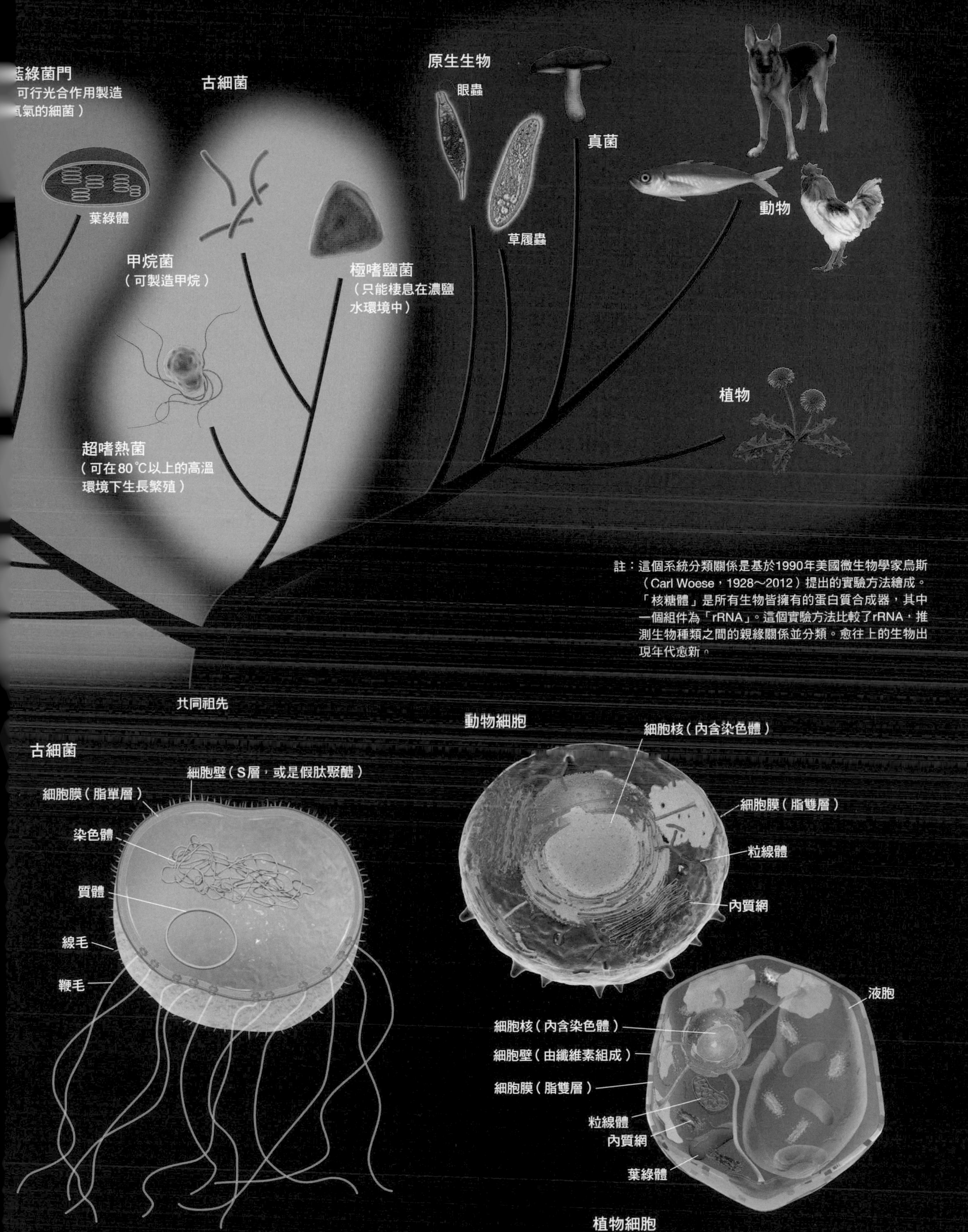

真核生物
藍綠菌門
（可行光合作用製造
氧氣的細菌）
古細菌
原生生物
眼蟲
真菌
葉綠體
草履蟲
動物
甲烷菌
（可製造甲烷）
極嗜鹽菌
（只能棲息在濃鹽
水環境中）
植物
超嗜熱菌
（可在80℃以上的高溫
環境下生長繁殖）
註：這個系統分類關係是基於1990年美國微生物學家烏斯
（Carl Woese，1928～2012）提出的實驗方法繪成。
「核糖體」是所有生物皆擁有的蛋白質合成器，其中
一個組件為「rRNA」。這個實驗方法比較了rRNA，推
測生物種類之間的親緣關係並分類。愈往上的生物出
現年代愈新。
共同祖先
動物細胞
細胞核（內含染色體）
古細菌
細胞壁（S層，或是假肽聚醣）
細胞膜（脂單層）
細胞膜（脂雙層）
染色體
粒線體
質體
內質網
線毛
鞭毛
液胞
細胞核（內含染色體）
細胞壁（由纖維素組成）
細胞膜（脂雙層）
粒線體
內質網
葉綠體
植物細胞

系統分類與分類

鳥類是爬行類分類群中的一員

虎鯨是海豚的親戚。虎鯨是中文的講法，即中文的俗稱。其英文名為「Killer Whale」，因此中文名又叫殺人鯨。除此之外，世界上還有許多虎鯨的別稱，為了統整這類情況，人們想出了「學名」這種命名法。

虎鯨的學名為「*Orcinus orca*」，依規定要寫出「屬名」及「種小名」。這個方法稱為「二名法」（binomial nomenclature），是由分類學之父林奈（Carl von Linné，1707～1778）所提出。

林奈也想過將生物分群，最小的分類群為「種」，其上為「屬」，再上為「科」……，如此般作成「分類群」。這個分類群並不存在於自然界，而是人為制定的階級。

林奈的分類法在整理生物界上非常有用。但是，這個分類法無法反映出生物的演化，意即無法反映出「系統分類」（systematics）。能顯示系統分類的圖，如上頁之「系統樹」（phylogenetic tree）。

系統樹是顯示生物如何「分歧」而來的圖。生物演化並非呈一直線，而是有分支的歷史。要探究生物如何「分歧」而來，就需要統合生物的形態與遺傳訊息、生物化學上的特點，找出共同點和差異點，引導出「共同祖先」。

右頁上方的圖是羊膜類（amniote）的系統分類樹。羊膜類是指胚胎中有「羊膜」等四層膜組成的生物。

看到這張圖，就會明白羊膜類的共同祖先首先分歧為「爬行類的共同祖先」與「單弓類」（synapsida），接著爬行類的共同祖先又分歧了數次。這個爬行類的共同祖先及後來分歧出去的所有生物群統稱為「爬行類」（嚴格來說是「爬蟲綱」）。其中，鳥類不跟爬行類並列，而是爬行類的後代之一。像這樣，「共同祖先與其分歧出去的所有後代」合稱為「單系群」（monophyly），等於同一個分類群。

但是，至今習慣上會將鳥類與爬行類並列。因此，也有人認為爬行類（爬蟲綱）不含鳥類，並將去除鳥類的爬行類分類群稱為「並系群」（paraphyly）。

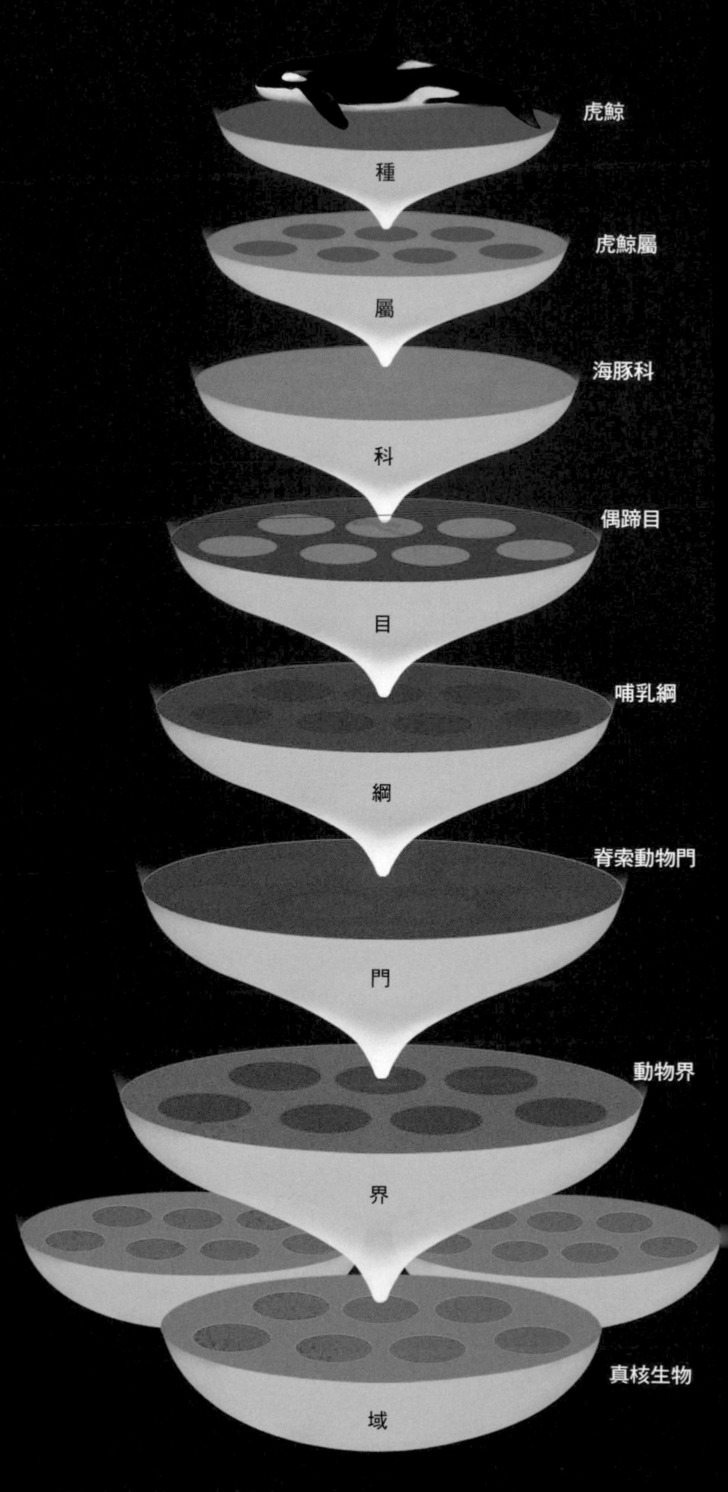
虎鯨
種
虎鯨屬
屬
海豚科
科
偶蹄目
目
哺乳綱
綱
脊索動物門
門
動物界
界
真核生物
域

分類名稱形成了階層

上圖為林奈分類體系。種、屬、科、目、綱、門、界由上往下依序排列。例如虎鯨的分類顯示於圖的右側。

圖的參考文獻：皆來自《campbell生物學》

鳥類是爬行類的後代之一

圖是羊膜類的系統分類樹。白色虛線框起來的部分是爬行類的「共同祖先及其分歧出來的後代」（單系群）。這部分等於林奈分類群所指的「爬行」（爬蟲綱）。另外，現代還殘存的爬行類（爬蟲綱）有龜類、鱷魚類、鳥類、鱷蜥類及有鱗類（以粗體字表示）。關於龜類如何分歧出來有太多謎，所以用虛線表示。

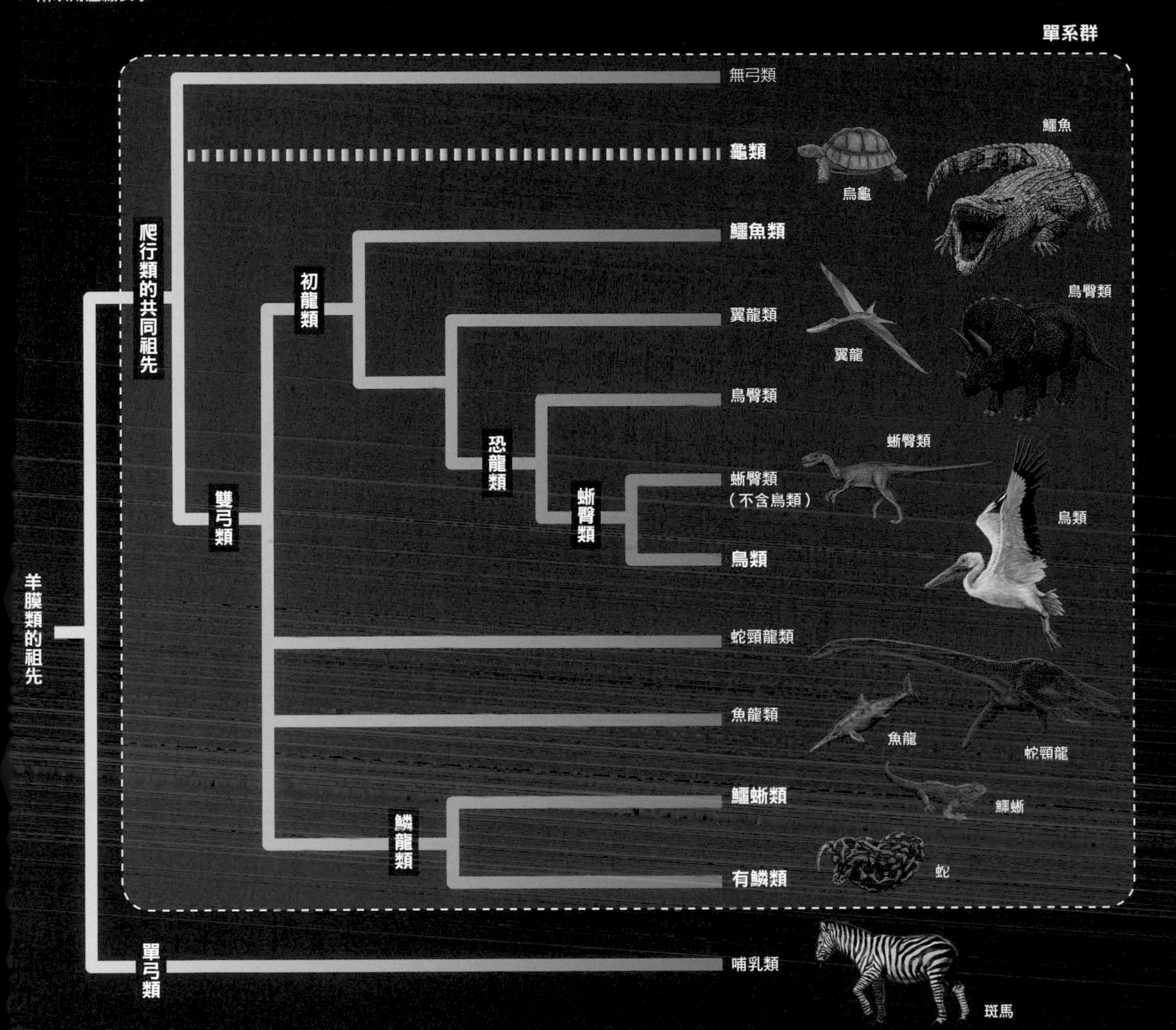

單系群
無弓類
龜類
烏龜
鱷魚
鱷魚類
鳥臀類
爬行類的共同祖先
初龍類
翼龍類
翼龍
鳥臀類
恐龍類
蜥臀類
蜥臀類
（不含鳥類）
蜥臀類
雙弓類
鳥類
鳥類
羊膜類的祖先
蛇頸龍類
魚龍類
魚龍
蛇頸龍
鱷蜥類
鱷蜥
鱗龍類
有鱗類
蛇
單弓類
哺乳類
斑馬

系統分類的例外定義

至今也有人認為鳥類不屬於爬行類，在這個情況下，爬行類就不是「單系群」，而變成「並系群」（如右邊左圖）。另外將相異共同祖先整合在一起的系統分類，稱為「複系群」（如右邊右圖）。它不是由共同祖先演化而來，而是因為外觀有共同點，為了方便，於是將其分作同一類群。支序分類學認為並系群與複系群並不適合作為分類群。

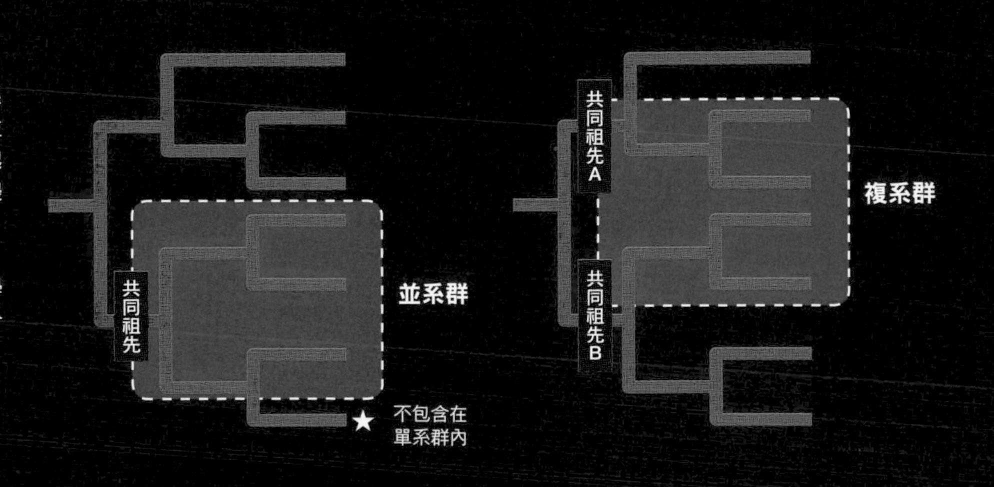

共同祖先
並系群
★ 不包含在單系群內
共同祖先A
複系群
共同祖先B

1 組成生物體的細胞

生物有共同性與多樣性的明顯特點。植物跟動物等生物除了具有多樣性，也具有共同性，其中最具代表的就是「細胞」。細胞正是生物最重要的生命基本單位，且細胞內的代謝作用會反覆進行產生能量的化學反應，其中又有生命設計圖之稱的去氧核糖核酸。有賴於此，所以生物才能延續下一代的生命。本章主要介紹細胞，它是生物的共同點，也會討論DNA及代謝。

14 細胞的多樣性
16 細胞的全貌
18 細胞核①～②
22 胞器的起源
24 內質網
26 高基氏體
28 粒線體
30 細胞膜
32 代謝
34 植物細胞
36 細胞分裂
38 細胞凋亡
40 病毒
42 癌症

監修　田沼 靖一／中野 明彥

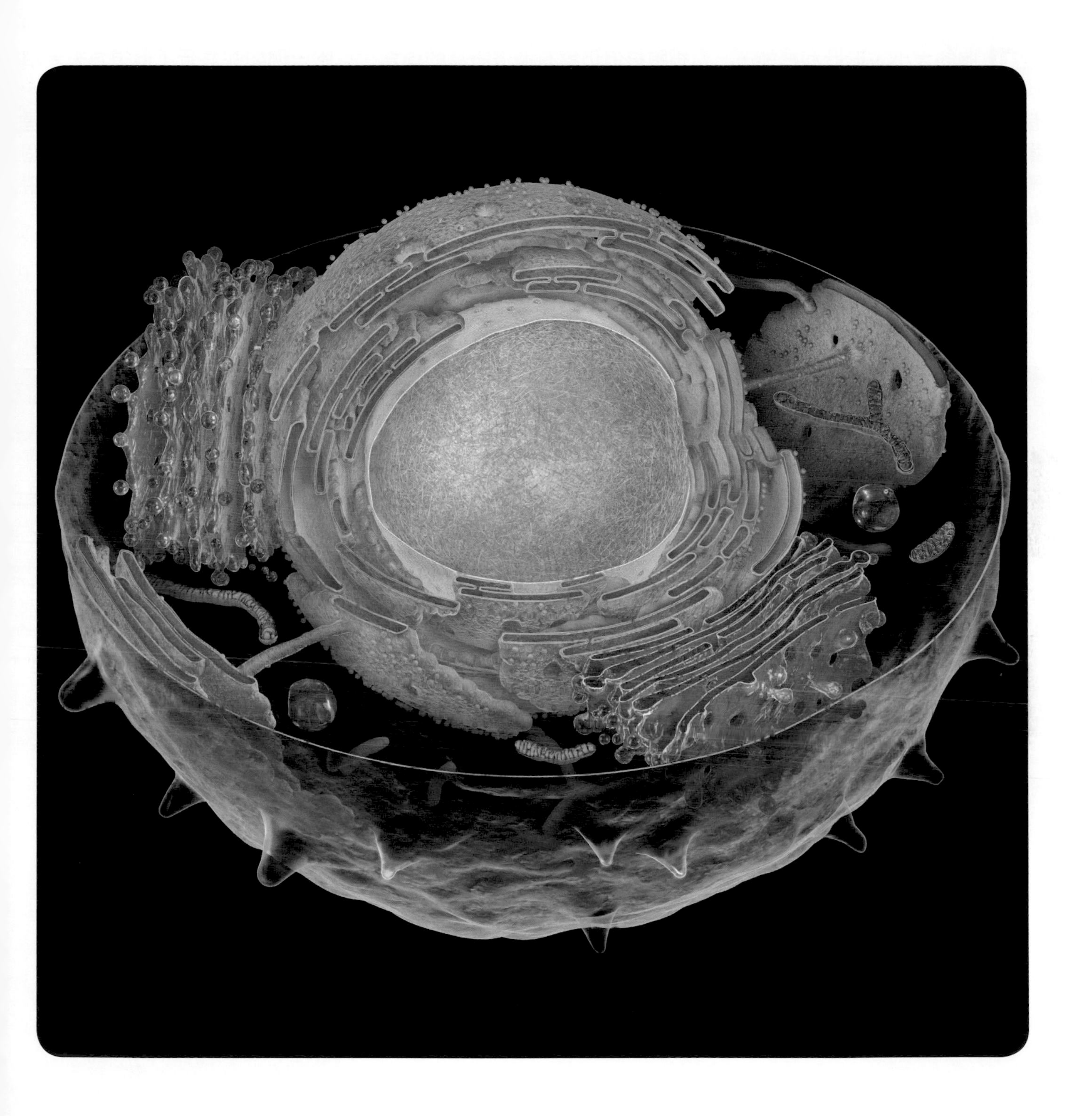

細胞的
多樣性

細胞是所有生物的基本單位

細胞的大小、形狀和機能，都有許多不同類型。但**所有細胞的共同點都是由膜（細胞膜）包覆住構造，及其內部含遺傳訊息。細胞擁有以上這些特點，且是所有生物的基本單位**。

遺傳訊息收納於「細胞核」（cell nucleus）中的稱為「真核細胞」；相對於此，明顯沒有細胞核但仍擁有遺傳訊息的稱為「原核細胞」（prokaryotic cell）。此外，像細菌一樣，以一個細胞為個體生存的生物稱為「單細胞生物」（single-celled organism）；像人類一樣，由多數細胞集合成一個個體的稱為「多細胞生物」（multicellular organism）。

順帶一提，人類的細胞依種類不同，大小約為0.01毫米。據說1個人的細胞總數約有37兆個，若將這些細胞排成1列，可達37萬公里長。

另外，世界上也有非常大的細胞，例如駝鳥蛋（但須為未受精卵）的卵黃直徑就約有10公分。

人的卵直徑約0.14毫米，算是人類細胞中偏大的。此外，這個世界上最小的細胞是名為黴漿菌（mycoplasma）的原始細菌，其直徑僅0.00025毫米。

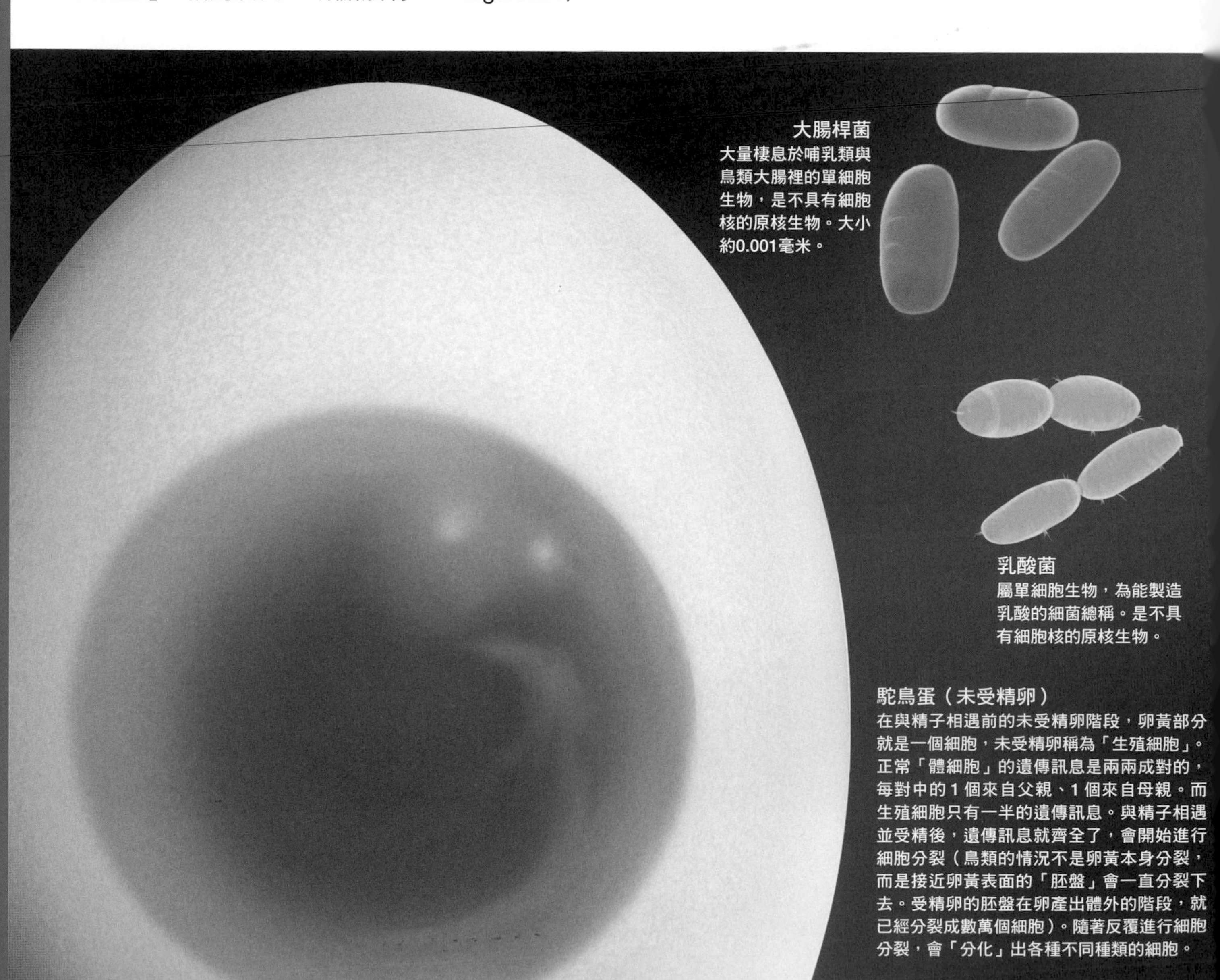

大腸桿菌
大量棲息於哺乳類與鳥類大腸裡的單細胞生物，是不具有細胞核的原核生物。大小約0.001毫米。

乳酸菌
屬單細胞生物，為能製造乳酸的細菌總稱。是不具有細胞核的原核生物。

駝鳥蛋（未受精卵）
在與精子相遇前的未受精卵階段，卵黃部分就是一個細胞，未受精卵稱為「生殖細胞」。正常「體細胞」的遺傳訊息是兩兩成對的，每對中的1個來自父親、1個來自母親。而生殖細胞只有一半的遺傳訊息。與精子相遇並受精後，遺傳訊息就齊全了，會開始進行細胞分裂（鳥類的情況不是卵黃本身分裂，而是接近卵黃表面的「胚盤」會一直分裂下去。受精卵的胚盤在卵產出體外的階段，就已經分裂成數萬個細胞）。隨著反覆進行細胞分裂，會「分化」出各種不同種類的細胞。

各式各樣的細胞

細胞有各種不同形態。但是不論哪種細胞，都包覆著細胞膜，內部具有遺傳訊息。

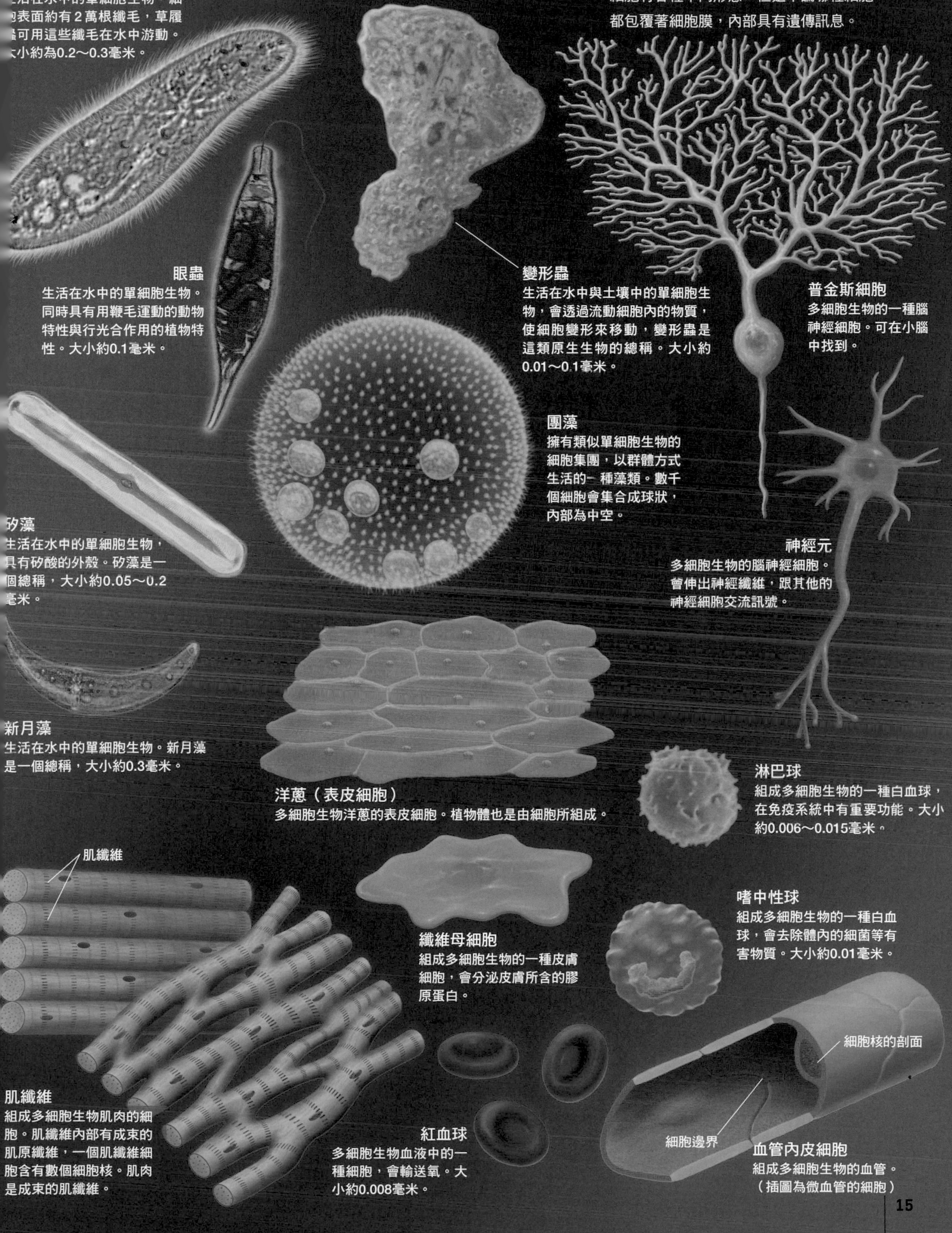

草履蟲
生活在水中的單細胞生物。細胞表面約有2萬根纖毛，草履蟲可用這些纖毛在水中游動。大小約為0.2～0.3毫米。

眼蟲
生活在水中的單細胞生物。同時具有用鞭毛運動的動物特性與行光合作用的植物特性。大小約0.1毫米。

變形蟲
生活在水中與土壤中的單細胞生物，會透過流動細胞內的物質，使細胞變形來移動，變形蟲是這類原生生物的總稱。大小約0.01～0.1毫米。

普金斯細胞
多細胞生物的一種腦神經細胞。可在小腦中找到。

團藻
擁有類似單細胞生物的細胞集團，以群體方式生活的一種藻類。數千個細胞會集合成球狀，內部為中空。

矽藻
生活在水中的單細胞生物，具有矽酸的外殼。矽藻是一個總稱，大小約0.05～0.2毫米。

神經元
多細胞生物的腦神經細胞。會伸出神經纖維，跟其他的神經細胞交流訊號。

新月藻
生活在水中的單細胞生物。新月藻是一個總稱，大小約0.3毫米。

洋蔥（表皮細胞）
多細胞生物洋蔥的表皮細胞。植物體也是由細胞所組成。

淋巴球
組成多細胞生物的一種白血球，在免疫系統中有重要功能。大小約0.006～0.015毫米。

肌纖維

嗜中性球
組成多細胞生物的一種白血球，會去除體內的細菌等有害物質。大小約0.01毫米。

纖維母細胞
組成多細胞生物的一種皮膚細胞，會分泌皮膚所含的膠原蛋白。

細胞核的剖面

肌纖維
組成多細胞生物肌肉的細胞。肌纖維內部有成束的肌原纖維，一個肌纖維細胞含有數個細胞核。肌肉是成束的肌纖維。

紅血球
多細胞生物血液中的一種細胞，會輸送氧。大小約0.008毫米。

細胞邊界

血管內皮細胞
組成多細胞生物的血管。（插圖為微血管的細胞）

細胞的
全貌

列舉細胞的共同結構

即使細胞形態與大小各有不同，但它們都有共同的要素。右頁即列舉出各種細胞（特別是動物細胞）許多共同的要素，並準備了說明用的（假想的）細胞插圖。雖然實際上的細胞有各式各樣，但以這個細胞為出發點的話，會更容易理解其他細胞。

所有的細胞都由**「細胞膜」**（1）包覆著。細胞膜形成的囊泡內部除了水之外，還充滿許多不同物質，其中最重要的是長鏈狀的分子**「DNA（去氧核醣核酸）」**（2）。細胞膜與DNA是所有生物細胞共同的要素。DNA對細胞而言，是非常必要且不可或缺的「設計圖」，可用來合成各種蛋白質。

真核生物細胞的結構為何？

像人類這樣的真核生物（動物、植物、真菌），會用**「核膜」**（3）包覆住DNA以保護，核膜所包覆的區域稱為**「細胞核」**（4）。

真核生物的細胞中，除了細胞核外還有許多不同的「組件」。像是要包覆細胞核般以層狀擴張的**「內質網」（endoplasmic reticulum）**（5），更外側則有**「高基氏體」（Golgi apparatus）**（6），小型囊泡狀的**「溶體」（lysosome）**（7），以及看起來是粒狀或長條狀的**「粒線體」**（8）等，以上這些組件合稱為「胞器」。另外，被細胞膜所包覆，但在細胞核以外的區域稱為「細胞質」（cytoplasm）。胞器也是細胞質的一部分，其中胞器以外的部分稱為「細胞質液」（cytosol）。細胞質液中除了水，還含有許多種蛋白質、胺基酸、葡萄糖與各種離子。

這些結構在真核生物是共通的。但是在植物細胞方面，還需加上能行光合作用的**「葉綠體」**及具支撐植物體功能的**「細胞壁」（cell wall）**。另外，「細菌」與「古細菌」這類細胞屬於「原核細胞」，其DNA沒有核膜包覆，細胞中也不含胞器。

1. 細胞膜
區隔細胞內外的膜。細胞上可見的膜狀結構以細胞膜為代表，是由「脂質」所形成。細胞膜的厚度約為8奈米左右（1奈米為10億分之1公尺）。
5. 內質網
包圍住細胞核的層狀結構。內質網的表面有許多「核糖體」，是合成蛋白質的工廠（第24～25頁）。內質網多分布於細胞膜附近。

動物細胞的「組件」

細胞的外形各有不同，此圖繪製了真核生物，特別是動物細胞共有的胞器。每種細胞的大小各有不同，不過就人類而言，大多數的細胞在數十微米左右（1微米為100萬分之1公尺）。另外，植物細胞會在第34～35頁介紹。

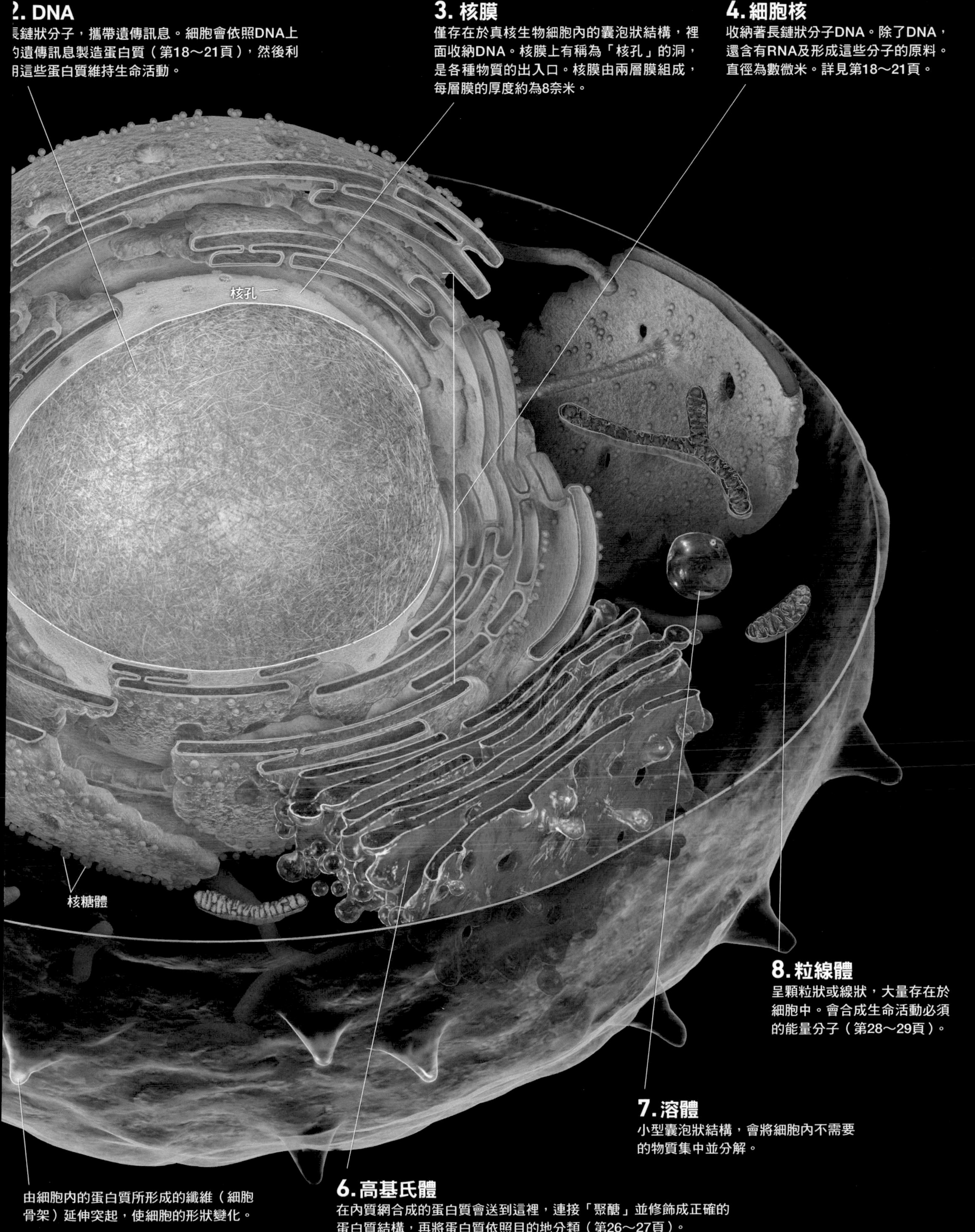
2. DNA
長鏈狀分子，攜帶遺傳訊息。細胞會依照DNA上的遺傳訊息製造蛋白質（第18～21頁），然後利用這些蛋白質維持生命活動。
3. 核膜
僅存在於真核生物細胞內的囊泡狀結構，裡面收納DNA。核膜上有稱為「核孔」的洞，是各種物質的出入口。核膜由兩層膜組成，每層膜的厚度約為8奈米。
4. 細胞核
收納著長鏈狀分子DNA。除了DNA，還含有RNA及形成這些分子的原料。直徑為數微米。詳見第18～21頁。
核孔
核糖體
8. 粒線體
呈顆粒狀或線狀，大量存在於細胞中。會合成生命活動必須的能量分子（第28～29頁）。
7. 溶體
小型囊泡狀結構，會將細胞內不需要的物質集中並分解。
由細胞內的蛋白質所形成的纖維（細胞骨架）延伸突起，使細胞的形狀變化。
6. 高基氏體
在內質網合成的蛋白質會送到這裡，連接「聚醣」並修飾成正確的蛋白質結構，再將蛋白質依照目的地分類（第26～27頁）。

細胞核
①

細胞核收納著約2公尺長的DNA

生命活動基於寫有遺傳訊息的長鏈狀DNA分子而得以生存。**以人類來說，一個細胞內含有46條DNA分子，將這些DNA全部連接起來的話，總長可達2公尺**。

關於人體的細胞數量有多種說法，一般推測**1位成人約有37兆個細胞**，而將1位成人身體所有的DNA連接，就會有740億公里長。這是太陽與地球間距離（1億5000萬公里）的500倍左右，真是令人難以置信的長度。

真核細胞將這般細長的DNA收納於細胞核中，且DNA間不但不會互相打結，在細胞分裂時還能正確複製。目前對於DNA如何收納於細胞核中還不是很了

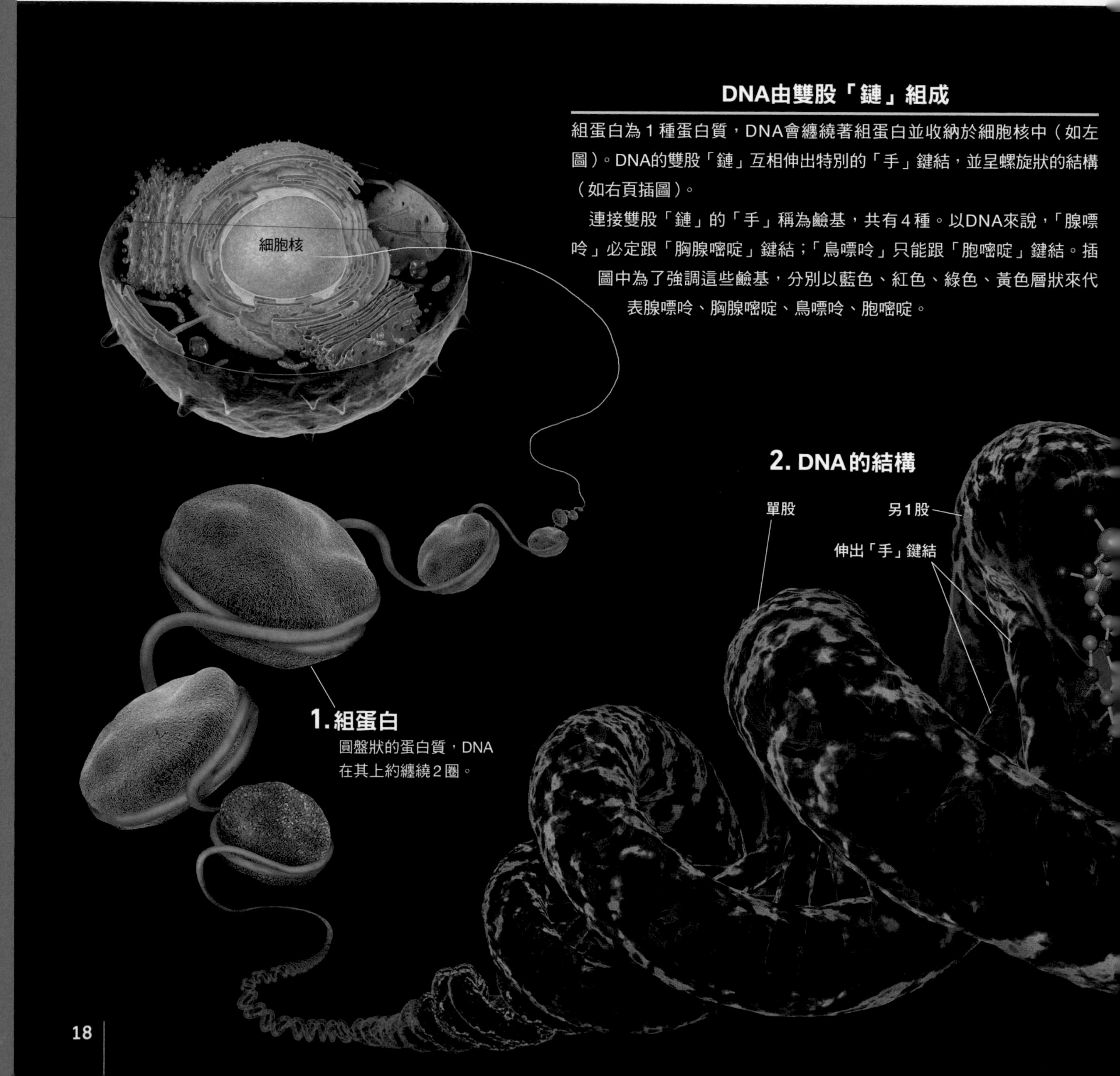
細胞核
2. DNA的結構
單股
另1股
伸出「手」鍵結

1.組蛋白
圓盤狀的蛋白質，DNA在其上約纏繞2圈。

DNA由雙股「鏈」組成

組蛋白為1種蛋白質，DNA會纏繞著組蛋白並收納於細胞核中（如左圖）。DNA的雙股「鏈」互相伸出特別的「手」鍵結，並呈螺旋狀的結構（如右頁插圖）。

連接雙股「鏈」的「手」稱為鹼基，共有4種。以DNA來說，「腺嘌呤」必定跟「胸腺嘧啶」鍵結；「鳥嘌呤」只能跟「胞嘧啶」鍵結。插圖中為了強調這些鹼基，分別以藍色、紅色、綠色、黃色層狀來代表腺嘌呤、胸腺嘧啶、鳥嘌呤、胞嘧啶。

解。已知**DNA會纏繞於「組蛋白」（histone）（1）上**。DNA會在組蛋白上約繞2圈，再繞2圈於下一個組蛋白，接著再繼續纏繞下一個組蛋白。從前認為纏繞於組蛋白狀態下的DNA會再更緊縮，形成粗度約30奈米（1奈米為10億分之1公尺）的纖維狀結構，但近年來的研究結果則強烈否定此說法。

雙股DNA呈鏈狀螺旋結構

現在請看DNA的結構（2）。**DNA是由雙股鏈狀分子配對，一起扭轉成螺旋般的結構**，這個雙股會互相伸出「手」彼此鍵結，這些「手」才是真正的遺傳訊息本體。DNA手的結構只有4種，**為腺嘌呤（adenine）（3）、鳥嘌呤（guanine）（4）、胞嘧啶（cytosine）（5）與胸腺嘧啶（thymine）（6）**。以下將這4種「手」稱為「鹼基」（base），其中腺嘌呤只能跟胸腺嘧啶鍵結，鳥嘌呤只能跟胞嘧啶鍵結。

鹼基的基本組成是「糖」（7）。而糖與糖之間以「磷酸」（8）鍵結並不斷重複，便形成了鏈狀DNA分子。

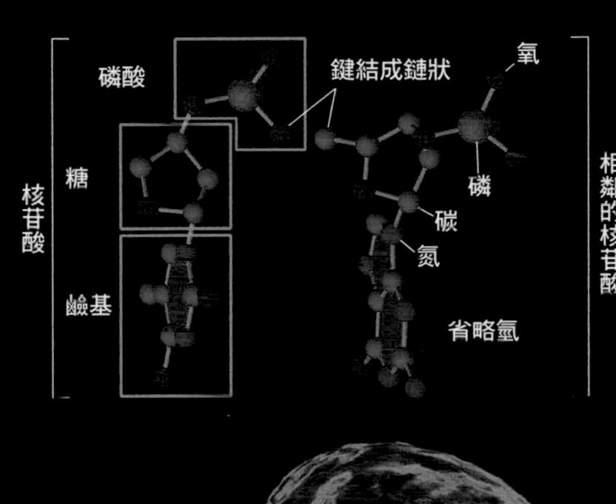

磷酸
鍵結成鏈狀
氧
糖
磷
碳
氮
鹼基
省略氫
核苷酸
相鄰的核苷酸

DNA的組成要素

DNA是由糖、磷酸與鹼基等三個要素所構成，合稱為「核苷酸」。磷酸跟糖會互相鍵結，透過磷酸再跟隔壁核苷酸的糖鍵結，就會形成1條長鏈般的結構。這樣的長鏈以雙股為1組，並互相以鹼基鍵結（氫鍵），這就是DNA的雙股螺旋結構（兩股長鏈）。

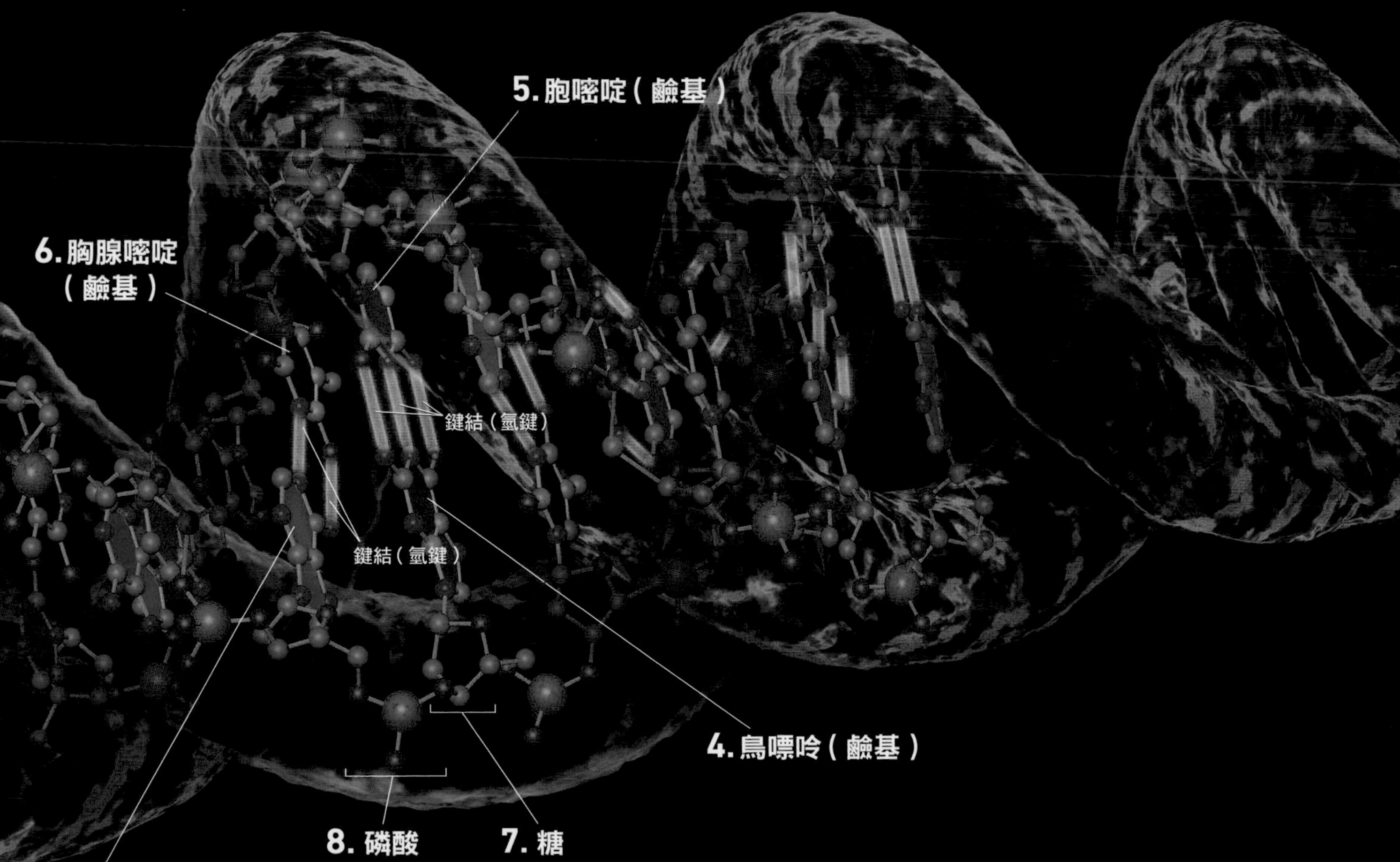

5. 胞嘧啶（鹼基）
6. 胸腺嘧啶（鹼基）
鍵結（氫鍵）
鍵結（氫鍵）
4. 鳥嘌呤（鹼基）
8. 磷酸
7. 糖
3. 腺嘌呤（鹼基）

細胞核
②

複製DNA的遺傳訊息，將設計圖送至細胞核外

DNA的4種鹼基，化為文字即為腺嘌呤（A）、鳥嘌呤（G）、胞嘧啶（C）與胸腺嘧啶（T）。細胞便是使用這4種文字來合成細胞所必須的蛋白質。不過，並非直接從DNA合成蛋白質，要說的話，DNA是重要的生命設計圖。

因此，細胞採取的策略是：**細胞核內會製造名為「mRNA」（1）的分子來複製細胞內DNA的遺傳訊息，並將mRNA攜至細胞核外面，以合成蛋白質**。

以單股DNA為模板，製造出mRNA

mRNA是非常類似DNA的分子。DNA中，具有必要蛋白質

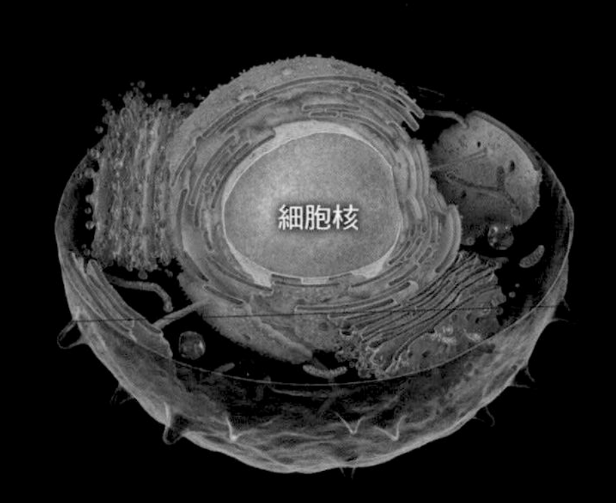

細胞核

1. mRNA
RNA是由跟DNA非常類似的鹼基、糖與磷酸所組成的分子。RNA依其功能分出許多不同種類，而mRNA這種RNA負責複製DNA的遺傳訊息並將其攜出細胞核外。

2. RNA聚合酶
是由數個零件組合而成的巨大蛋白質複合體，大量存在於細胞核內部。

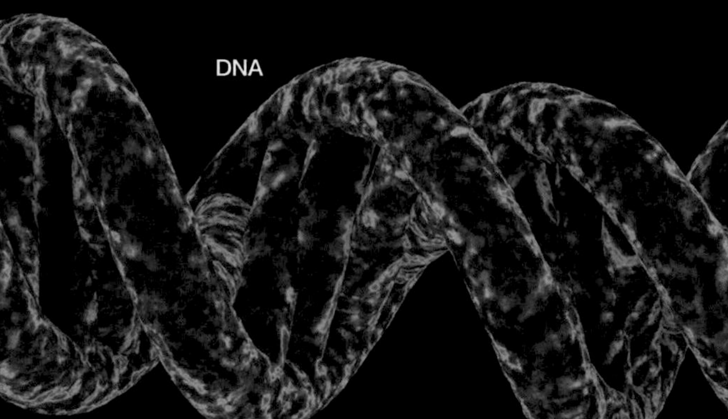

DNA
U
C
G
G
A
C
A
T
A
G
T
C
鬆開的DNA
鬆開的DNA

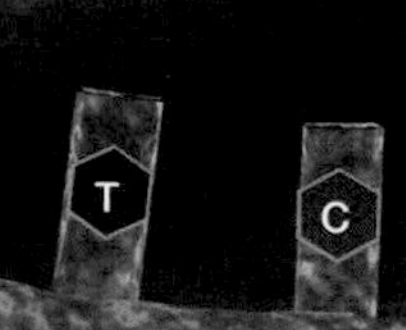

4. 逐一與DNA的鹼基配對

3. 鬆開雙股DNA
DNA跟RNA聚合酶鍵結後，RNA聚合酶會沿著DNA螺旋前進，並不斷將雙股DNA鬆開。圖中的RNA聚合酶往左行進。

以DNA為「模板」合成mRNA
鬆開雙股DNA的鍵結，將DNA當作模板，同時合成mRNA的示意圖。另外，相對於RNA聚合酶，圖中的DNA與RNA在比例上誇大了一些。

訊息的部分（基因）會跟名為「RNA聚合酶」（RNA polymerase）（**2**）的酵素結合。於是結合處的DNA雙股螺旋結構會鬆開（**3**），露出鹼基。細胞核內部漂浮著無數個用來製造DNA與RNA的「鹼基、糖與磷酸的組合」（核苷酸），當DNA露出鹼基時，透過RNA聚合酶，能跟DNA鹼基對應的「鹼基、糖與磷酸的組合」便會與之鍵結（**4**）。RNA聚合酶只要稍微移動一次，就會有新對應的鹼基加入，於是與DNA類似，同樣具有鹼基、糖與磷酸的鏈狀分子會一直製造下去，這就是mRNA。合成完mRNA的DNA會透過RNA聚合酶，再次將雙股鏈復原（**5**）。

由於mRNA是對應DNA鹼基所製造出來的分子，所以確實複製了DNA的部分訊息。但以mRNA來說，與腺嘌呤鍵結的並非胸腺嘧啶，而是名為「尿嘧啶」（uracil）的鹼基。而且mRNA不是像DNA那樣的雙股螺旋結構，而是只有1條鏈狀分子。

製造好的mRNA（蛋白質設計圖的複本），會通過核膜打開的「核孔」（nuclear pore）（**6**），往細胞核外移動（**7**），用來合成蛋白質。

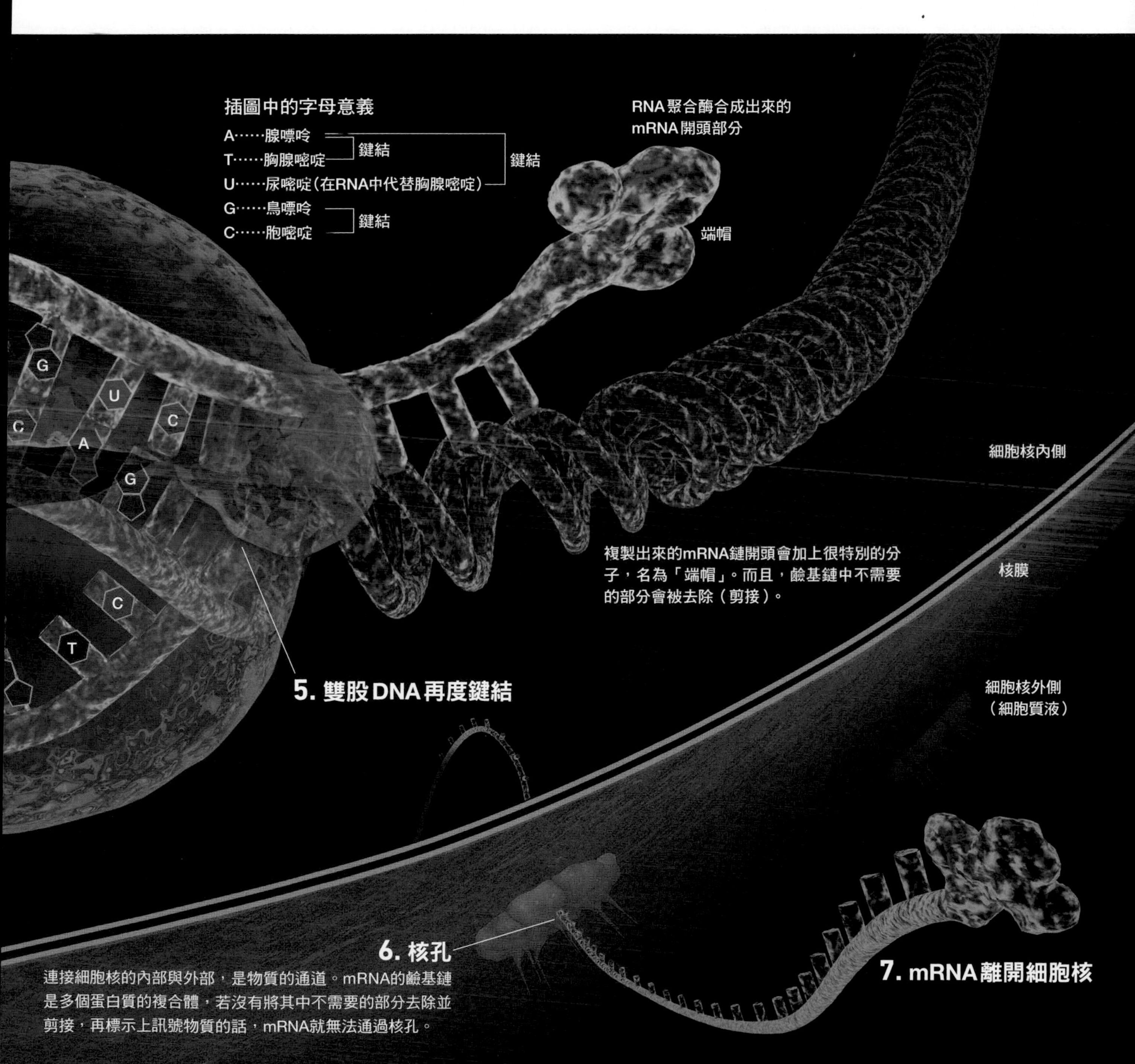

插圖中的字母意義
A……腺嘌呤
T……胸腺嘧啶
U……尿嘧啶（在RNA中代替胸腺嘧啶）
G……鳥嘌呤
C……胞嘧啶
鍵結
鍵結
鍵結
RNA聚合酶合成出來的mRNA開頭部分
端帽
G
U
C
C
A
G
C
T
細胞核內側
核膜
細胞核外側（細胞質液）
複製出來的mRNA鏈開頭會加上很特別的分子，名為「端帽」。而且，鹼基鏈中不需要的部分會被去除（剪接）。
5. 雙股DNA再度鍵結
6. 核孔
連接細胞核的內部與外部，是物質的通道。mRNA的鹼基鏈是多個蛋白質的複合體，若沒有將其中不需要的部分去除並剪接，再標示上訊號物質的話，mRNA就無法通過核孔。
7. mRNA離開細胞核

胞器的起源

真核生物的細胞誕生自「古細菌」？

相對於真核生物，**有另一群被稱為「原核生物」的細菌和古細菌。原核生物的細胞跟真核生物的細胞不同，其染色體是沒有核膜包覆的「裸露」狀態，而且也沒有粒線體與葉綠體等胞器**（右圖）。細菌與古細菌有相似的結構，但細胞膜跟細胞壁相異。

關於演化的順序，首先從所有生物的共同祖先分歧成細菌群跟古細菌群。終於在細菌群中，演化出了會行光合作用並產生氧氣的藍綠菌（cyanobacteria）。這個分類群不斷繁殖，據說在數億年間就將地球大氣中的氧氣提升到20％。地球的氧氣濃度提高後，便出現一群能利用氧氣分解有機物，有效獲得能量的生物。

這些細菌的出現，讓真核生物誕生了。美國的生物學家馬古利斯（Lynn Margulis，1938～2011），**於1967年發表了「內共生學說」（endosymbiotic theory），認為動物與植物的細胞（真核生物），是透過吞入細菌到自己內部進而演化出來的**（下圖）。

吞入細菌而獲得能量的機制

約20～10億年前，古細菌所吞入的細菌擁有利用氧氣來分解有機物並獲得能量的能力。這樣一來，古細菌便擁有透過氧氣來高效率生產能量的機能（有氧呼

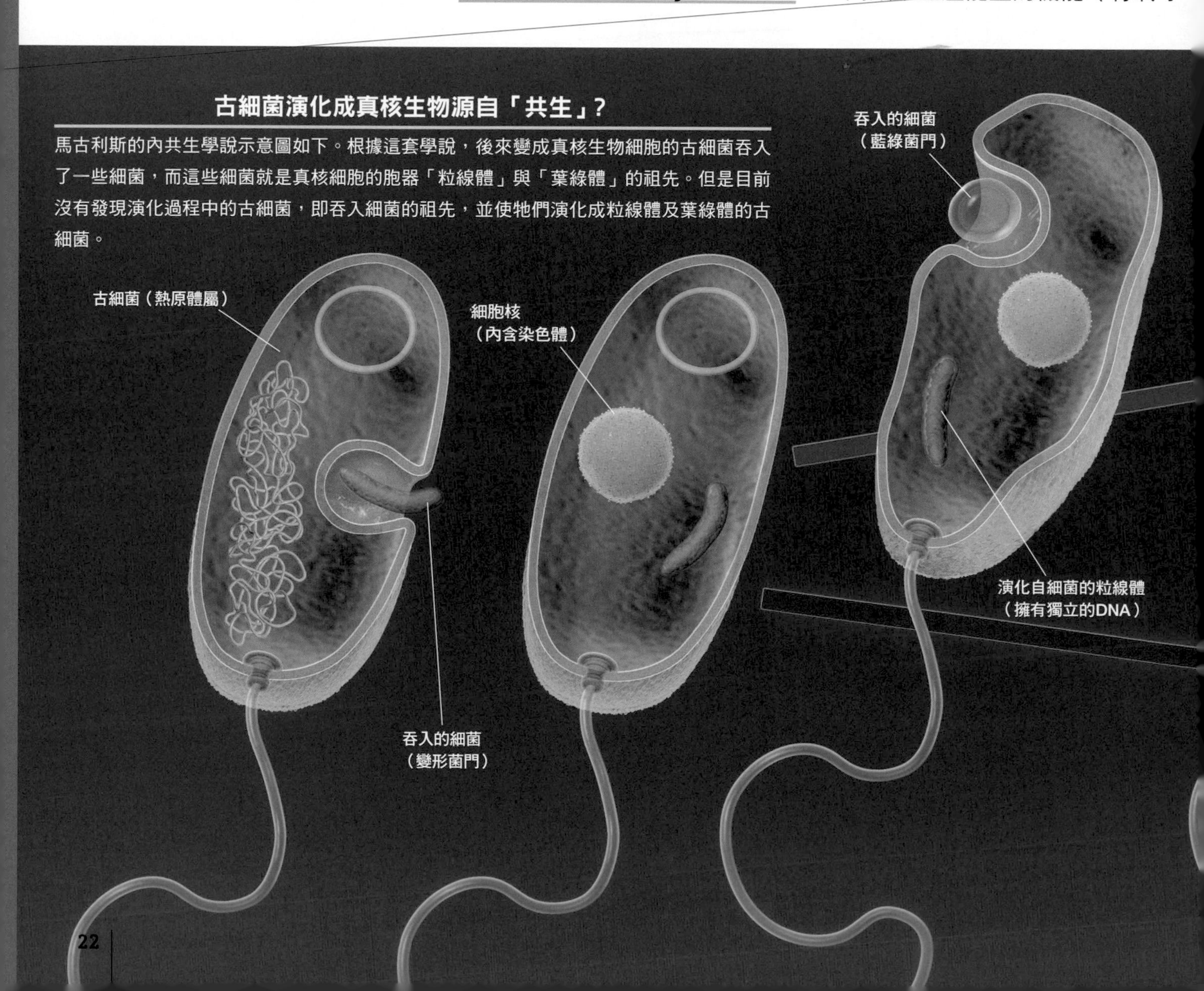
古細菌（熱原體屬）
細胞核
（內含染色體）
吞入的細菌
（變形菌門）
吞入的細菌
（藍綠菌門）
演化自細菌的粒線體
（擁有獨立的DNA）

古細菌演化成真核生物源自「共生」？

馬古利斯的內共生學說示意圖如下。根據這套學說，後來變成真核生物細胞的古細菌吞入了一些細菌，而這些細菌就是真核細胞的胞器「粒線體」與「葉綠體」的祖先。但是目前沒有發現演化過程中的古細菌，即吞入細菌的祖先，並使牠們演化成粒線體及葉綠體的古細菌。

吸，aerobic respiration）。細菌也正因為住在古細菌體內，獲得大量的營養，營造出互相獲利的「共生」（symbiosis）關係。這些生物後來演化成動物細胞（真核細胞），**吞入的細菌在細胞內變成能產生能量的粒線體**。

之後，更出現了一群細胞，牠們吞入會行光合作用的藍綠菌。如此一來，會行有氧呼吸跟光合作用的生物遂誕生了。這類生物演化成植物細胞，**吞入的藍綠菌變成了葉綠體**。

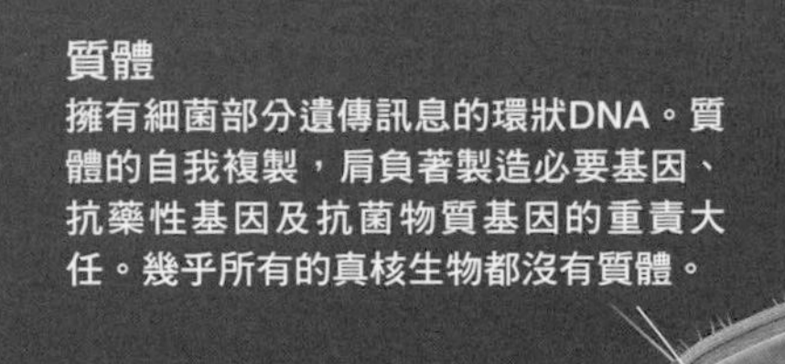
質體
擁有細菌部分遺傳訊息的環狀DNA。質體的自我複製，肩負著製造必要基因、抗藥性基因及抗菌物質基因的重責大任。幾乎所有的真核生物都沒有質體。
細胞膜
染色體
幾乎擁有細菌全部的遺傳訊息。包括人在內，多數真核生物的染色體為線狀，而細菌的染色體多為環狀。
鞭毛
條狀的結構，藉由大力揮動來移動。多數細菌擁有鞭毛，但也有不具鞭毛的細菌。
細菌（原核生物）

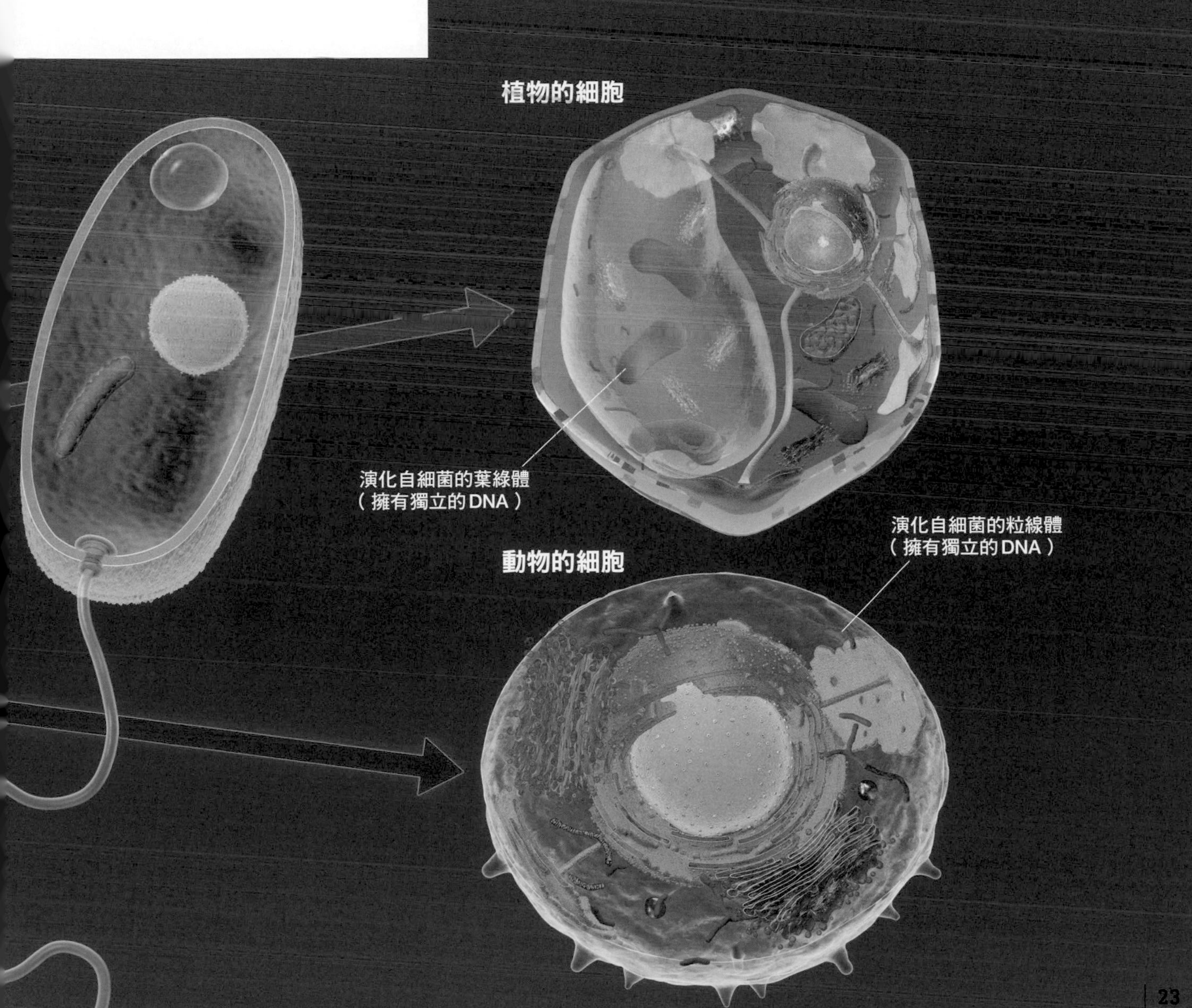
植物的細胞
演化自細菌的葉綠體
（擁有獨立的DNA）
動物的細胞
演化自細菌的粒線體
（擁有獨立的DNA）

內質網

根據設計圖串聯胺基酸，形成蛋白質

蛋白質是由大量「胺基酸」（amino acid）串聯而成的分子。**用於合成蛋白質的胺基酸有20種，依連接順序不同，20種胺基酸便會形成不同的蛋白質**。

mRNA是蛋白質設計圖的複本，但是訊息寫在「鹼基」上。要合成蛋白質，必須先將寫於鹼基上的訊息「轉譯」（translation）成胺基酸。鹼基的「文字」有4種，而胺基酸有20種，兩者間並不是單純的對應關係。實際上，**mRNA上的鹼基是以3個為1組，每1組對應著1種胺基酸**。

來看一下胺基酸鏈如何延長。mRNA離開核孔後，便會跟在細胞質液等待的「核糖體」（**1**）結合，它是一個「蛋白質合成器」。與特定胺基酸鍵結狀態下的「tRNA」（**2**）分子會鑽進核糖體，接著露出三個鹼基。因此，只有在tRNA的鹼基能跟mRNA的鹼基能配對的情況下，兩者才會鍵結（**3**）。此時，tRNA所搬運來的特定胺基酸會

胺基酸鏈串聯形成蛋白質

mRNA是蛋白質設計圖的複本，此為細胞根據mRNA上的訊息合成胺基酸鏈的機制示意圖。胺基酸鏈會自動折疊成蛋白質，分泌至細胞外的蛋白質與留在細胞內的內質網、高基氏體及溶體等胞器工作的蛋白質，都會在內質網內合成（右頁插圖）。

1. 核糖體
由數個零件組成的巨大複合體。大量存在於細胞質液。
內質網
細胞質液
mRNA
U
A
C
G
G
C
tRNA
3. mRNA與tRNA的三個鹼基鍵結
只有當tRNA上的鹼基排序能跟mRNA三個鹼基配對時，兩者才會形成鍵結。
tRNA脫離
不帶胺基酸的tRNA
4. 胺基酸逐個串接
tRNA會一個接著一個將胺基酸攜帶進核糖體，並在核糖體內逐個串接。
已合成的胺基酸鏈（蛋白質）
內質網

在核糖體內部一個個串接，胺基酸鏈像念珠一樣不斷延長（**4**）。串聯起來的胺基酸具有自發性折疊的特性。

但是，根據胺基酸串聯順序不同，其折疊的方式也不同。這樣一來，就能製造特定結構的蛋白質。於是身體便會根據蛋白質的立體結構，使用於各部位的生命活動。

在高基氏體與溶體中工作的蛋白質

串聯起來的胺基酸中，前20個左右的肽鏈稱為「訊息肽」（signal peptide），有時具有特殊意義。當有特定的排列順序時，它就會成為標記，跟核糖體、「內質網」膜上的蛋白質結合（**5**）。

內質網是在細胞核周圍層狀擴張的胞器，當核糖體跟內質網鍵結時，串聯起來的胺基酸就會進入內質網的內部，不斷地朝內質網內部延長（**6**），然後胺基酸鏈會在內質網內部折疊，形成蛋白質。

輸送進內質網的蛋白質，會「出貨」到別的細胞，或是留在原本細胞內的內質網、高基氏體及溶體等胞器工作。已完成折疊的蛋白質很難通過細胞膜跟胞器的膜了，因此細胞採取的策略是將需要通過膜的蛋白質事先在內質網中合成，之後再以膜包覆起來，讓它移動至目標場所。

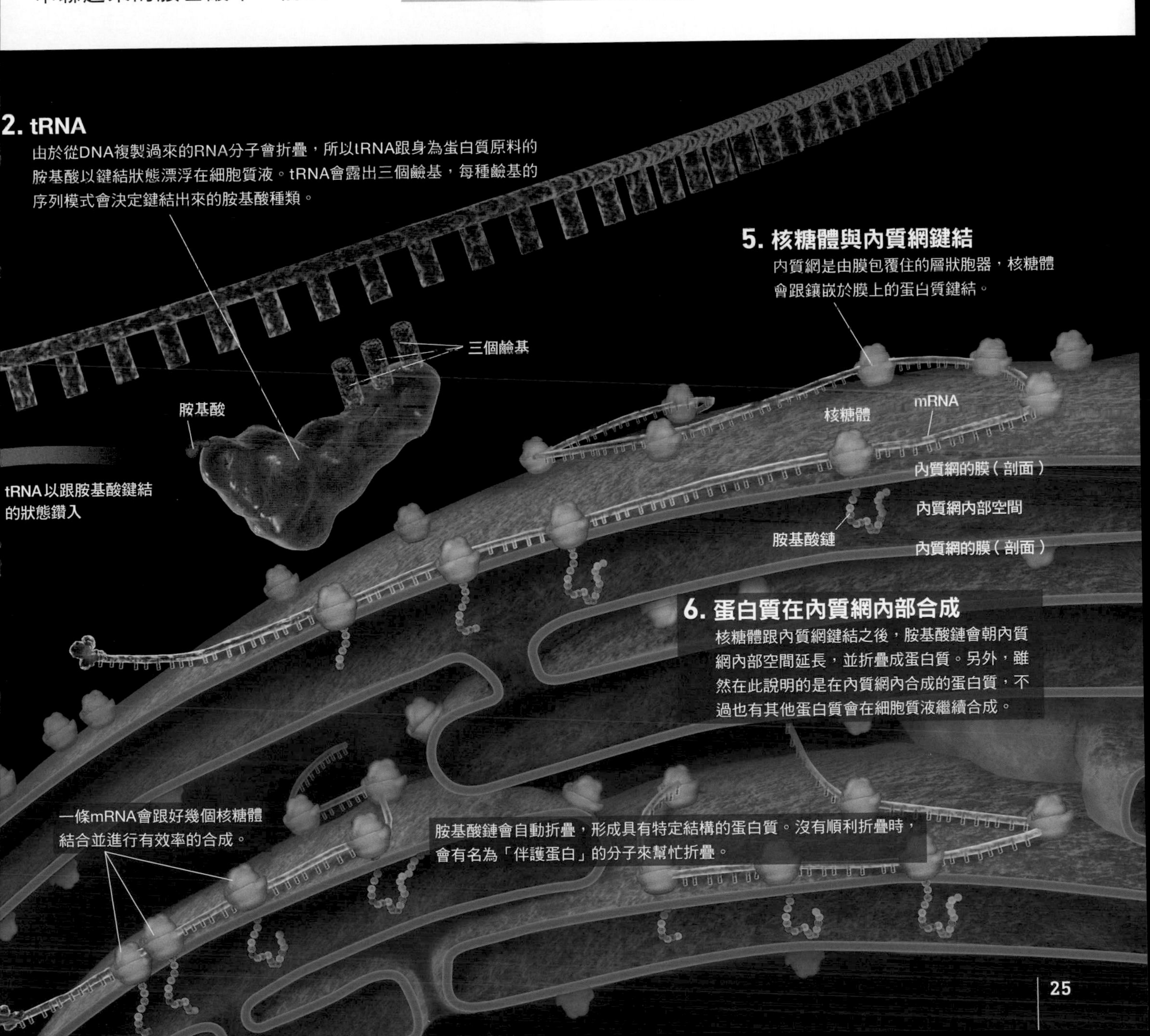

2. tRNA
由於從DNA複製過來的RNA分子會折疊，所以tRNA跟身為蛋白質原料的胺基酸以鍵結狀態漂浮在細胞質液。tRNA會露出三個鹼基，每種鹼基的序列模式會決定鍵結出來的胺基酸種類。
三個鹼基
胺基酸
tRNA以跟胺基酸鍵結的狀態鑽入
5. 核糖體與內質網鍵結
內質網是由膜包覆住的層狀胞器，核糖體會跟鑲嵌於膜上的蛋白質鍵結。
核糖體
mRNA
內質網的膜（剖面）
內質網內部空間
胺基酸鏈
內質網的膜（剖面）
6. 蛋白質在內質網內部合成
核糖體跟內質網鍵結之後，胺基酸鏈會朝內質網內部空間延長，並折疊成蛋白質。另外，雖然在此說明的是在內質網內合成的蛋白質，不過也有其他蛋白質會在細胞質液繼續合成。
一條mRNA會跟好幾個核糖體結合並進行有效率的合成。
胺基酸鏈會自動折疊，形成具有特定結構的蛋白質。沒有順利折疊時，會有名為「伴護蛋白」的分子來幫忙折疊。

高基氏體

蛋白質被包裝並從高基氏體送往細胞膜

在內質網內部合成好的蛋白質，能移動至「內質網」(1) 內部。內質網雖是多層結構，但每片內質網之間皆有聯繫，末端會透過擠壓而產生「運輸囊泡」(transport vesicle)(2)，其內部裝滿了蛋白質，接著送至「高基氏體」(3)。

高基氏體也是有膜包覆的層狀胞器，到達高基氏體的運輸囊泡會與高基氏體的膜融合。為了必須對應細胞內的多種膜，膜可透過膜融合裝置的作用來互相融合。當運輸囊泡與高基氏體的膜融合後，運輸囊泡內部的蛋白質便會釋放到高基氏體裡。

具激素或消化酵素功能的蛋白質運輸路線

為了讓蛋白質正常運作，會在內質網內的蛋白質接上稱為「聚醣」(glycan) 的分子，由聚醣來改造成正確的結構(這個行為稱為修飾)。**賦予聚醣改造功能的是高基氏體內部已準備好的多種酵素**。高基氏體為5～6層的層狀結構，運輸囊泡從內質網出發，由近至遠依序經過高基氏體的每一層(專業上稱為扁囊，cisternae)。隨著運輸囊泡一路經過，扁囊內工作的酵素種類也不斷在變化。這樣一來，依序切換不同種類的酵素，聚醣便能完成正確的結構，形成蛋白質。

高基氏體最外側那片稱為「高基氏體成熟面網」(trans-Golgi network)(4)。此處會依據蛋白質上的標記，將每個蛋白質依目的地進行「分類」，主要目的地為「細胞膜」(5) 與「溶體」(6)。而根據目的地分類的蛋白質，會在高基氏體成熟面網裡，搭乘囊泡被運送出去。

送達細胞膜的運輸囊泡(分泌囊泡)會與細胞膜融合，囊泡內部所含的蛋白質會釋出到細胞外。激素或消化酵素等分泌物就像這樣在細胞內製造，並釋出於細胞外。

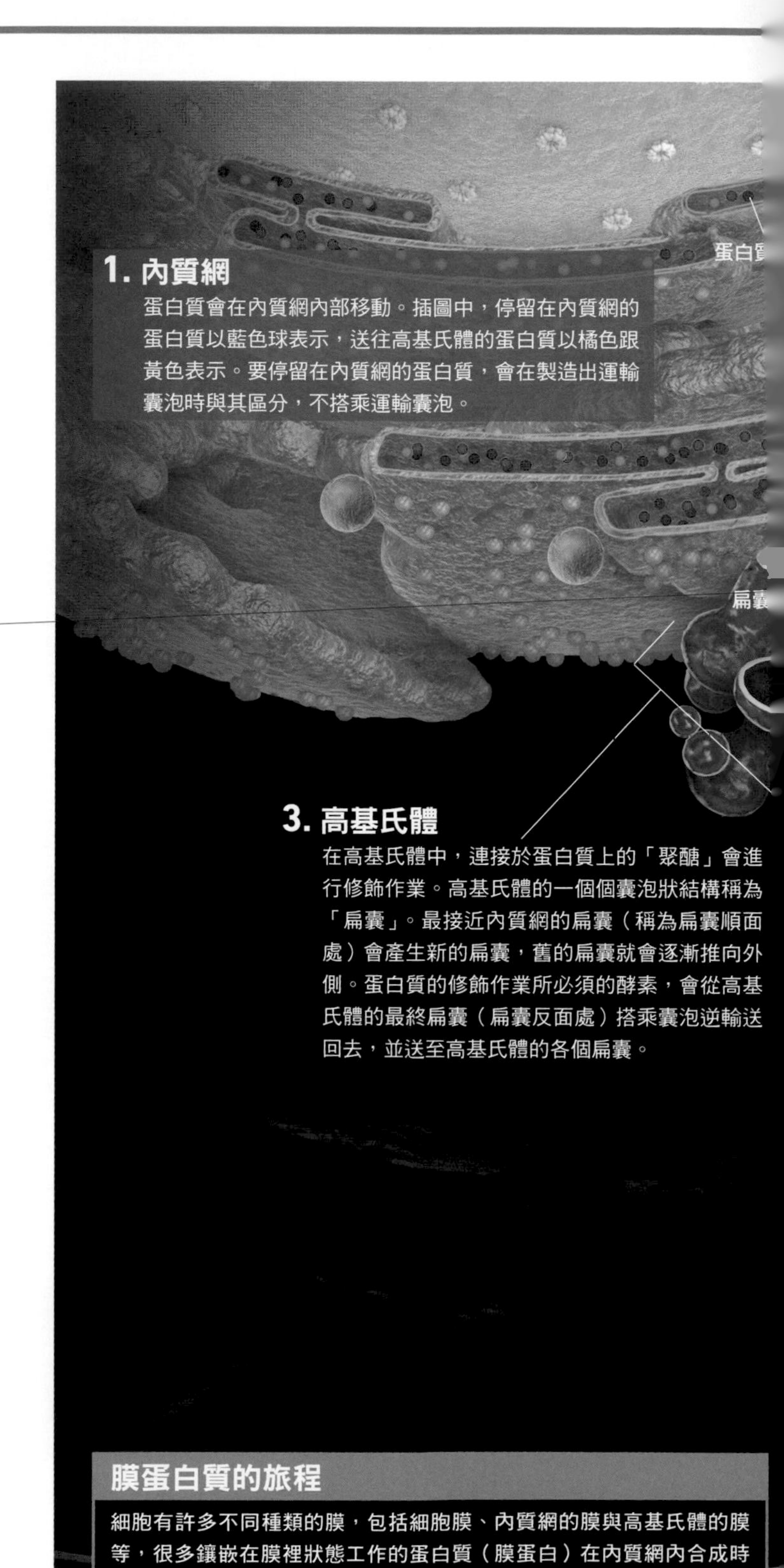
蛋白質
扁囊

1. 內質網
蛋白質會在內質網內部移動。插圖中，停留在內質網的蛋白質以藍色球表示，送往高基氏體的蛋白質以橘色跟黃色表示。要停留在內質網的蛋白質，會在製造出運輸囊泡時與其區分，不搭乘運輸囊泡。

3. 高基氏體
在高基氏體中，連接於蛋白質上的「聚醣」會進行修飾作業。高基氏體的一個個囊泡狀結構稱為「扁囊」。最接近內質網的扁囊(稱為扁囊順面處)會產生新的扁囊，舊的扁囊就會逐漸推向外側。蛋白質的修飾作業所必須的酵素，會從高基氏體的最終扁囊(扁囊反面處)搭乘囊泡逆輸送回去，並送至高基氏體的各個扁囊。

膜蛋白質的旅程

細胞有許多不同種類的膜，包括細胞膜、內質網的膜與高基氏體的膜等，很多鑲嵌在膜裡狀態工作的蛋白質(膜蛋白)在內質網內合成時(第24～25頁)，就已經鑲嵌在內質網的膜上了。其後經由運輸囊泡、高基氏體與分泌囊泡之間轉運時，也都維持在鑲嵌的狀態，最後，目的地的膜與囊泡融合，膜蛋白便會發揮原本該有的功能。

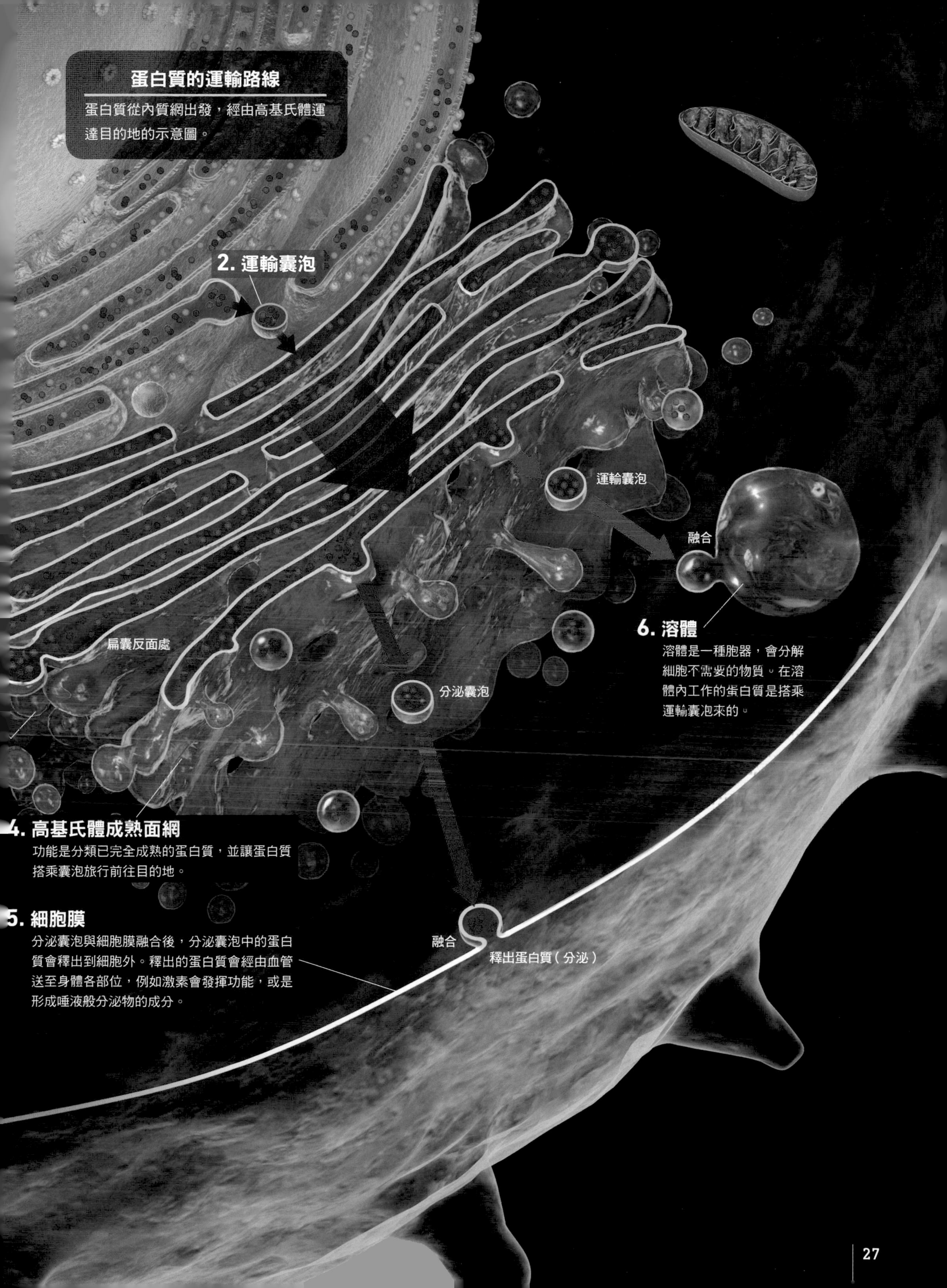
蛋白質的運輸路線
蛋白質從內質網出發，經由高基氏體運達目的地的示意圖。
2. 運輸囊泡
運輸囊泡
融合
6. 溶體
溶體是一種胞器，會分解細胞不需要的物質。在溶體內工作的蛋白質是搭乘運輸囊泡來的。
扁囊反面處
分泌囊泡
4. 高基氏體成熟面網
功能是分類已完全成熟的蛋白質，並讓蛋白質搭乘囊泡旅行前往目的地。
5. 細胞膜
分泌囊泡與細胞膜融合後，分泌囊泡中的蛋白質會釋出到細胞外。釋出的蛋白質會經由血管送至身體各部位，例如激素會發揮功能，或是形成唾液般分泌物的成分。
融合
釋出蛋白質（分泌）

粒線體

粒線體合成生命活動所需的能量

我們進食，是因為要獲得生命活動所須的能量。那麼，在細胞層面上是如何進食以攝取能量呢？答案的主角就是屬於胞器的「粒線體」（1）。

粒線體是雙層膜結構，有「外膜」（2）與內側的「內膜」（3）（左頁下方插圖），外膜與內膜之間的夾層空間稱為「膜間腔」（intermembrane space）（4），被內膜包圍的空間為「粒線體基質」（mitochondrial matrix）（5）。內膜上分布著無數能量生產器，稱為「ATP合成酶」（ATP synthase）（6）。所謂**ATP（adenosine triphosphate，即三磷酸腺苷）（7）也可說是細胞內的「能量貨幣」，是多種生命活動必須的物質**。肌肉得以運動、蛋白質能合成，都是來自ATP的化學能。**粒線體是**

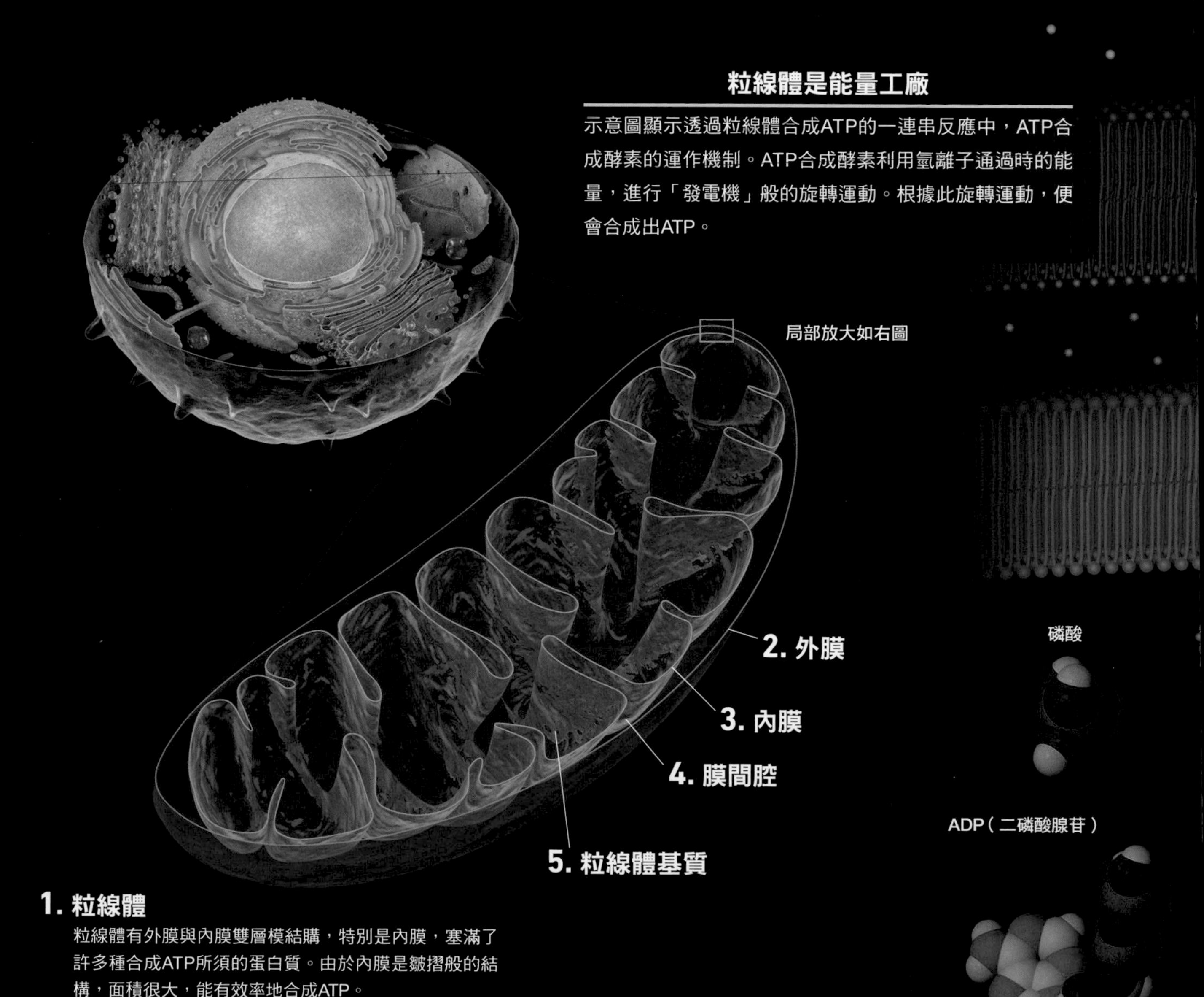
局部放大如右圖
2. 外膜
3. 內膜
4. 膜間腔
5. 粒線體基質
磷酸
ADP（二磷酸腺苷）

粒線體是能量工廠

示意圖顯示透過粒線體合成ATP的一連串反應中，ATP合成酵素的運作機制。ATP合成酵素利用氫離子通過時的能量，進行「發電機」般的旋轉運動。根據此旋轉運動，便會合成出ATP。

1. 粒線體

粒線體有外膜與內膜雙層模結購，特別是內膜，塞滿了許多種合成ATP所須的蛋白質。由於內膜是皺摺般的結構，面積很大，能有效率地合成ATP。

能有效合成ATP的裝置。

ATP製造機制宛如水力發電

食物在消化酵素的作用下被分解，於小腸吸收後，會以葡萄糖等各種形式順著血流送往各細胞。葡萄糖會在細胞質液（扣除胞器的部分）中轉變成「丙酮酸」（pyruvic acid），然後送至粒線體基質。

丙酮酸在粒線體基質中會分解，釋放出二氧化碳、氫離子與電子。鑲嵌在內膜上的蛋白質會透過一連串傳達電子的作業，使粒線體基質的氫離子流入膜間腔。於是，當膜間腔的氫離子濃度上升，氫離子想回到濃度較低的粒線體基質，就需要通過鑲嵌於內膜上的ATP合成酶。此時，部分ATP合成酶便會形成旋轉結構，隨著旋轉運動，ADP（adenosine diphosphate，即二磷酸腺苷）會加上磷酸，形成ATP。透過這一連串的旋轉運動轉換成能量的機制，就如同水力發電機般，透過水流來旋轉發電用的渦輪機。

另外，進行這一連串的反應需要氧，且合成ATP的過程中一定會形成並排出二氧化碳。

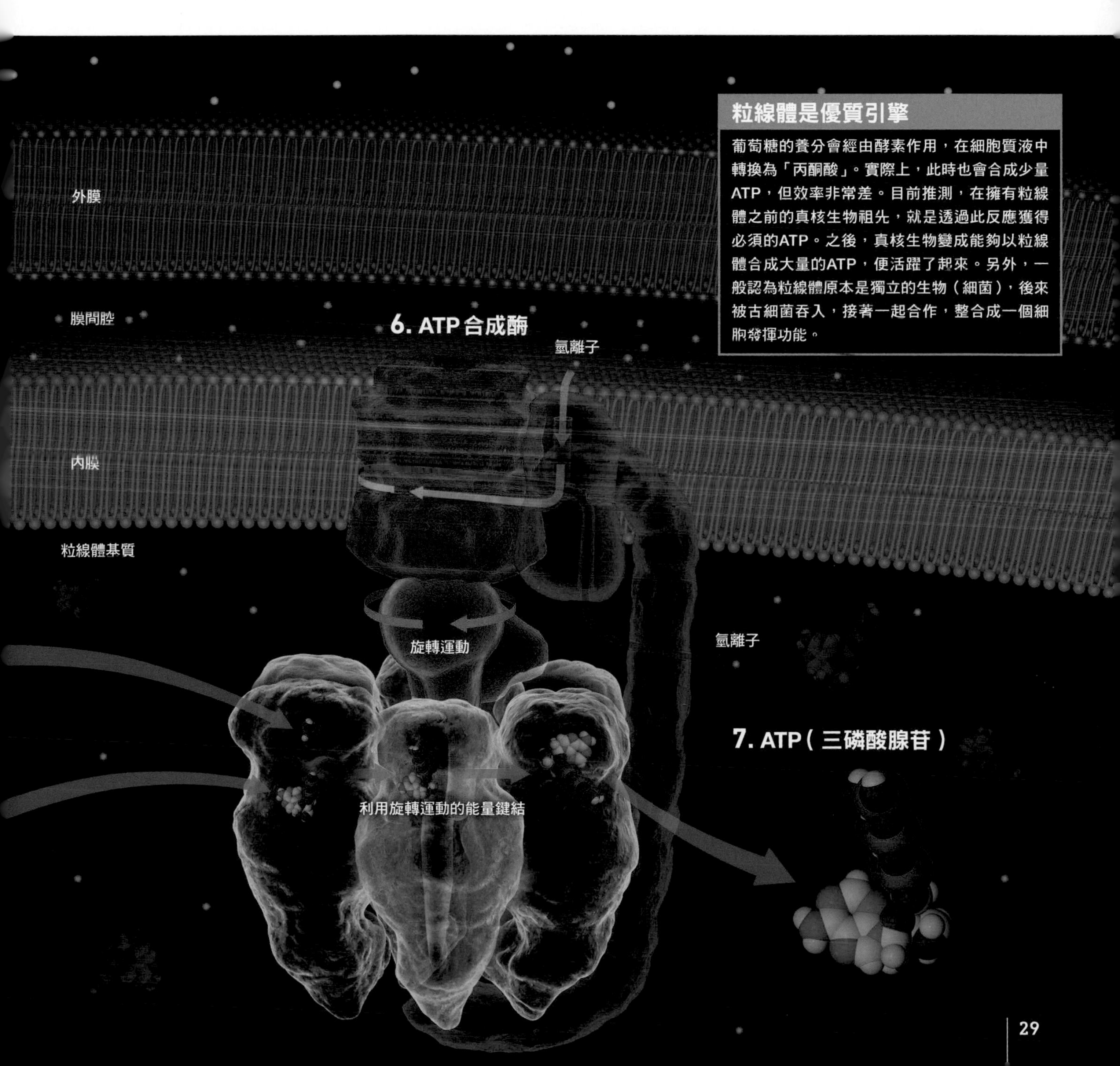
外膜
膜間腔
內膜
粒線體基質
6. ATP合成酶
氫離子
旋轉運動
氫離子
利用旋轉運動的能量鍵結
7. ATP（三磷酸腺苷）

粒線體是優質引擎

葡萄糖的養分會經由酵素作用，在細胞質液中轉換為「丙酮酸」。實際上，此時也會合成少量ATP，但效率非常差。目前推測，在擁有粒線體之前的真核生物祖先，就是透過此反應獲得必須的ATP。之後，真核生物變成能夠以粒線體合成大量的ATP，便活躍了起來。另外，一般認為粒線體原本是獨立的生物（細菌），後來被古細菌吞入，接著一起合作，整合成一個細胞發揮功能。

細胞膜

膜會區隔細胞內外，並交換物質與訊號

細胞膜是區分細胞內外的膜，但是它的功能不只如此而已。**細胞膜也要管理許多種不同物質的進出，包括從細胞內到細胞外，或是從細胞外進入細胞內**。

原本就不僅細胞有細胞膜，細胞中的細胞核、內質網與高基氏體等胞器也都有膜，而且基本結構類似。**組成膜的物質稱為磷脂質（phospholipid）**。

磷脂質的結構類似2根火柴棒，頭的部分具親水性，腳的部分則不喜與水接觸。因此磷脂質在水中聚集時，腳會伸向內側，頭會朝向外側，並排成2層，**形成1片膜（脂雙層）（1）**。

形成這種結構的脂雙層，柔順而且具有柔軟性。如同在內質網與高基氏體中所見，細胞膜也能局部分離製造出囊泡，或是跟囊

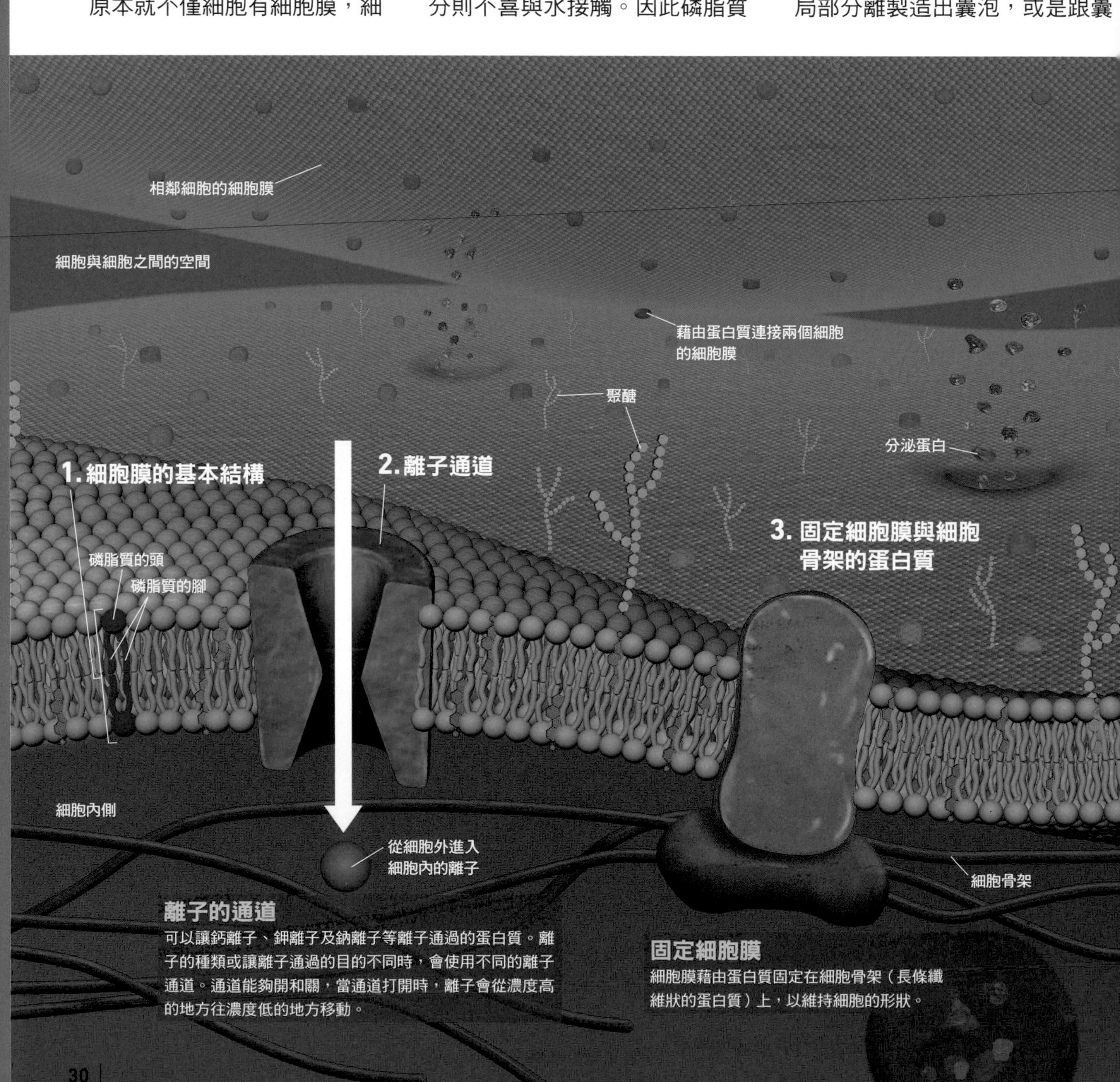
相鄰細胞的細胞膜
細胞與細胞之間的空間
藉由蛋白質連接兩個細胞的細胞膜
聚醣
分泌蛋白
1. 細胞膜的基本結構
2. 離子通道
3. 固定細胞膜與細胞骨架的蛋白質
磷脂質的頭
磷脂質的腳
細胞內側
從細胞外進入細胞內的離子
細胞骨架

離子的通道

可以讓鈣離子、鉀離子及鈉離子等離子通過的蛋白質。離子的種類或讓離子通過的目的不同時，會使用不同的離子通道。通道能夠開和關，當通道打開時，離子會從濃度高的地方往濃度低的地方移動。

固定細胞膜

細胞膜藉由蛋白質固定在細胞骨架（長條纖維狀的蛋白質）上，以維持細胞的形狀。

泡融合。

只容許特定物質通過的控制閥

脂雙層有一個重要的特點，就是它有時會讓帶有電荷，包括帶有離子的物質通過。物質若無秩序地進出細胞，那細胞根本活不下去；反之，若阻礙一切物質進出，細胞也同樣活不下去。

因此，**細胞膜上鑲有讓特定物質通過的裝置**。

例如「離子通道」（ion channel）（**2**）是貫穿膜，具有像隧道般結構的蛋白質，它會因應刺激而開關，特定的離子就能通過通道內部。離子具有許多種功能，它會活化蛋白質，改變細胞內外的電荷平衡等。

此外，也有蛋白質會與細胞內的細胞骨架鏈結，以維持細胞形狀和協助連接相鄰細胞的蛋白質（**3**）。「運輸蛋白」（transport protein）（**4**）會與想通過膜的物質鏈結，並改變自身的結構來讓物質通過。而「受體」（recepter）（**5**）會跟訊息傳遞物質結合來接收來自外部的訊息，具有將訊息傳達至細胞內部的功能。

像這樣，脂雙層再加上鑲嵌在膜裡的蛋白質，就能夠發揮多種功能。

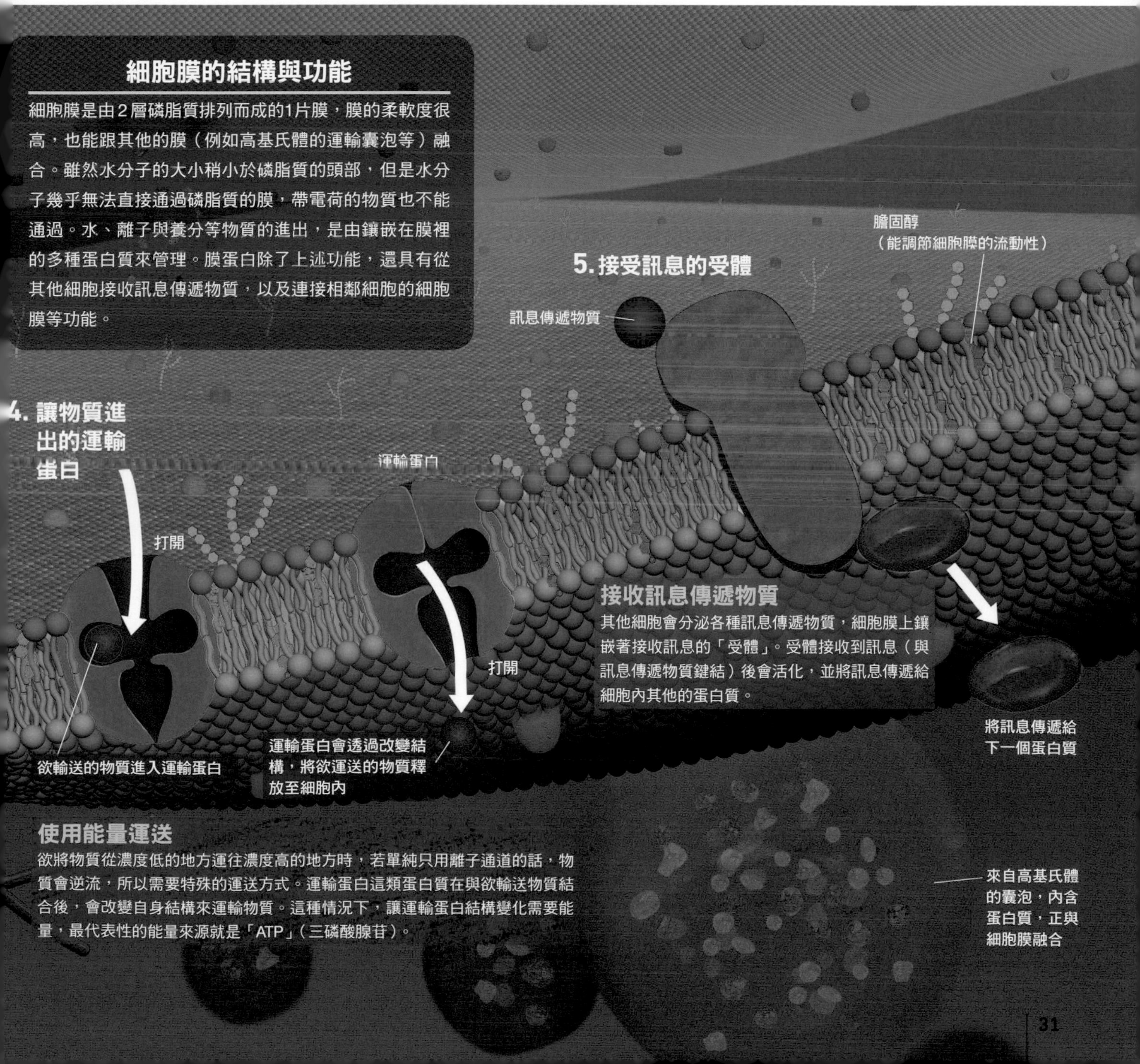

細胞膜的結構與功能

細胞膜是由2層磷脂質排列而成的1片膜，膜的柔軟度很高，也能跟其他的膜（例如高基氏體的運輸囊泡等）融合。雖然水分子的大小稍小於磷脂質的頭部，但是水分子幾乎無法直接通過磷脂質的膜，帶電荷的物質也不能通過。水、離子與養分等物質的進出，是由鑲嵌在膜裡的多種蛋白質來管理。膜蛋白除了上述功能，還具有從其他細胞接收訊息傳遞物質，以及連接相鄰細胞的細胞膜等功能。

5. 接受訊息的受體
訊息傳遞物質
膽固醇
（能調節細胞膜的流動性）
4. 讓物質進出的運輸蛋白
運輸蛋白
打開
打開
欲輸送的物質進入運輸蛋白
運輸蛋白會透過改變結構，將欲運送的物質釋放至細胞內
將訊息傳遞給下一個蛋白質
來自高基氏體的囊泡，內含蛋白質，正與細胞膜融合

接收訊息傳遞物質

其他細胞會分泌各種訊息傳遞物質，細胞膜上鑲嵌著接收訊息的「受體」。受體接收到訊息（與訊息傳遞物質鏈結）後會活化，並將訊息傳遞給細胞內其他的蛋白質。

使用能量運送

欲將物質從濃度低的地方運往濃度高的地方時，若單純只用離子通道的話，物質會逆流，所以需要特殊的運送方式。運輸蛋白這類蛋白質在與欲輸送物質結合後，會改變自身結構來運輸物質。這種情況下，讓運輸蛋白結構變化需要能量，最代表性的能量來源就是「ATP」（三磷酸腺苷）。

代謝

因為有細胞膜，才有能維持生命的「代謝」

人體的體溫會恆溫保持在37℃左右，這是因為**具有「恆定性」(homeo-stasis)的特點(第54頁)。**

例如，即使夏日氣溫來到40℃，身體會想要冷卻因外在氣溫而升高的體溫，便自然地出汗，使體溫維持恆定，這樣的反應便是因為恆定性的關係。

不過，由於要維持恆定性，包括人類在內，動物及植物都需要從體外攝取養分來維持生命。

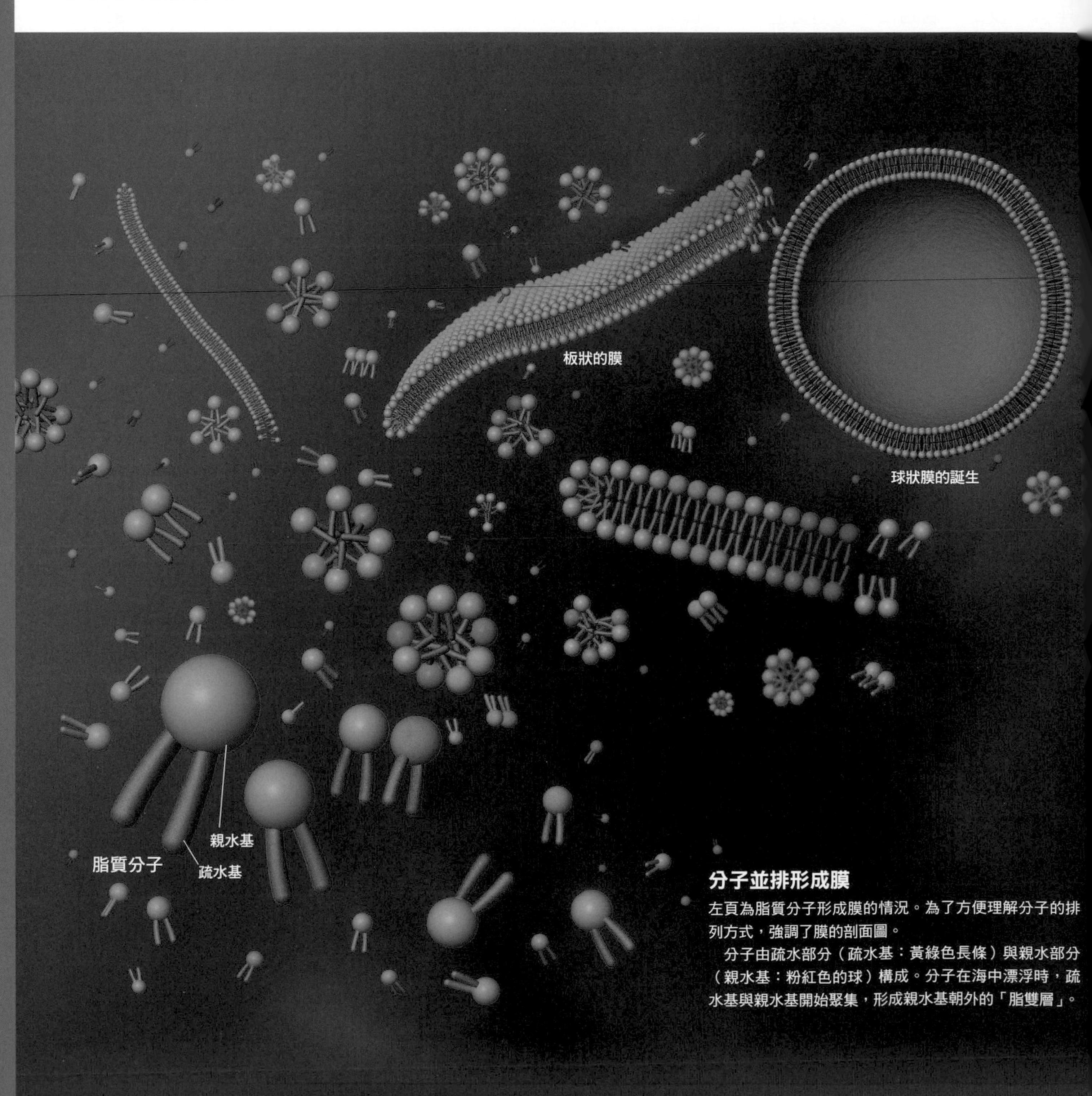
板狀的膜
球狀膜的誕生
親水基
脂質分子
疏水基

分子並排形成膜

左頁為脂質分子形成膜的情況。為了方便理解分子的排列方式，強調了膜的剖面圖。

分子由疏水部分（疏水基：黃綠色長條）與親水部分（親水基：粉紅色的球）構成。分子在海中漂浮時，疏水基與親水基開始聚集，形成親水基朝外的「脂雙層」。

生物攝取的養分進入體內後，會發生物質的合成與分解，產生許多種不同的化學反應，**這一連串的化學反應稱為「代謝」（metabolism）。**

為何要有細胞膜包覆細胞內部結構

如第30頁所提，生物的細胞都具有稱為細胞膜的膜。製造細胞膜的磷脂質分子由親水的部分（親水基）與疏水的部分（疏水基）所構成，親水基的部分會將疏水基遠離水，形成脂雙層。這個膜變成球狀，便與最簡單的細胞膜帶有相同的結構。一般認為原始的細胞膜在吞入漂浮於海中的RNA跟蛋白質時，發生了化學反應，生命才能快速地演化出來。膜可謂是座天然的實驗室。

然後拜這層膜所賜，才能進行代謝這樣的化學反應以維持生命體。因為透過代謝，才能維持恆定性，這在演化過程中起了非常大的功效。

代謝分為「異化作用」與「同化作用」

異化作用是指攝取來自外界的食物（糖），並將其分解產生能量，分解後的產物會釋放至細胞膜外；另一方面，同化作用使用異化作用所得到的能量，將胺基酸合成蛋白質，這些蛋白質會成為DNA等細胞的組成成分。代謝就像這般，是維持生物體不可或缺的一套系統。

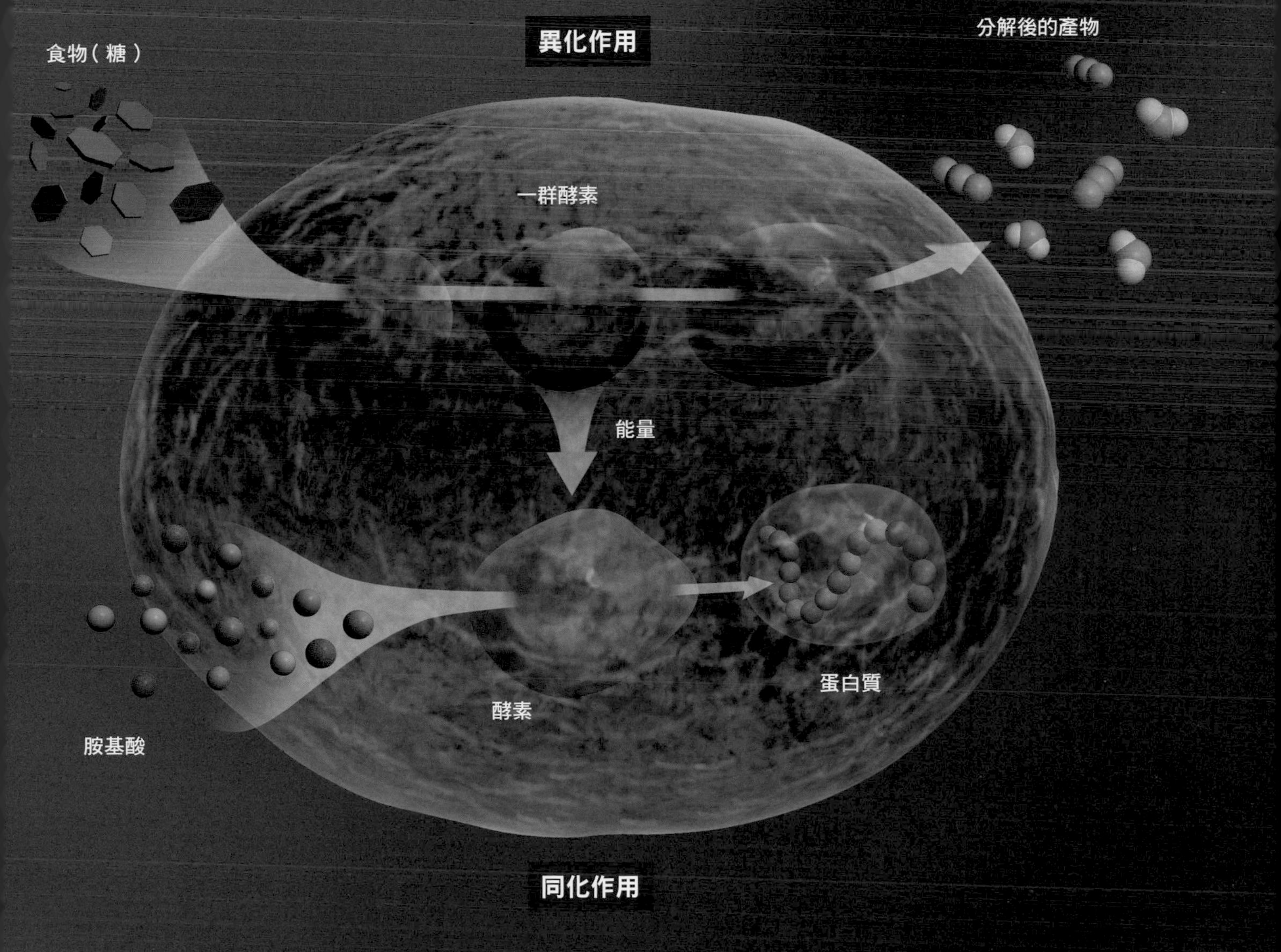

異化作用
食物（糖）
分解後的產物
一群酵素
能量
胺基酸
酵素
蛋白質
同化作用

植物細胞

植物細胞包覆著堅硬的細胞壁，以葉綠體行光合作用

至此在真核生物中，都是以解說動物細胞為主，換來認識一下植物細胞吧！

植物細胞的「生命機制」基本上跟動物細胞相同，會在細胞核內複製DNA的訊息，核糖體再根據訊息合成蛋白質，蛋白質會從內質網經過高基氏體，送達該去的地方。這一連串的流程是真核生物的共同機制。

植物細胞與動物細胞的差異在於胞器

植物細胞與動物細胞的差異在於**植物細胞擁有「葉綠體」(1)，這是用來行「光合作用」(photosynthesis)的胞器**。葉綠體會利用太陽能合成二氧化碳與水來產生糖，並釋出氧氣。而且，**植物細胞的外側有堅固的「細胞壁」(2)**。其主成分是葡萄糖串聯而成的「纖維素」(cellulose)分子，細胞壁的功能是支持植物體。

植物細胞常有巨大的「液胞」(vacuole)(3)。液胞依情況不同，有時會占據植物細胞大部分的體積。液胞的存在跟植物「不能移動自身」有很深的關係。植物不能移動，就必須尋求更有利的生長條件，讓身體早一點長大(例如枝條伸長)，為此會希望細胞本身變大一點。實際上，植物細胞的直徑通常是動物細胞的數倍。液胞中的主要成分是水，因此透過液胞，不需太費力就能將細胞的體積「增大」，是符合植物生存策略的胞器。順帶一提，液胞跟動物細胞的溶體一樣，用來分解細胞內不需要的物質。而為了要分解物質，液胞會維持在酸性，例如檸檬會酸就是因為液胞的緣故。

另外，**與動物、植物同為真核生物的真菌細胞，除了跟動物細胞有相同的胞器外，還具有細胞壁**，但不具有葉綠體。

何謂植物細胞？

植物細胞也有多種不同形態，不過插圖僅顯示共同的結構。植物細胞除了擁有跟動物細胞一樣的胞器之外，還另外擁有葉綠體、細胞壁及液胞。與動物細胞相比，植物細胞在靠近細胞核附近的內質網較為發達，而且高基氏體比動物細胞的小，並四處分布。

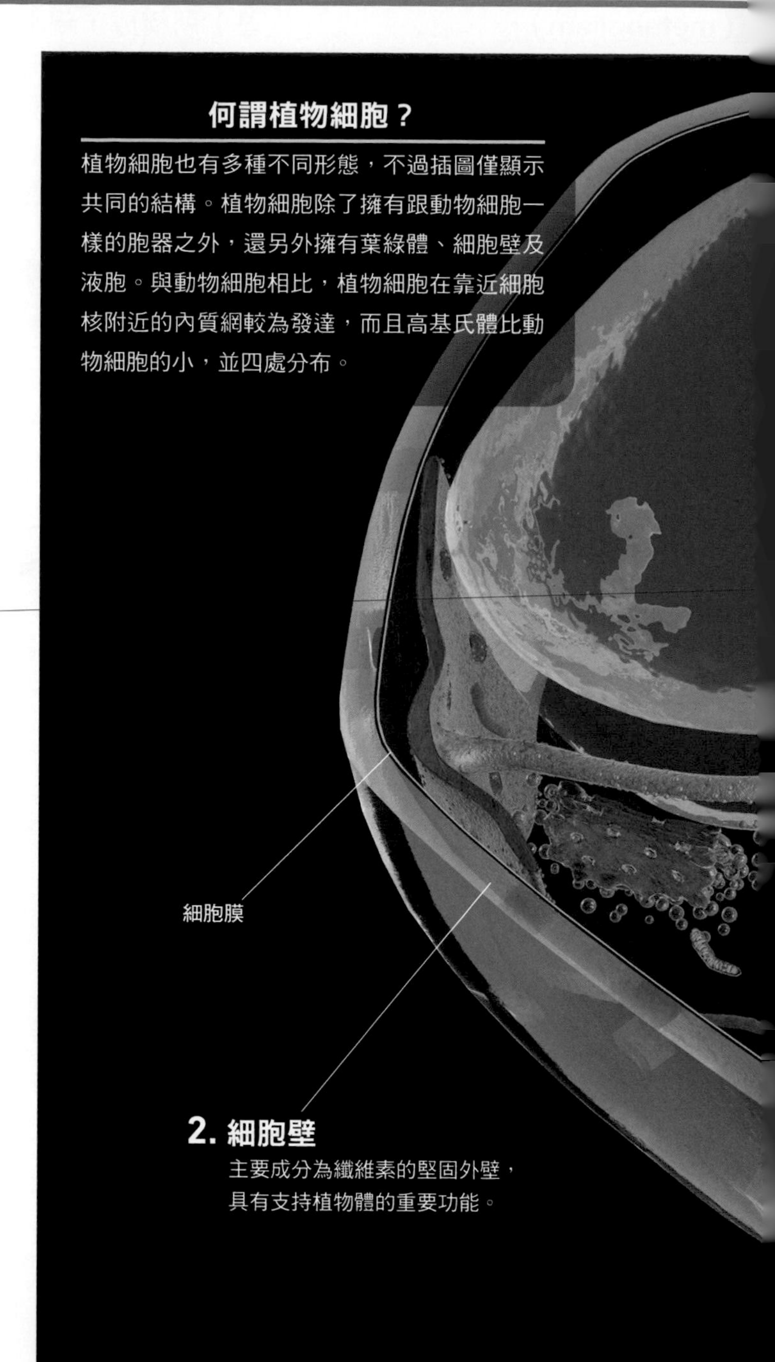
細胞膜
2. 細胞壁
主要成分為纖維素的堅固外壁，具有支持植物體的重要功能。

植物為何是綠色的？

植物看起來是綠色的，是由於葉綠體內部的圓盤狀結構「類囊體」(thylakoid)(如右頁)其內的蛋白質攜有「葉綠素」(chlorophyll)這種色素的緣故。葉綠素的重要任務是接收光線，成為光合作用的能量來源。葉綠素的特性是很容易吸收可見光中的藍光與紅光，而不容易吸收綠光，會將其散射掉。因此當綠光傳遞到我們眼中，植物就看起來是綠色的。

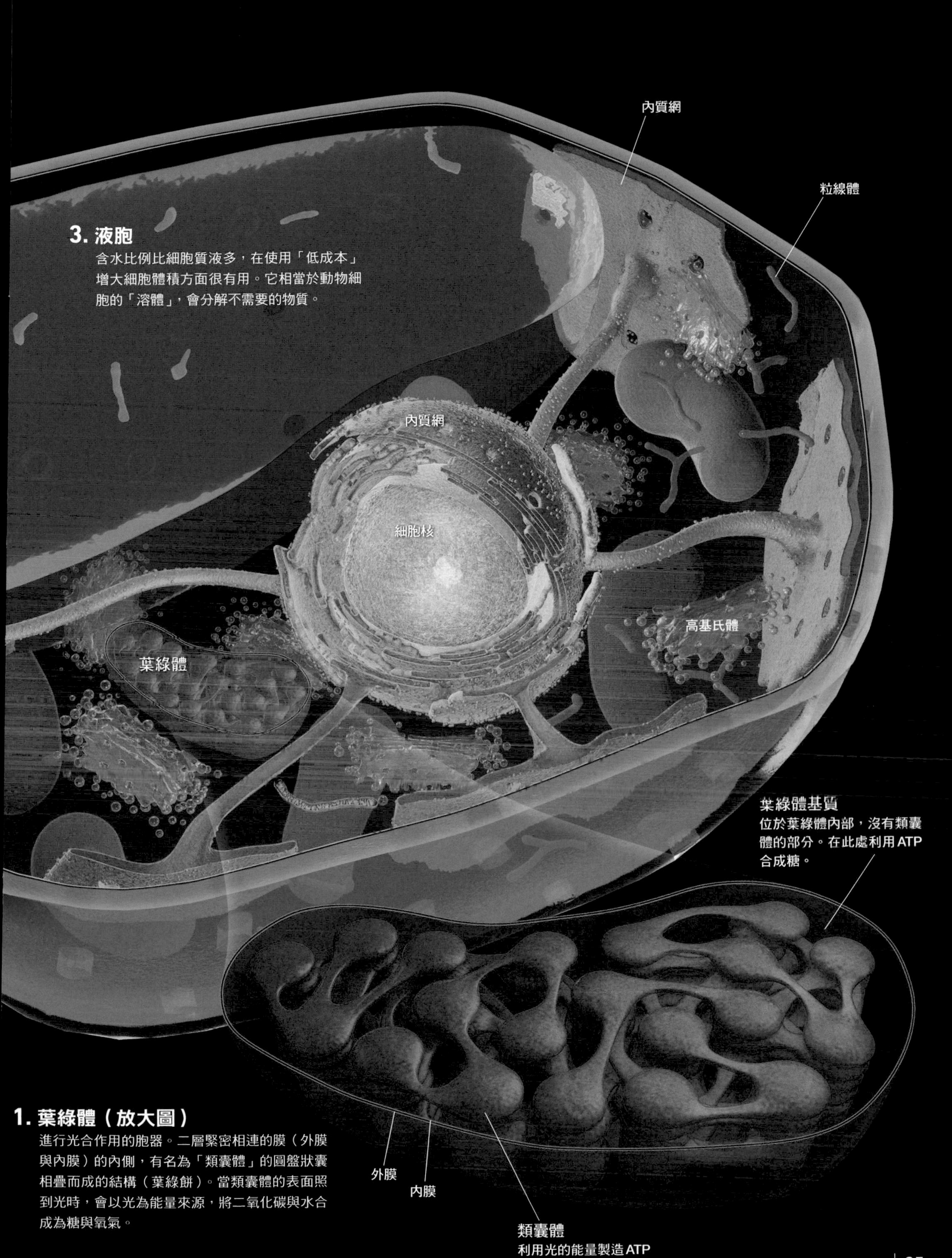
內質網
粒線體
內質網
細胞核
高基氏體
葉綠體
葉綠體基質
位於葉綠體內部，沒有類囊體的部分。在此處利用ATP合成糖。
外膜
內膜
類囊體
利用光的能量製造ATP

3. 液胞

含水比例比細胞質液多，在使用「低成本」增大細胞體積方面很有用。它相當於動物細胞的「溶體」，會分解不需要的物質。

1. 葉綠體（放大圖）

進行光合作用的胞器。二層緊密相連的膜（外膜與內膜）的內側，有名為「類囊體」的圓盤狀囊相疊而成的結構（葉綠餅）。當類囊體的表面照到光時，會以光為能量來源，將二氧化碳與水合成為糖與氧氣。

細胞分裂

細胞會分裂增殖

德國病理學家魏爾修（Rudolf Virchow，1821～1902），主張細胞會透過分裂增殖。現在就來認識一下細胞分裂的流程吧！細胞分裂一定是二分法，1個細胞不會分裂出3個或4個細胞。

在細胞分裂之前，會先正確複製遺傳訊息（DNA）（**1**，詳見第18頁），為了不讓複製好的DNA四散各處，蛋白質會綁住DNA。複製後的DNA稱為「姊妹染色分體」（sister chromatids）或二分體（dyad）（染色體的介紹詳見第70頁），而且名為「中心體」（centrosome）的結構也會增為2倍。

透過分裂形成二個細胞

複製完畢的DNA會凝聚並濃縮整合，變成染色體（**2**）。此外，中心體一分為二。接著核膜與核仁（nucleolus）消失，從中心體延伸出來的「微管」（microtubule）或稱「紡錘絲」（spindle fiber）的纖維與染色體連接（**3**）起來。在微管的作用下，染色體會排列在細胞中央附近（**4**）。這個時間點，染色體便會成對維持在緊連的狀態。

此時，**兩個中心體分別向外側移動，同時，連接染色體的微管會縮短，將二分體拉開**（**5**）。不久細胞膜會形成凹陷（**6**），凹陷範圍擴大，分裂成擁有完全相同遺傳訊息的兩個細胞（**7**）。分裂時，粒線體等胞器也會傳承至那兩個細胞。

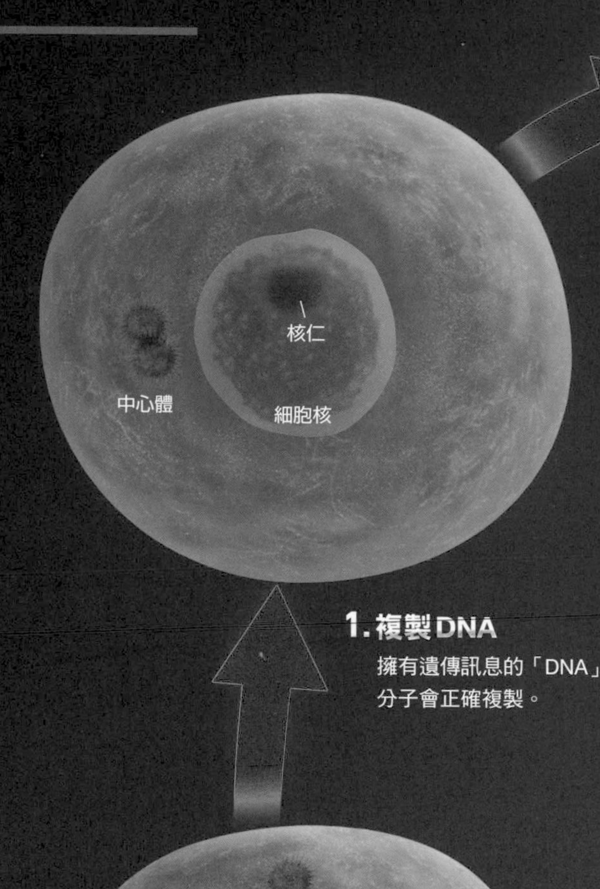
核仁
中心體
細胞核

1. 複製DNA
擁有遺傳訊息的「DNA」分子會正確複製。

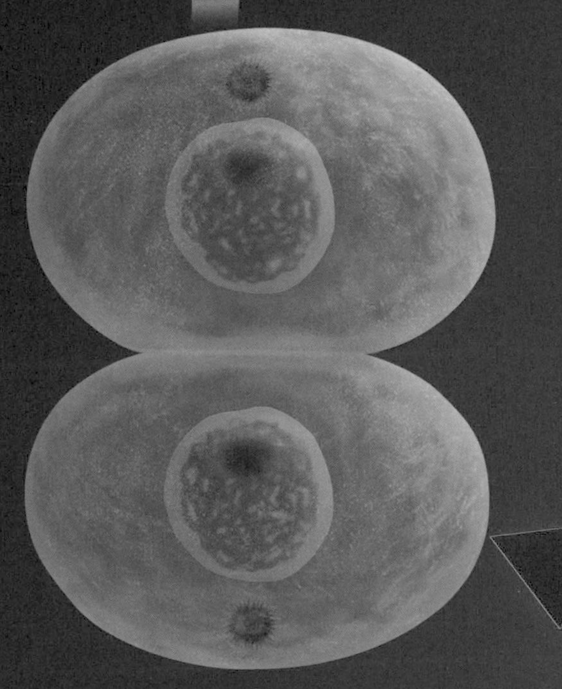

7. 分裂完畢
細胞分裂完畢。這兩個細胞會增加細胞質，準備下一次分裂。

細胞分裂的機制

插圖為動物細胞（體細胞）由分裂到增殖的過程。這個過程中有些階段有檢查點在控制，不完成檢查作業就不能進入下一階段。例如若DNA尚未複製完畢，就不會發生DNA凝聚。由於有檢查點，複製DNA分裂成兩個細胞的作業會更容易正確進行。另外，細胞分裂的時間因細胞種類而異，一般來說，較常分裂的人類小腸上皮細胞大約24小時分裂1次，並會反覆進行細胞分裂。

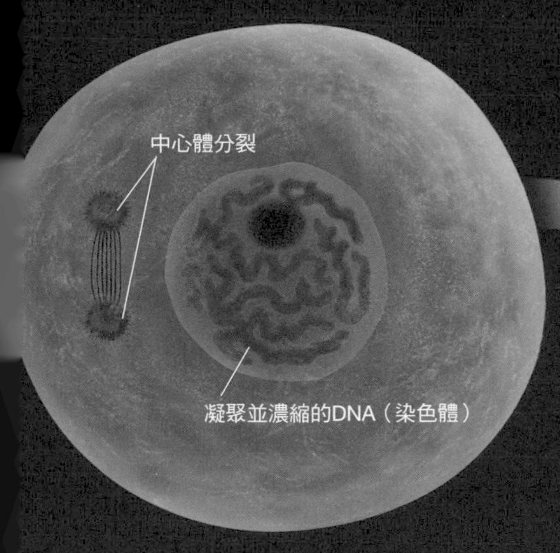
中心體分裂
凝聚並濃縮的DNA（染色體）

2.DNA濃縮

DNA會凝聚形成染色體的結構，並壓縮整合，藉此方便移動。中心體開始分裂。

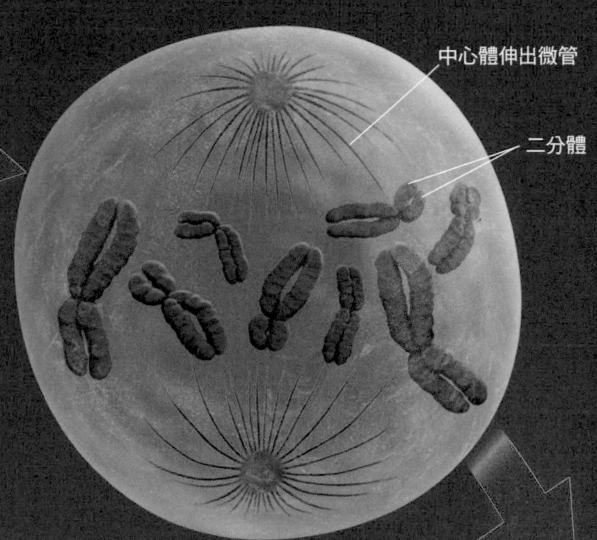
中心體伸出微管
二分體

3. 核膜與核仁消失

組成核膜與核仁的成分散開來，逐漸看不見，而複製好的二分體會連接於從中心體伸出的微管。

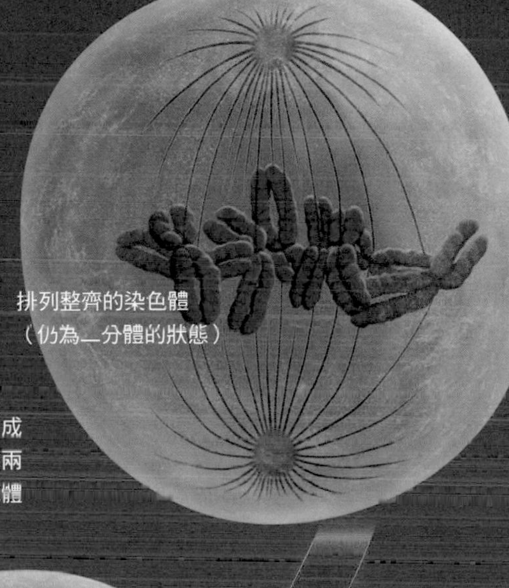
排列整齊的染色體
（仍為二分體的狀態）

4. 染色體排列於中央

染色體在微管的作用下，排列在細胞中央附近。這個階段二分體還是維持相連的狀態。

5. 染色體分離

微管拉開染色體，二分體分開成兩條。二分體會確實地分開成兩條，所以分裂後，細胞的染色體數剛剛好，不多也不少。

微管拉開，二分體分離

6. 細胞凹陷

二分體分離後，細胞膜會開始凹陷。這是因為由細胞膜內側纖維狀的蛋白質形成「收縮環」後，收縮環再將細胞向內側拉緊的緣故。開始形成核膜。

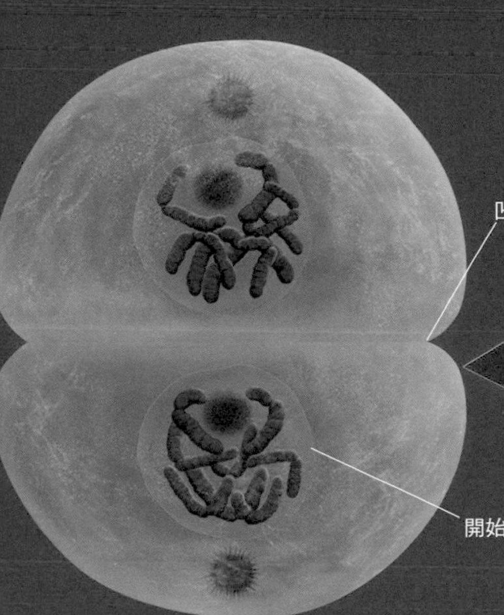
凹陷
開始形成核膜

細胞凋亡

細胞死亡有二種模式

細胞受到燙傷或碰傷等突發性的強烈刺激時，會物理性地停止生命活動。這種外因造成的細胞死亡**稱為「壞死」(necrosis)(1)**，也就是細胞意外死亡。當細胞遇到意外時，細胞本體及粒線體等胞器會膨脹（2），之後膜便會破裂，流出內容物而死（3）。

另一方面，有時候細胞會自行碎裂而死亡，**這個現象稱為「細胞凋亡」(apoptosis)(4)。**啟動細胞凋亡的細胞，整體會縮小，細胞核變形並碎裂（5）。接著細胞內容物會分裂成小囊泡（6），並被負責清除廢物的「巨噬細胞」(macrophage）吞入（吞噬）。

在受精卵發育成成體的成長過程中，就可見到細胞凋亡這樣的現象。人類的手在胎兒的初期階段時，手指間有許多細胞相連，隨著胎兒的成長，指間不必要的細胞會逐漸死去，形成5根手指。另外像蝌蚪長大成青蛙時尾巴會消失，也是因為細胞凋亡。

為何會有細胞凋亡？

而在成體方面，有時發生DNA受損無法完全修復的情況，便會啟動細胞凋亡。受到紫外線或體內活性含氧物（reactive oxygen species）等影響，DNA平常就會產生鹼基配對異常或斷裂。細胞備有修復DNA損傷的機能，若能完全修復那就沒有問題。

但若因為某些原因無法完全修復時，受損的基因就不能製造出正常的蛋白質，有時便會生病。更有甚者，就這樣帶著損傷反覆細胞分裂，異常的細胞不斷增加。而且，依據受損基因的組合不同，最糟的情況會變成癌細胞。一般認為，**為了避免這樣的事情發生，最安全的策略就是啟動細胞凋亡，將每個帶有異常基因的細胞消除**。

細胞有兩種死亡模式

插圖為細胞的兩種死亡過程：「壞死」及「細胞凋亡」。壞死是指細胞膜破裂流出內容物，流出的內容物會引起周圍組織的發炎反應。另一方面，細胞凋亡是指內容物分裂成小囊泡，內容物不會外流。因細胞凋亡而死亡的細胞碎片會由「巨噬細胞」吞噬，逐漸分解。

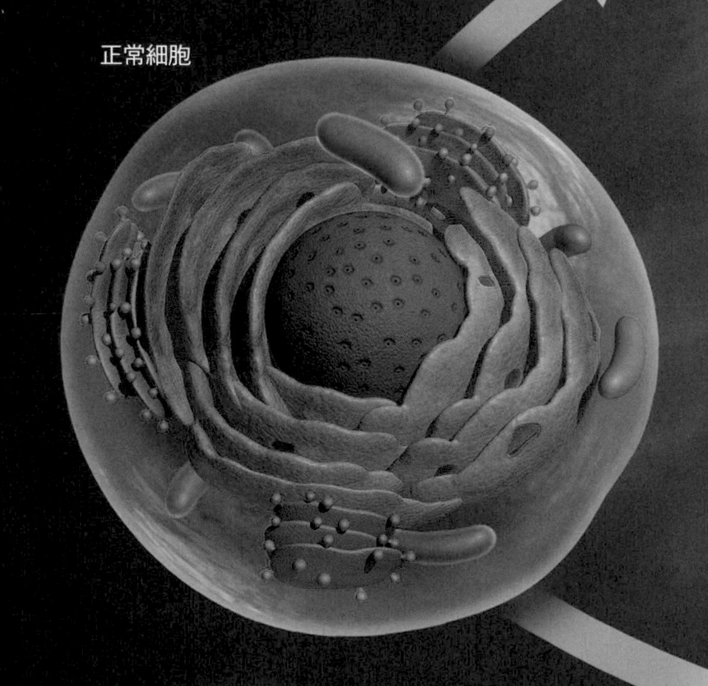
正常細胞

1. 壞死

由於細胞受到燙傷或碰傷等突發性的外在原因，無法維持生命活動時的死亡。

4. 細胞凋亡

在生物成長過程中，為了處理掉不需要的細胞，與DNA損傷而不可修復的細胞，會根據遺傳訊息啟動細胞凋亡。對個體整體而言不需要，或是對個體有害的細胞，都會活化多種蛋白質來啟動細胞凋亡。

2. 細胞膨脹

除了細胞膜會膨脹之外，
粒線體等胞器也會膨脹。

3. 細胞膜破裂

細胞膜破裂，其內容物流出。

細胞膜會膨脹

膨脹的粒線體

流出的內容物

6. 分裂成小囊泡（凋亡小體）

細胞分裂成小囊泡（凋亡小體），裡面充滿碎裂的DNA與
胞器，之後巨噬細胞會將其吞噬並逐漸分解。

5. 細胞縮小，細胞核變形並碎裂

細胞整體會縮小，細胞核中的DNA碎裂，
細胞核也會變形與碎裂。

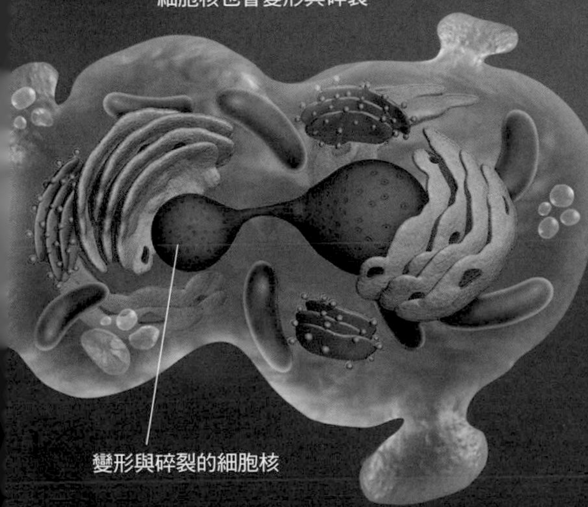
變形與碎裂的細胞核

凋亡小體

病毒

病毒是生物還是非生物？

有一樣東西沒有出現在生物分類及系統分類中，那就是「病毒」（virus）。

<u>**病毒會使用DNA或RNA當作遺傳物質，而且又只有病毒會使用RNA當作遺傳物質。**</u>病毒的結構非常單純，蛋白質的殼（殼體，capsid）會包覆在DNA或RNA的周圍，有些種類的病毒在殼的外側還會有一層「套膜」（envelope）。有時套膜的表面會有突起。

病毒與生物的共同點

病毒的增殖方式是相當獨特的。一般來說，由細胞組成的生物能透過細胞分裂來增加個體數，然而病毒卻不能獨自繁殖，它要寄生在宿主細胞，才有可能進行繁殖。

許多學者因為重視這點，所以不將病毒視為生物。但是，目前已知生物中也有些像「披衣菌」（chlamydia）般由於沒有ATP製造機制，不寄生在宿主細胞就不能繁殖的細菌。

這樣看下來，可知病毒跟由細胞組成的生物有許多不同之處。

<u>**但是大方向的共同點還是有的，那就是「自我複製」。**</u>由於這種特點，也有演化生物學家認為也能將病毒稱為生物（請參考下欄）。

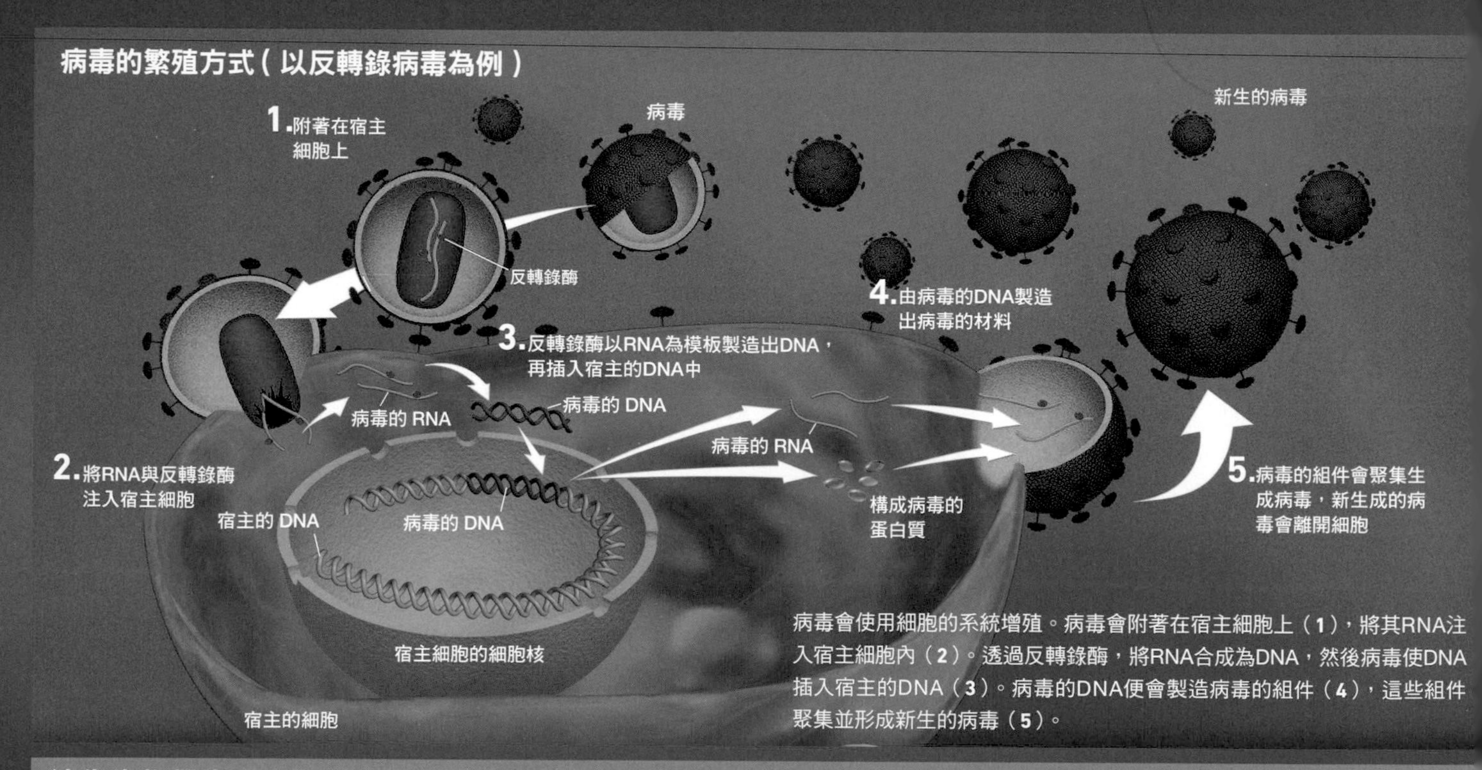
病毒的繁殖方式（以反轉錄病毒為例）
1.附著在宿主細胞上
病毒
新生的病毒
反轉錄酶
4.由病毒的DNA製造出病毒的材料
3.反轉錄酶以RNA為模板製造出DNA，再插入宿主的DNA中
病毒的 RNA
病毒的 DNA
病毒的 RNA
2.將RNA與反轉錄酶注入宿主細胞
宿主的 DNA
病毒的 DNA
構成病毒的蛋白質
5.病毒的組件會聚集生成病毒，新生成的病毒會離開細胞
宿主細胞的細胞核
宿主的細胞

病毒會使用細胞的系統增殖。病毒會附著在宿主細胞上（**1**），將其RNA注入宿主細胞內（**2**）。透過反轉錄酶，將RNA合成為DNA，然後病毒使DNA插入宿主的DNA（**3**）。病毒的DNA便會製造病毒的組件（**4**），這些組件聚集並形成新生的病毒（**5**）。

演化生物學家道金斯對病毒的看法

日本牛頓編輯部對身為牛津大學奧里爾學院名譽院士的演化生物學家道金斯（Richard Dawkins，1941～）提出了一個問題：「病毒符合生命的定義嗎？」道金斯博士回答如下。

我認為幾乎可將病毒單純看作是DNA或RNA。病毒是由DNA或RNA等少許組件所構成，它寄生於其他的生命體（有機體），完全仰賴生命體，所以無法獨自生存。但是，我想不到不能將病毒視為生命的原因。

病毒的存在很有意思，因為它有「DNA自我複製的能力」，是顯示生命基本特徵之一的絕佳範例。

原文： *A virus is you could think of as almost being pure DNA. Some of them are RNA. They do have a little bit more than that. They are absolutely dependent upon parasitizing other organisms. A virus can't live on its own. I don't see any particular reason not to call them living. I don't actually care very much about whether you call it living or not. They're very interesting. A virus is very interesting because they epitomize one of the most fundamental aspects of life which is the self-replicating quality of the DNA itself. So I wouldn't make a big deal of the question whether viruses are alive or not.*

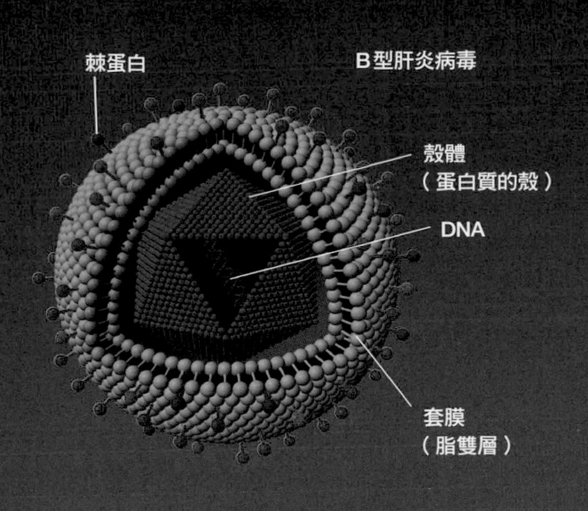
棘蛋白
B型肝炎病毒
殼體
（蛋白質的殼）
DNA
套膜
（脂雙層）

病毒的基本結構

所有病毒都會將遺傳訊息記錄在DNA或RNA等核酸分子上，再用由蛋白質組成的「殼體」包裹起來。殼體外有一層稱為「套膜」的膜狀結構（脂雙層），以及名為「棘蛋白」的突起結構。

噬菌體

比為會感染細菌的病毒。「噬」是「吃掉」的意思。插圖是感染大腸桿菌的「T4噬菌體」，高度約200奈米。T4噬菌體一旦附著到細菌表面後，柱狀的部分就會壓縮，將上部殼中的DNA注入到細菌裡。

環狀病毒

部分環狀病毒會感染鳥類。大小約為20奈米，是相當小的病毒，擁有正20面體的外殼（殼體）。

擬菌病毒

1992年發現的巨大病毒，由於它比已知的最小細菌「黴漿菌」還要大，所以剛發現時以為它是細菌。大小為400奈米，殼體為正20面體，其上有細長的纖維。擬菌病毒（mimivirus）由於擁有比以往的病毒與黴漿菌更多的遺傳訊息，彷彿在「模仿」（英語為mimic）細菌般，故得名。一般都認為「病毒很小、很單純」，而擬菌病毒即為顛覆常識的存在。此外，截至2021年，擁有最大基因體的病毒為長度1微米、寬0.5微米的潘朵拉病毒（pandoravirus）。

正在研發使用免疫系統治療癌症的方法

癌細胞是指無法停止分裂的「暴走」細胞，會轉移至全身，增加病灶，直至個體死亡。近年來，備受矚目的新療法是使用人類免疫系統來排除異物的治療法，在此列舉兩種模式。

免疫療法的兩種模式

第一種模式是利用「抗體藥物」，即具有抗體（antibody）特點的藥劑。

抗體是指會排除病原體和病毒的一種蛋白質，具備能正確「分辨」敵人的能力（詳見第52頁）。例如，**以癌細胞特有的蛋白質為標的製造抗體，並當成藥物投予，藥物便能抵達只有癌細胞之處**。

下圖介紹的是2014年開賣的抗癌劑「Nivolumab」（商品名：保疾伏®），屬於抗體藥物，用於治療惡性黑色素瘤（melanoma）。這種藥並非以癌細胞為標的，而是與呈現於T細胞（T cell）表面的蛋白質結合，形成抗體，優點是副作用很少。

另一種是由美國哈佛大學的庫夫（Donald Kufe）教授團隊所開發的「樹突細胞免疫治療法」（請見右上圖）。所謂的樹突細胞（dendritic cell）是免疫細胞的一種，當它發現癌細胞等異常細胞時，就會將其吞噬到自己細胞內並加以分解。此時，樹突細胞會將分解細胞所得到蛋白質的碎片，掛在自己的細胞表面，然後教導周圍的其他免疫細胞：「看到帶有這個標記的細胞就可以攻擊。」這個現象稱為「抗原呈現」（antigen presenting）。

而樹突細胞教導的對象是名為「胞毒T細胞」（cytotoxic T cell）的免疫細胞，胞毒T細胞會找出該異常細胞攻擊至死。這是一種利用樹突細胞與胞毒T細胞連動群，來擊退癌細胞的免疫治療。

透過抗體藥物，恢復免疫細胞原本的能力

插圖顯示免疫細胞「T細胞」使癌細胞死亡的機制（1）及抗癌劑「Nivolumab」的功能（2、3）。

Nivolumab本身並非攻擊癌細胞的藥物，需要透過T細胞的幫忙來攻擊（免疫反應），因此它的優點是副作用少。

1. 攻擊癌細胞的T細胞

當「T細胞」細胞膜上的蛋白質「TCR」，與癌細胞細胞膜上的蛋白質「MHC」（會形成癌細胞特有的形狀）鍵結時，T細胞會釋放出名為「細胞介素」（cytokine）的物質攻擊癌細胞，受到攻擊的癌細胞便會死亡。

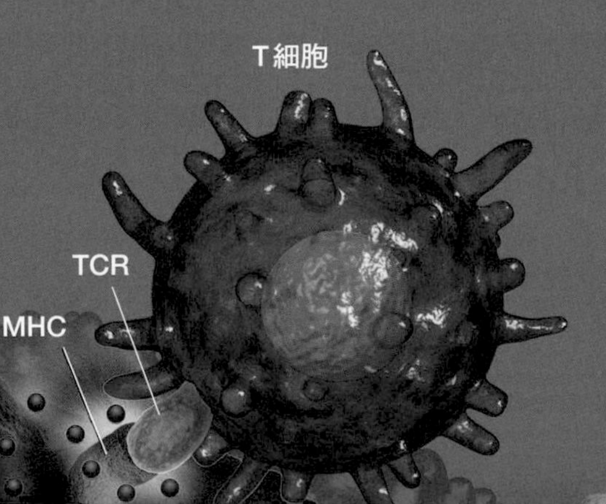

T細胞
死亡的癌細胞
TCR
MHC
細胞介素

2. 逃過T細胞攻擊的癌細胞

當T細胞表面的蛋白質「PD-1」結合於癌細胞表面的蛋白質「PD-L1」時，T細胞就不會進行攻擊。由於許多癌細胞的細胞膜上有這個PD-L1，T細胞就不會去攻擊癌細胞。

PD-1
TCR
PD-L1
MHC

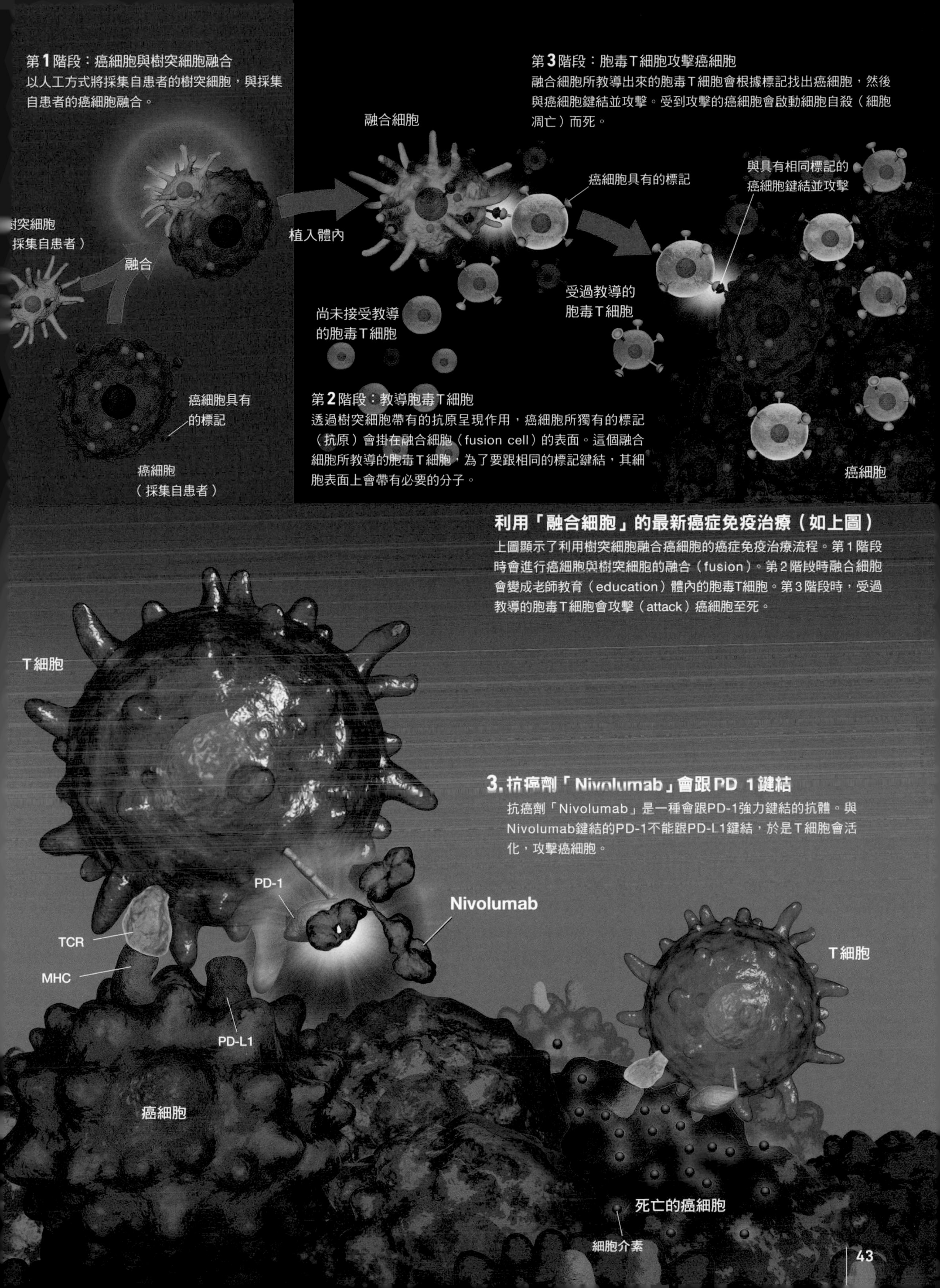

第1階段：癌細胞與樹突細胞融合
以人工方式將採集自患者的樹突細胞，與採集自患者的癌細胞融合。
樹突細胞
（採集自患者）
融合
癌細胞具有的標記
癌細胞
（採集自患者）
植入體內
融合細胞
尚未接受教導的胞毒T細胞
第2階段：教導胞毒T細胞
透過樹突細胞帶有的抗原呈現作用，癌細胞所獨有的標記（抗原）會掛在融合細胞（fusion cell）的表面。這個融合細胞所教導的胞毒T細胞，為了要跟相同的標記鍵結，其細胞表面上會帶有必要的分子。
第3階段：胞毒T細胞攻擊癌細胞
融合細胞所教導出來的胞毒T細胞會根據標記找出癌細胞，然後與癌細胞鍵結並攻擊。受到攻擊的癌細胞會啟動細胞自殺（細胞凋亡）而死。
癌細胞具有的標記
受過教導的胞毒T細胞
與具有相同標記的癌細胞鍵結並攻擊
癌細胞
T細胞
TCR
MHC
PD-1
PD-L1
Nivolumab
癌細胞
T細胞
死亡的癌細胞
細胞介素

利用「融合細胞」的最新癌症免疫治療（如上圖）

上圖顯示了利用樹突細胞融合癌細胞的癌症免疫治療流程。第1階段時會進行癌細胞與樹突細胞的融合（fusion）。第2階段時融合細胞會變成老師教育（education）體內的胞毒T細胞。第3階段時，受過教導的胞毒T細胞會攻擊（attack）癌細胞至死。

3. 抗癌劑「Nivolumab」會跟PD 1鍵結

抗癌劑「Nivolumab」是一種會跟PD-1強力鍵結的抗體。與Nivolumab鍵結的PD-1不能跟PD-L1鍵結，於是T細胞會活化，攻擊癌細胞。

個體的起源

本章會認識人類個體的起源。卵與精子結合產生的受精卵，會反覆進行名為卵裂的分裂，變化成我們身體的各部分。也會討論我們身體恆定性的機制及防禦來自外界病毒與細菌的免疫結構，如何讓含有養分的食物變成能量以維持生命，都會詳細解說，趕快往下繼續翻閱吧。

46 卵與精子、受精
48 全能性與三胚層
50 誘導
52 血液與免疫
54 恆定性
56 神經元
58 先天行為與後天行為
60 糖解作用與檸檬酸循環
62 消化與吸收

監修　田沼 靖一

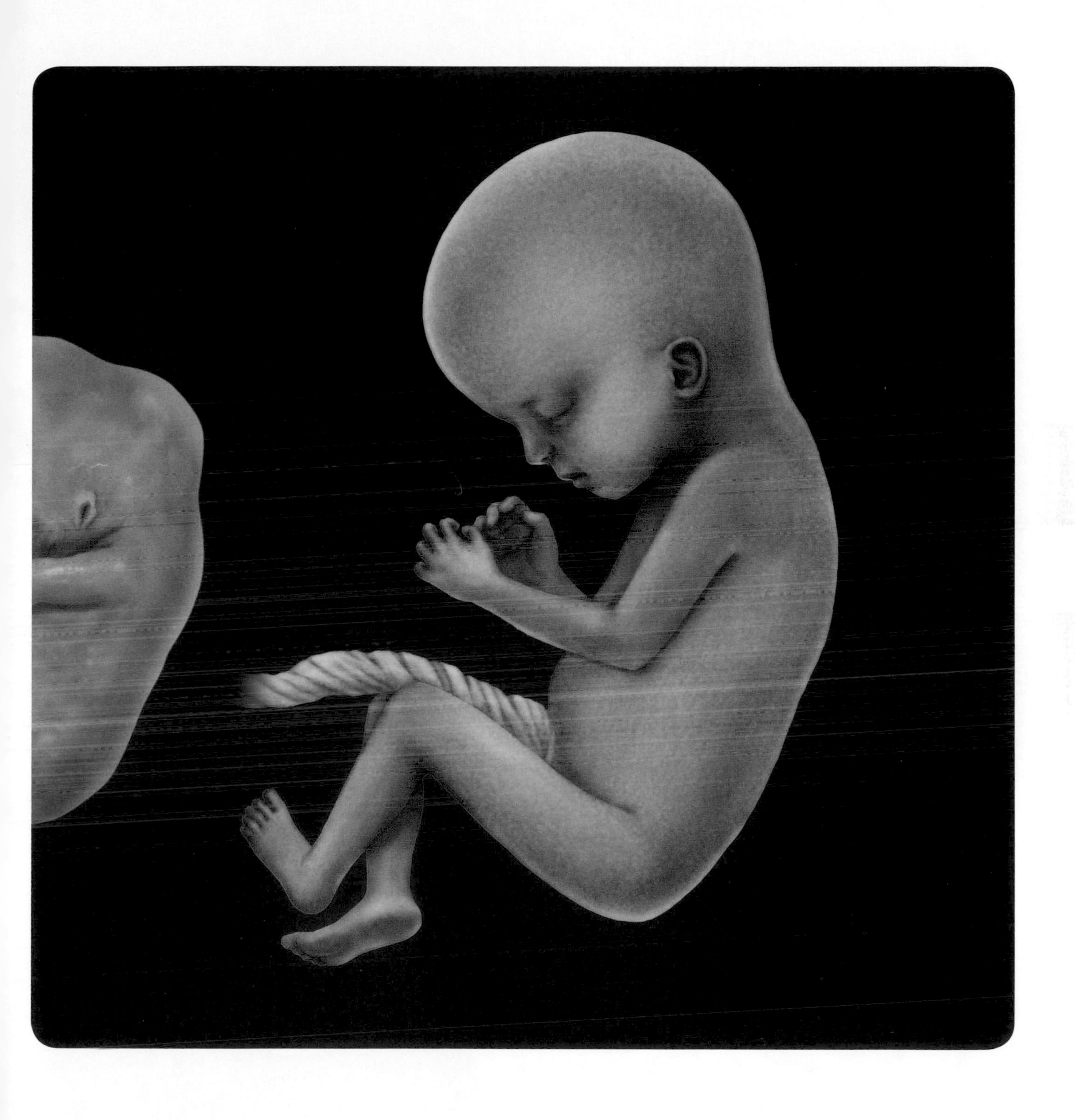

僅有 1 個精子會進入卵中

人類個體的起源是卵與精子相遇的「受精」(fertilization)行為。女性的卵巢以每月 1 次左右的頻率釋出卵，若是運氣好，成功與男性精子受精的話，就會形成受精卵(oosperm)。

受精的地方發生在女性的「輸卵管壺腹」(ampulla of uterine tube)。男性性器官所釋出多達**數億個精子中，會抵達輸卵管壺腹的只有數百個，僅有100萬分之 1。這些抵達的精子中，只有 1 個能跟卵受精**。在精子進入卵的瞬間，包覆卵的膜(透明帶，zona pellucida)的特性會改變，使其他精子無法進入。

受精卵在 7 天後會嵌入子宮壁，埋進去裡面，稱為「著床」(implantation)。心臟在受精 4 週後開始跳動。受精 8 週後，主要臟器與組織大致成形。

女性生殖器

每個月，2 個卵巢的其中一個會排出成熟的卵(排卵，ovulation)。排出的卵由輸卵管的繖部(infundibulum)捕捉，開始朝子宮的方向移動。

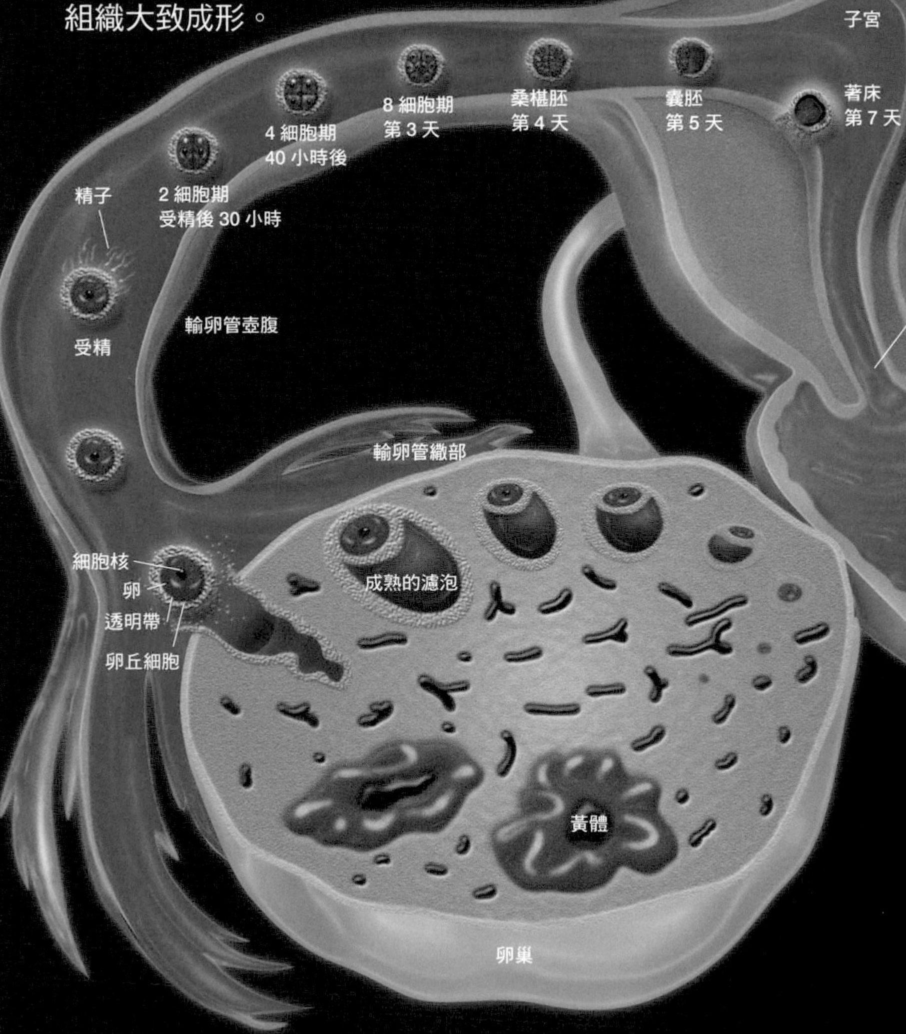
輸卵管
子宮
卵巢
8 細胞期
第 3 天
桑椹胚
第 4 天
囊胚
第 5 天
著床
第 7 天
4 細胞期
40 小時後
精子
2 細胞期
受精後 30 小時
子宮頸
輸卵管壺腹
受精
輸卵管繖部
細胞核
卵
透明帶
卵丘細胞
成熟的濾泡
陰道
黃體
卵巢

受精

數百個精子圍繞著 1 個卵，當有 1 個精子進入卵時，卵會瞬間關閉所有進入通道。於是便建立 1 對 1 的受精。

男女生殖器與受精的情況

插圖顯示人類女性與男性的生殖器，以及受精的情況。卵會在輸卵管壺腹與精子相遇變成受精卵，然後開始進行細胞分裂（卵裂）。受精後第7天著床於子宮上部，並於9個月的期間，在子宮內部進行胚胎發育。

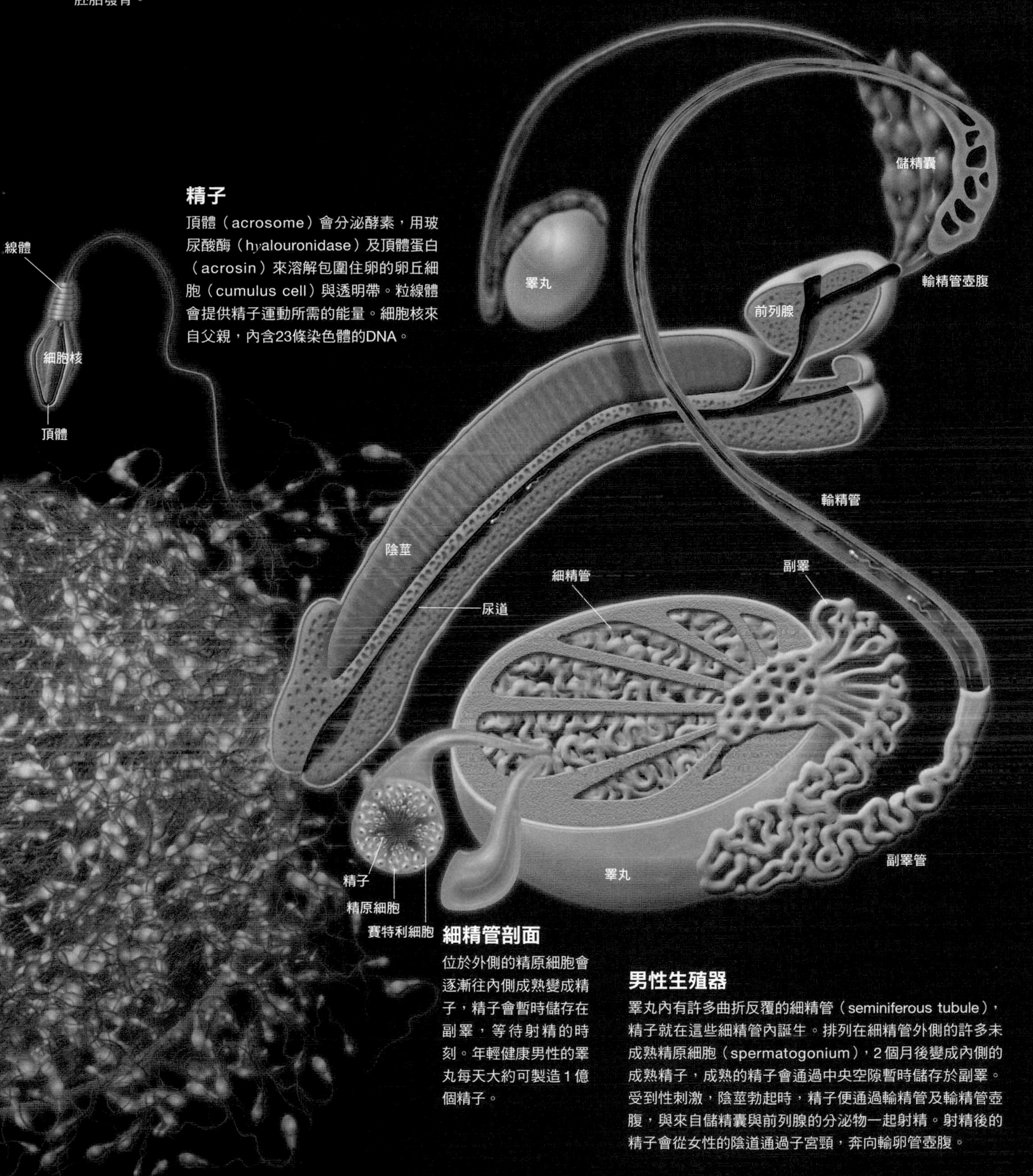

線體
細胞核
頂體
睪丸
儲精囊
輸精管壺腹
前列腺
輸精管
陰莖
細精管
尿道
副睪
精子
精原細胞
賽特利細胞
睪丸
副睪管

精子

頂體（acrosome）會分泌酵素，用玻尿酸酶（hyalouronidase）及頂體蛋白（acrosin）來溶解包圍住卵的卵丘細胞（cumulus cell）與透明帶。粒線體會提供精子運動所需的能量。細胞核來自父親，內含23條染色體的DNA。

細精管剖面

位於外側的精原細胞會逐漸往內側成熟變成精子，精子會暫時儲存在副睪，等待射精的時刻。年輕健康男性的睪丸每天大約可製造1億個精子。

男性生殖器

睪丸內有許多曲折反覆的細精管（seminiferous tubule），精子就在這些細精管內誕生。排列在細精管外側的許多未成熟精原細胞（spermatogonium），2個月後變成內側的成熟精子，成熟的精子會通過中央空隙暫時儲存於副睪。受到性刺激，陰莖勃起時，精子便通過輸精管及輸精管壺腹，與來自儲精囊與前列腺的分泌物一起射精。射精後的精子會從女性的陰道通過子宮頸，奔向輸卵管壺腹。

全能性與三胚層

受精卵具有能變成全部種類細胞的「全能性」

受精卵在受精後就會立刻開始分裂，不斷進行形態發生（morphogenesis）。個體都是由不同種類的細胞群所構成，而這些細胞群全都是由1個受精卵所製造。**受精卵的這種能力稱為「全能性」（totipotency），是製造所有組織與器官，形成完整個體的能力。**

不過，受精卵的全能性會隨著重複分裂而逐漸消失。以小鼠為實驗時，即使將受精卵分裂3次所形成的8個細胞分散四處，每1個細胞都會長成正常的個體。不過，分裂更多次的細胞，就不能長成正常的個體了。

已知有200多種的專門細胞

隨著分裂持續進行，每1個細胞會漸漸地擁有專門性。以人類而言，最終會變化出200多種的細胞群，包括皮膚表皮細胞、血液的紅血球與腦神經細胞等。

像這種細胞專業化的現象，生物學上稱為「分化」（differentiation）。若沒有以人工的方式改變基因，細胞一旦分化，就會變身為不同種類的細胞，也不會恢復成受精卵的階段。分化的方向性是透過組蛋白與DNA修飾所決定的（右圖）。

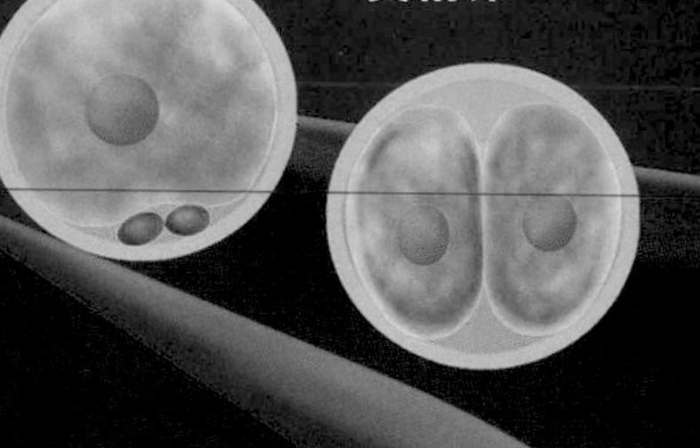
1. 受精卵
2. 胚囊
內部細胞團
往外胚層分化
往中胚層分化
往內胚層分化

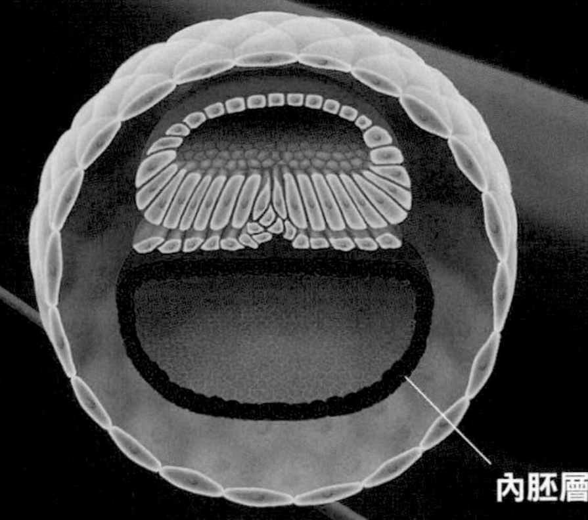
內胚層
受精後3週的胚

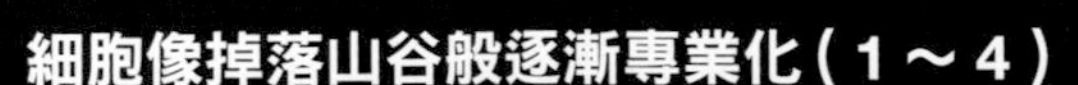

細胞像掉落山谷般逐漸專業化（1～4）

哺乳類的受精卵（**1**）在經過6～7次分裂之後，會變成100個細胞左右的細胞團，稱為「胚囊」（**2**）。未來，其內側的「內部細胞團」細胞會形成成人身體的各種細胞（但是它不能形成「胎盤」，嚴格來說不具全能性）。不過，細胞分裂進行到受精後第3週的胚時，內部細胞團會分別分化成「外胚層」、「中胚層」與「內胚層」（**3**）。接著，每個胚層的細胞會形成專業化細胞，並形成成人身體的某些細胞（**4**）。這種細胞專業化的現象稱為「分化」。英國的生物學家沃丁頓（Conrad Waddington，1905～1975）在1950年代就認為「細胞的分化不可逆」，這個概念可比喻成「掉落山谷的球」，此概念也稱作「表觀遺傳景觀」（epigenetic landscape）。

組蛋白修飾

「組蛋白」是指細胞核中DNA所纏繞的蛋白質。組蛋白受到某種化學性變化（乙醯基化、磷酸化與甲基化）的現象稱為「組蛋白修飾」。在細胞逐漸分化的過程中，有數個組蛋白被修飾的結果，使DNA仍維持在緊緊纏繞的狀態，導致細胞讀取不到某些基因。

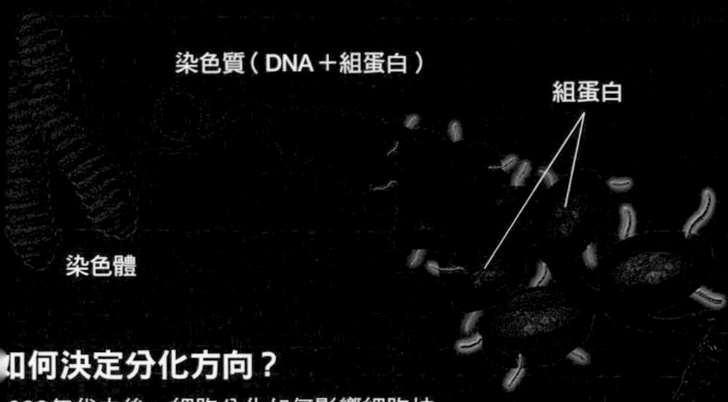

染色質（DNA＋組蛋白）

組蛋白

染色體

如何決定分化方向？

980年代之後，細胞分化如何影響細胞核化學變化，有了突破性發展。現在認為主要由「組蛋白修飾」與「DNA甲基化」這兩種機制，來決定已分化細胞中作用的基因組合。這種已決定方向的細胞核，在細胞分裂後仍會繼承原本的分化方向。這種現象及研究這種現象的學問稱為「表觀遺傳學」。

DNA
（基因本體）

DNA甲基化

「DNA甲基化」是指將DNA的4種鹼基ATGC中的C（胞嘧啶）加上甲基（$-CH_3$）。甲基化的DNA會喪失基因機能。舉例來說，當細胞分化成皮膚細胞時，皮膚細胞不需要的基因DNA就會被甲基化。

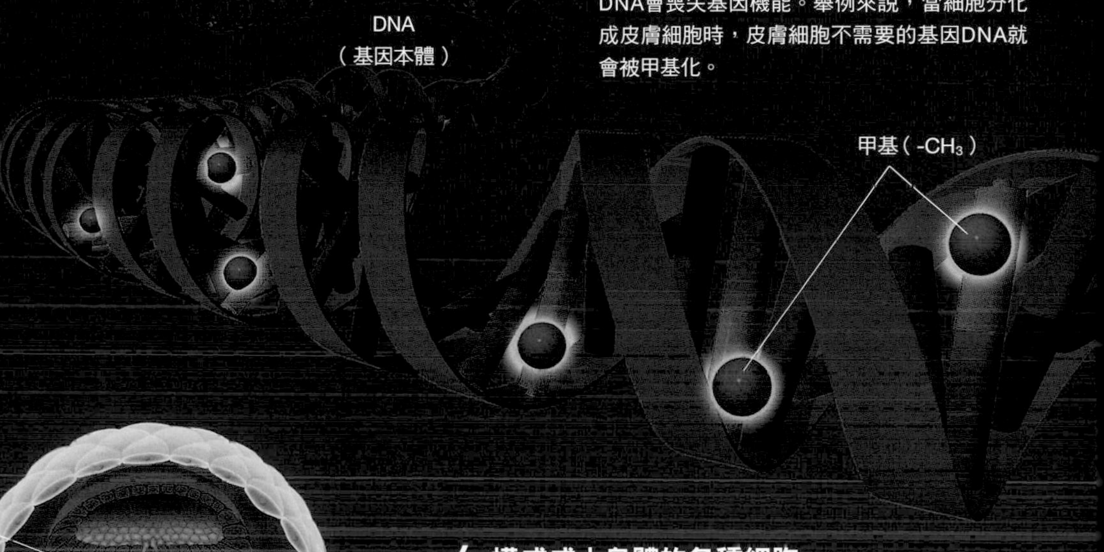

甲基（$-CH_3$）

3. 受精後3週的胚

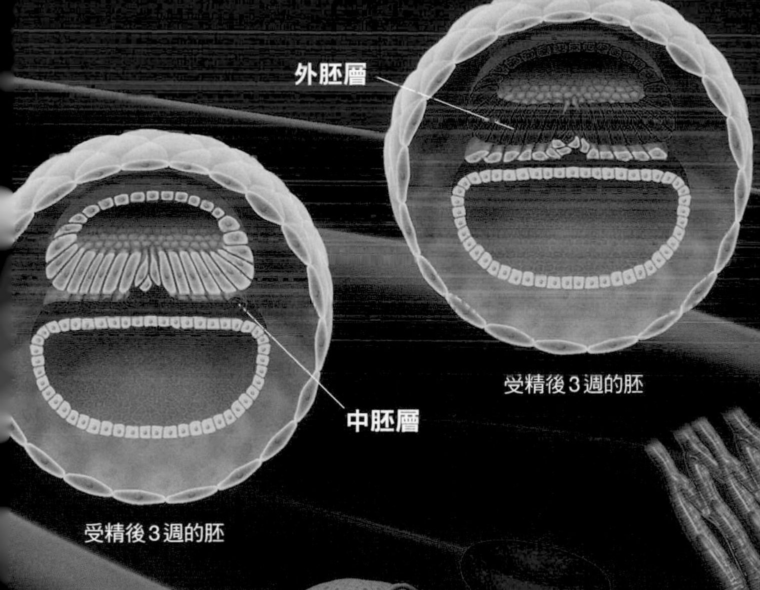

外胚層

中胚層

受精後3週的胚

受精後3週的胚

4. 構成成人身體的各種細胞

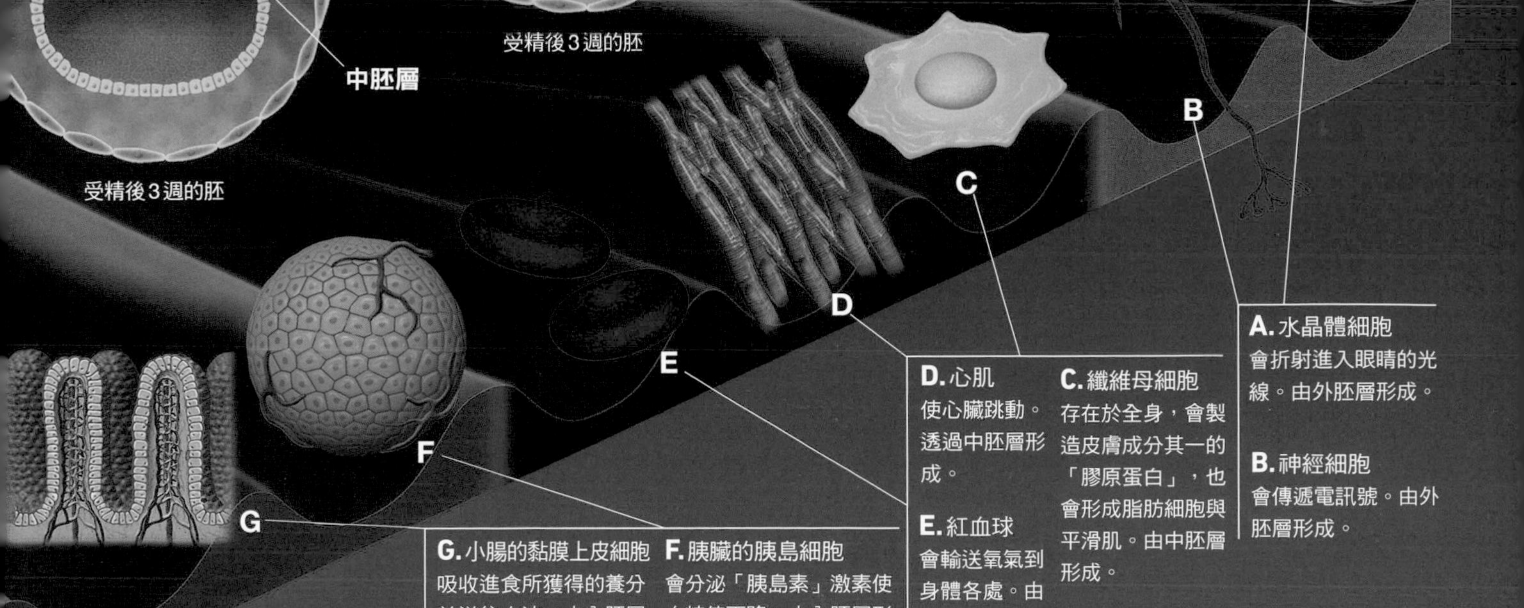

A B C D E F G

A. 水晶體細胞
會折射進入眼睛的光線。由外胚層形成。

B. 神經細胞
會傳遞電訊號。由外胚層形成。

C. 纖維母細胞
存在於全身，會製造皮膚成分其一的「膠原蛋白」，也會形成脂肪細胞與平滑肌。由中胚層形成。

D. 心肌
使心臟跳動。透過中胚層形成。

E. 紅血球
會輸送氧氣到身體各處。由中胚層形成。

F. 胰臟的胰島細胞
會分泌「胰島素」激素使血糖值下降。由內胚層形成。

G. 小腸的黏膜上皮細胞
吸收進食所獲得的養分並送往血液。由內胚層形成。

誘導

眼睛是透過細胞間的合作形成的

幾乎對所有動物而言，「眼睛」是非常重要的感覺器官。眼睛究竟是如何形成的呢？其實眼睛是由靠近臉部表面的一部分腦形成的。

眼睛透過「誘導」而形成

受精後第4週左右，腦（前腦）的組織向左右延伸，接近臉部表層，並形成所謂「視胞」（optic vesicle）的結構（**1**）。視胞會受到臉部表層細胞驅使，形成水晶體（lens）的基礎組織（晶體基板，lens placode）。像這樣，**某個細胞受到別的細胞驅使而促進分化的現象稱為「誘導」（induction）**。

之後，晶體基板的中心部分會逐漸凹陷，視胞變成杯狀的「視杯」（optic cup）（**2**），將晶體基板包覆。有趣的是，凹陷進去的晶體基板，最後會完全埋入臉中（**3**）。

視杯會發育形成視網膜（retina）與虹膜（iris）等（**3**～**5**）。視網膜是指位於眼睛深處的光線接受器；虹膜是指中央有孔洞（瞳孔）的環狀結構，可以改變孔洞大小來調節進入的光量。

在發育初期，胎兒的眼睛沒有眼皮，是裸露的。受精後第6週左右，逐漸形成眼皮。第10週左右上下的眼皮會相連（癒合），眼睛暫時維持閉著的狀態。然後到第24週左右，眼皮可以打開並眨眼。

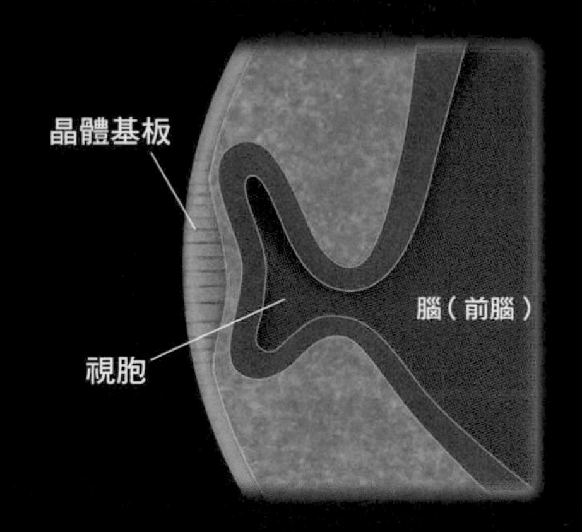
晶體基板
腦（前腦）
視胞

1. 受精後第4週左右

腦（前腦）的組織向左右延伸，在臉部表層附近形成「視胞」的結構，視胞會誘導晶體基板形成。

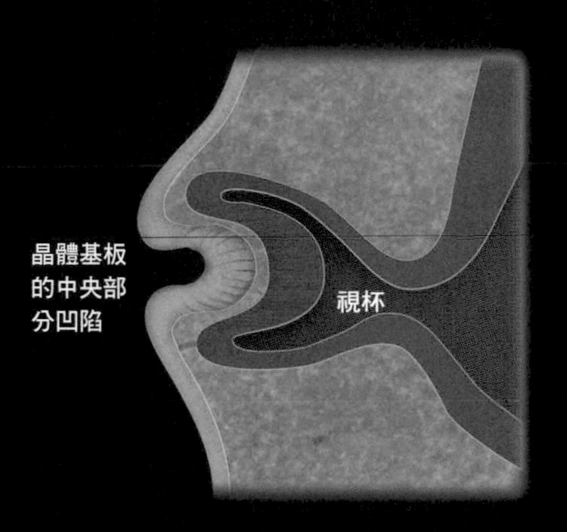
晶體基板的中央部分凹陷
視杯

2. 第5週左右

晶體基板的中心部位逐漸凹陷，視胞會形成杯狀的「視杯」來包覆晶體基板。

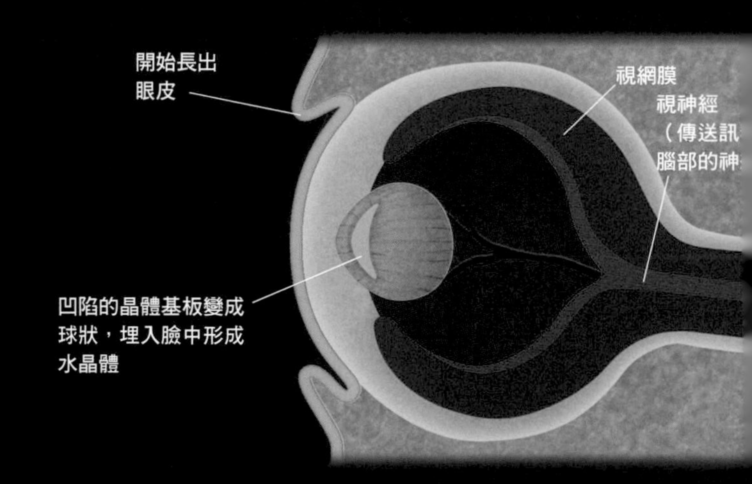
開始長出眼皮
視網膜
視神經
（傳送訊
腦部的神
凹陷的晶體基板變成球狀，埋入臉中形成水晶體

3. 第7週左右

凹陷進去的晶體基板已完全埋入臉中。之後，視杯會逐漸形成視網膜與虹膜。

※：從頭到屁股的長度

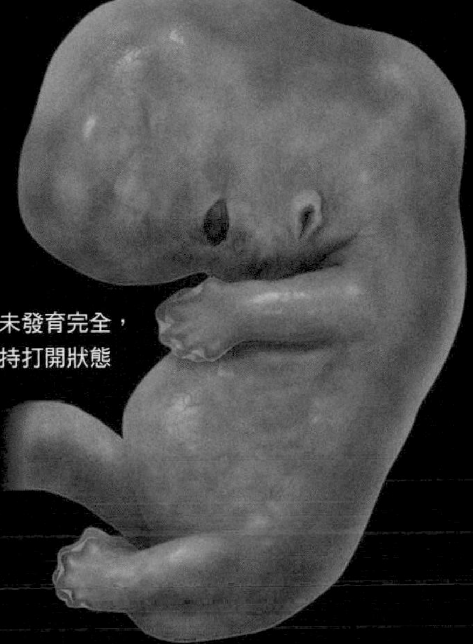

第15週左右的胎兒
約13cm（頭尾長）

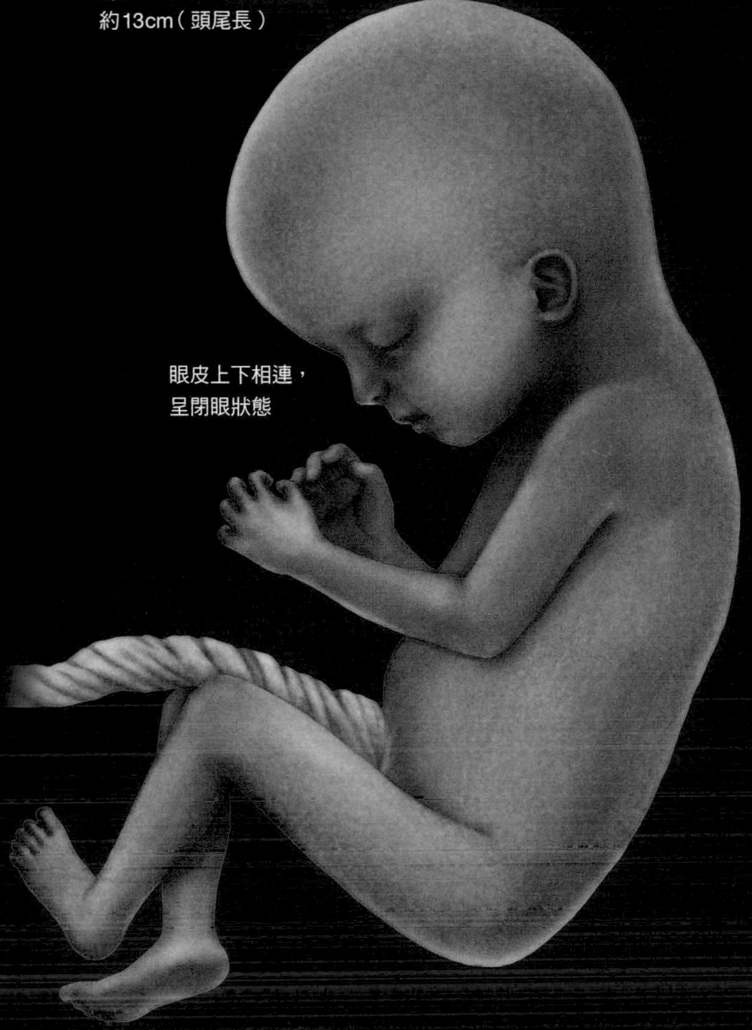

第7週左右的胎兒（胚胎）
約18mm（頭尾長※）

眼皮上下相連，
呈閉眼狀態

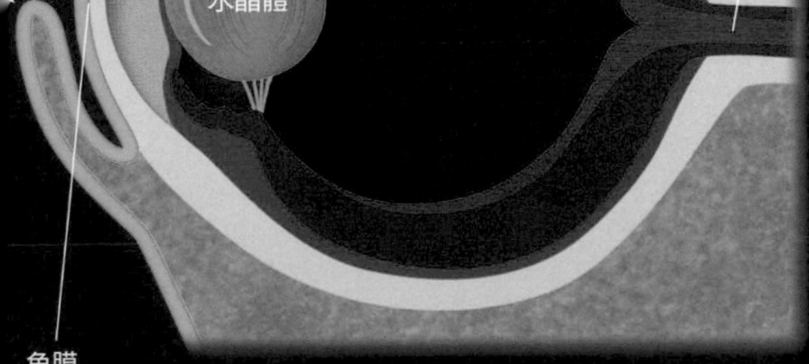

眼皮尚未發育完全，
眼睛維持打開狀態

玻璃體
（充滿眼球內部的透明組織）

視網膜

皮緊閉

視神經

水晶體

角膜
（讓光線折射的透明膜層。
也就是黑眼珠的部分）

4. 第15週左右

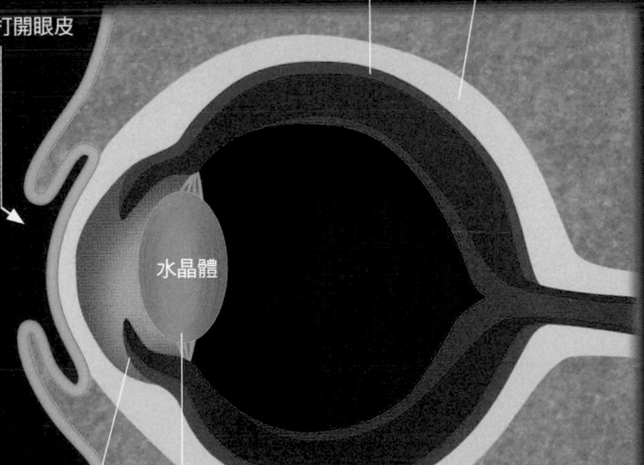

脈絡膜
（位於視網膜與鞏膜之
間，會遮蔽光線並提供
視網膜養分）

鞏膜
（韌性高的白色不透明膜。「眼
白」即為部分可看見的鞏膜）

能打開眼皮

水晶體

虹膜

水晶體變成橢圓形

5. 第24週左右

血液與免疫

所有的血球與淋巴球都是由1種幹細胞所形成的

生物為了生存下去，需要氧氣與養分，並排出不需要的二氧化碳及老廢物質。以多細胞生物而言，負責搬運這些物質的就是「血液」。

像我們這種脊椎動物的血液，是由稱為「血漿」（plasma）的液體成分與紅血球、白血球及血小板等細胞所構成。紅血球是跟搬運氧氣有關的細胞，當紅血球成熟時，會經過名為「脫核」（denucleation）的過程，所以它沒有細胞核。

血液中的細胞全都由造血幹細胞所形成

白血球的功能是攻擊侵入體內的細胞跟病毒等異物，這個機制稱為「免疫系統」。插圖顯示許多種的白血球合作攻擊侵入者。血小板是「巨核細胞」（megakaryocyte）的碎片，有凝固血液的功能。

這裡來討論其中一種免疫細胞「B細胞」的功能。B細胞會辨識細菌跟病毒的一部分作為「抗原」，就能產生可辨識其分子的「抗體」（免疫球蛋白，immunoglobulin）。

一種抗體只會跟一種抗原結合（抗原抗體反應，antigen-antibody reaction）。與抗體結合的抗原易被「巨噬細胞」與「嗜中性球」（neutrophil）吞食。一般而言，人類的基因約2萬2000種，而B細胞的抗原受體多達100萬種以上。B細胞中，免疫球蛋白的基因會進行重組（recombination），才會產生出抗體的多樣性。

上述這些細胞皆由位於骨髓中僅僅只有1種的「造血幹細胞」（hematopoietic stem cell）分裂、增殖與分化而來。有些白血球在進入血管前，要先通過「胸腺」（thymus），並在那裡成熟。

在胸腺與骨髓等的環境中會進行「篩選」，去除會對自身產生免疫反應的未成熟淋巴球，只有不會對自身產生免疫反應的淋巴球才從這裡離開。

淋巴母細胞

胸腺
T細胞在此成熟。

從骨髓進入血管

單一種類的造血幹細胞會一邊增殖一邊分化，製造出血液中所有的細胞。由幹細胞分化而來的淋巴球會在骨髓中分化成B細胞，或在胸腺分化成T細胞。胸腺會破壞無法完全發揮功能約占95%的不良品，剩下的5%會成熟並形成3種T細胞。

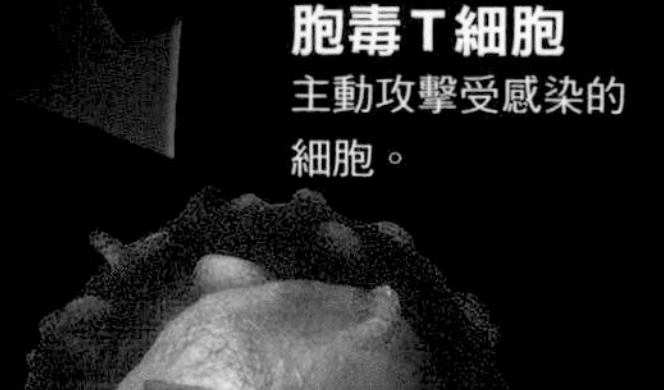
胞毒T細胞
主動攻擊受感染的細胞。

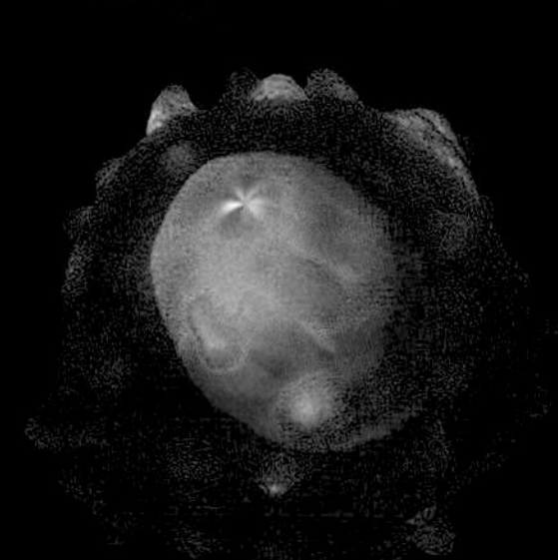
輔助T細胞
會命令B細胞製造抗體來處理異物。

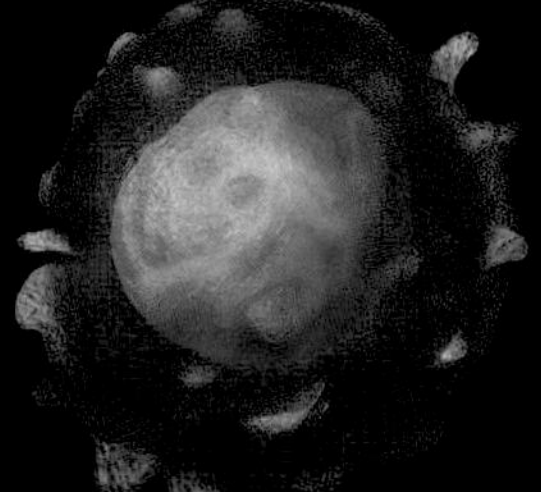
調節T細胞
命令吞噬細胞分泌殺菌物質、處理異物。

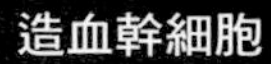
造血幹細胞
前紅血球母細胞
多染性紅血球母細胞
網狀紅血球母細胞
脫核
紅血球
骨髓母細胞
巨核母細胞
巨核球
血小板
單核母細胞
嗜中性球
吞噬細胞的一種，
會吞噬敵人並加以
破壞。
嗜鹼性球
與防止黏膜受
感染有關。
嗜酸性球
一般認為主要用來防
止受寄生蟲感染。
B細胞
巨噬細胞
吞噬細胞的一種，
會吞噬敵人並加以
破壞。
漿細胞
活化B細胞後轉變而成
的細胞，可製造抗體。

恆定性

維持體內環境恆定的「恆定性」機制

不論哪個季節，人類的體溫幾乎是固定不變的。體液（血液）含有的鹽類、氧及葡萄糖的濃度也同樣不變。**若體溫跟這些物質濃度產生變化，自律神經跟激素便會作用，試圖恢復至正常範圍。這種維持體內環境恆定的現象稱為「恆定性」。**

體液鹽類濃度恆定的機制

維持恆定性的機制以「體液的鹽類濃度」為例說明。以脊椎動物來說，保持體液的鹽類濃度恆定是腎臟的工作，產生尿液時便會調節血液中的水分量與鹽類濃度。魚類亦同，只不過海水魚跟淡水魚的機制大有不同。

棲息於海中的魚，會將體液的鹽類濃度保持在海水鹽類濃度的4分之1～3分之1※1，因此魚的身體經常失去水分※2。為了補充失去的水分，魚便喝進海水，並從腸道吸收水分（如圖）。跟水分一起吸收進來的鹽分會經過濃縮，再從魚鰓或腎臟排出。

淡水魚的體液濃度也維持在海水鹽類濃度的4分之1～3分之1，但因為周圍環境是淡水，鹽類濃度遠低於體液的鹽類濃度，經常有水分進入魚體。所以淡水魚不會用喝水的方式，而是排出大量稀薄的尿液（如圖），靠這個機制保持濃度恆定。

※1：體液中的一價離子（Na^{+}，Cl^{-}等）雖為海水的4分之1～3分之1，但二價離子（Mg^{2+}，SO_4^{2-}等）低於海水的數十分之1。

※2：細胞膜內側與外側的溶液濃度相異（例如海水）時，只有水會從濃度低的溶液移動至濃度高的溶液，這個現象稱為「滲透」（osmosis）。

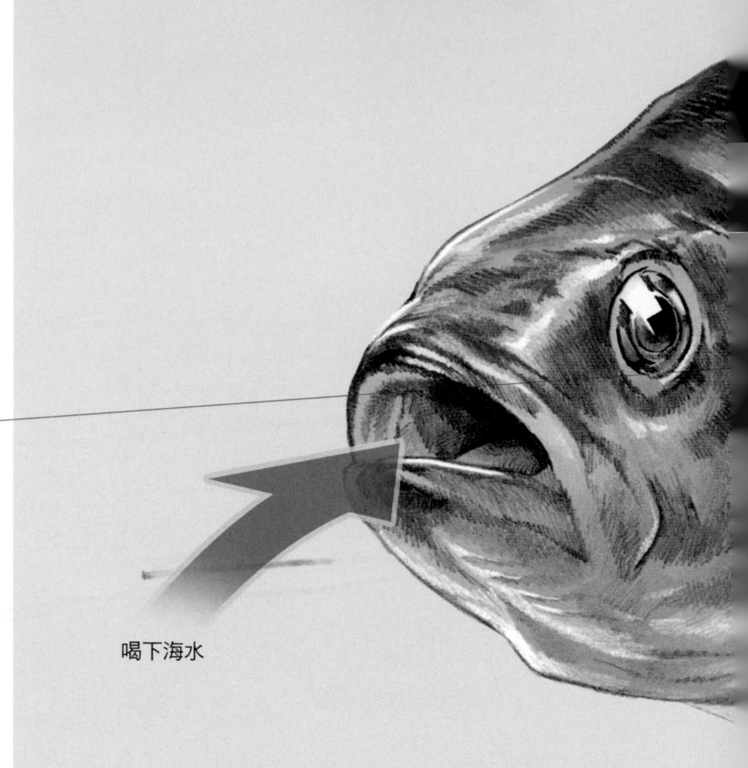
海水魚
喝下海水

淡水魚維持恆定的機制

棲息於淡水環境魚類的體液濃度也會維持在海水鹽類濃度的4分之1～3分之1，也就是說，體液的濃度比周圍水的濃度還高，周圍的水分容易滲入體內，就算不特地喝水，水分也會透過魚鰓進入體內。

淡水魚會排出大量稀薄尿液，藉此排出體內水分。另一方面，淡水魚也會積極用魚鰓從淡水中吸收鹽分（主動運輸），以補充鹽分。

食物

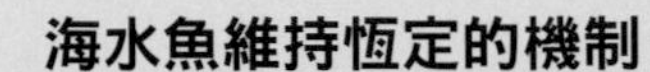

海水魚維持恆定的機制

海水魚維持體液恆定的示意圖。海水魚會喝下海水，由腸道吸收水分與鹽分。鹽分中的鈉離子（Na^{+}）等一價離子主要從魚鰓排出，而鎂離子（Ma^{2+}）等二價離子則由腎臟排出。鮭魚、鰻魚與七星鱸魚（如圖）等會在海洋跟河川間洄游的魚類，維持體液恆定的機制可以從海水魚模式完全切換成淡水魚模式。

吸收水分
和鹽分
水和鹽分
（Na^{+}，Cl^{-}）
水和鹽分（Mg^{2+}，So_4^{2-}）
隨著尿液排出
淡水魚
水
鹽分
大量稀薄尿液

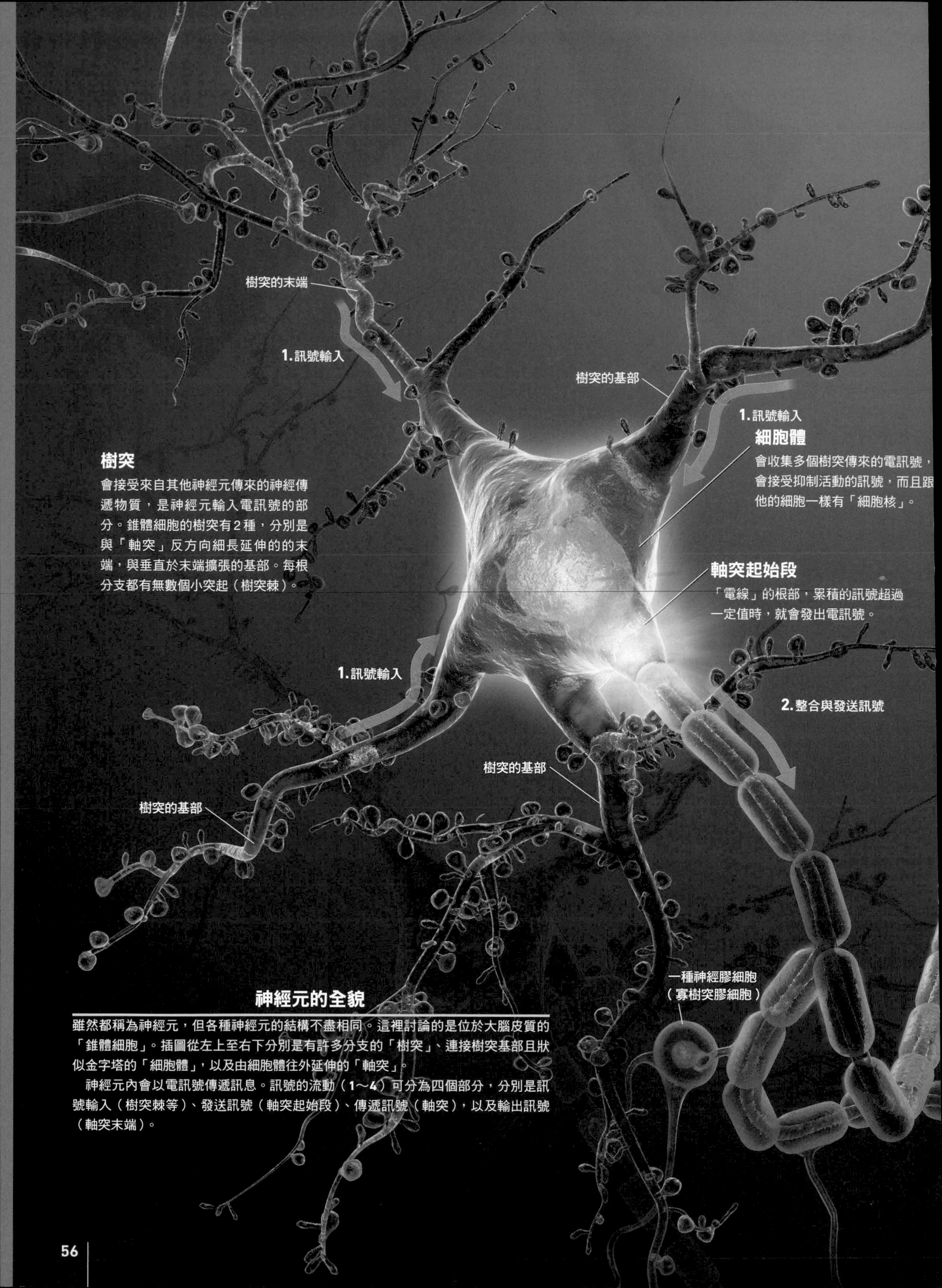
樹突的末端
1. 訊號輸入
樹突的基部
1. 訊號輸入
細胞體
會收集多個樹突傳來的電訊號，
會接受抑制活動的訊號，而且跟
他的細胞一樣有「細胞核」。
樹突
會接受來自其他神經元傳來的神經傳遞物質，是神經元輸入電訊號的部分。錐體細胞的樹突有2種，分別是與「軸突」反方向細長延伸的的末端，與垂直於末端擴張的基部。每根分支都有無數個小突起（樹突棘）。
軸突起始段
「電線」的根部，累積的訊號超過一定值時，就會發出電訊號。
1. 訊號輸入
2. 整合與發送訊號
樹突的基部
樹突的基部
一種神經膠細胞
（寡樹突膠細胞）

神經元的全貌

雖然都稱為神經元，但各種神經元的結構不盡相同。這裡討論的是位於大腦皮質的「錐體細胞」。插圖從左上至右下分別是有許多分支的「樹突」、連接樹突基部且狀似金字塔的「細胞體」，以及由細胞體往外延伸的「軸突」。

神經元內會以電訊號傳遞訊息。訊號的流動（1～4）可分為四個部分，分別是訊號輸入（樹突棘等）、發送訊號（軸突起始段）、傳遞訊號（軸突），以及輸出訊號（軸突末端）。

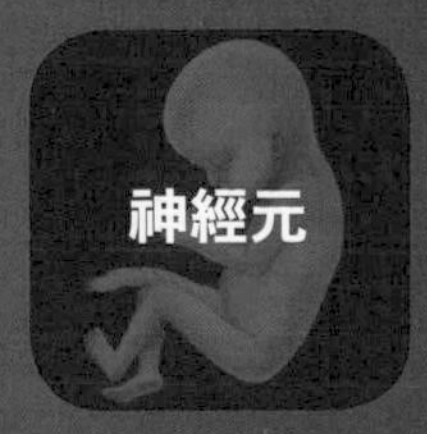
神經元

神經元群創造複雜的腦網絡

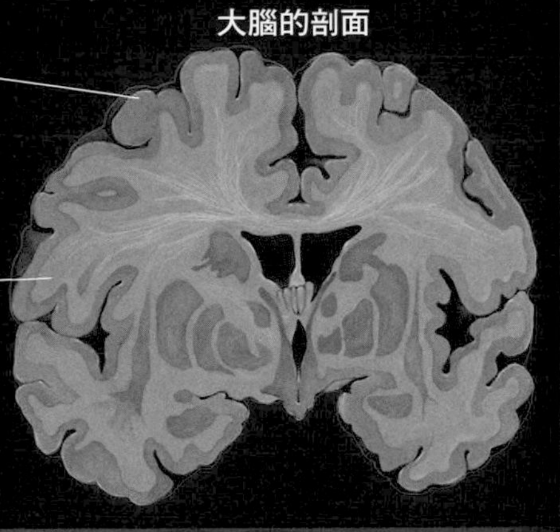
大腦的剖面
灰質
主要位於大腦外側。「細胞體」密集分布的部分看起來是灰色。
白質
位於大腦內側。由成束的「軸突（與絕緣體）」組成。

神經元（神經細胞）共有3種，**分別是將訊號從脊髓（腦與全身的中繼站）送往肌肉的「運動神經元」（motor neurone）、將訊號從皮膚傳送至腦與脊髓的「感覺神經元」（sensory neuron），以及在腦內連結各神經元的「聯絡神經元」（interneuron）**。以人類而言，據說聯絡神經元的數量占絕大多數。

腦約有1000億個腦神經元，而我們一般所認識的「大腦」約有200億個神經元。大腦依剖面圖的顏色可大致區分為「灰質」（gray matter）與「白質」（white matter）。看起來為灰色的灰質主要是神經元的細胞體（cell body），白質則是電訊號通道的「軸突」（axon）與絕緣體，各自密集分布在腦裡。

神經元會用電訊號傳遞訊息，是一種非常細長的細胞（插圖**1～4**），其密集分布的地方是灰質，不過日本科學技術振興機構的細田千尋博士團隊發現，灰質的體積大小，跟集中力與目標達成能力相關。

軸突

從細胞體延伸出去的細長部分，相當於將發送來的電訊號再傳遞出去的「電線」。阻斷電的「絕緣體」，會固定間隔一段距離包覆著軸突（綠色的部分。實際上它是由神經膠細胞的一部分所組成，插圖省略了大部分），電訊號會飛躍絕緣體以更快的速度傳遞，這個現象稱為「跳躍傳導」（saltatory conduction）。

樹突棘

軸突末端

3. 傳遞訊號

4. 輸出訊號

4. 輸出訊號

突觸

神經元之間用神經傳遞物質傳遞訊號的連接部分。位於軸突與樹突棘之間，或是軸突與細胞體之間。

幼時的印痕影響配偶的選擇

動物的行為大致上會分為兩種，分別是「先天行為」（innate behavior）與「後天行為」（acquired behavior）。

先天行為是指生物與生俱來的能力，不需透過經驗和學習就能獲得。例如有些鳥類會「遷徙」，即隨著季節變化而改變棲息地。候鳥要遷徙時，會以太陽的位置為標準來判斷要往哪個方向飛，這個現象稱為「太陽羅盤」（sun compass）。普遍認為藉由太陽羅盤得知方向的機制是先天行為。

後天行為是指透過經驗改變行為的現象。

何謂印痕？

「印痕」（imprinting）是先天行為與後天行為的混合行為。

研究印痕最有名的是奧地利的生物學家羅倫茲（Konrad Lorenz，1903～1989）的實驗。當羅倫茲靠近剛孵化的鳥蛋時，剛出生的幼鳥會跟在羅倫茲的背後走，而不跟母鳥走。這是非常根深蒂固的行為，所以幼鳥不會再將母鳥與其他同種的鳥類認作親鳥。**幼鳥認羅倫茲為親鳥屬於「後天行為」，但是會跟著剛出生第一眼所見的東西走，所以也屬於「先天行為」**。

右頁是利用印痕所做的有趣實驗。實驗顯示親鳥的外形會影響未來子女選擇的配偶外形。根據這個實驗，顯示女兒會選擇與父親相似的鳥作為配偶偏好。

帝王斑蝶
一大群帝王斑蝶

帝王斑蝶會進行長達3000公里的大遷徙

目前已知棲息於北美大陸的帝王斑蝶會像候鳥般「遷徙」。為了要在較溫暖的地方過冬，數千隻的蝶群會進行長達3000公里的大遷徙。夏季時棲息在加拿大與美國五大湖附近的帝王斑蝶，要過冬前會南下，從佛羅里達半島跨海遷徙至墨西哥。當氣候回暖時，帝王斑蝶會再飛回北方。

一般認為帝王斑蝶是以太陽的位置為基準而決定遷徙的方向。也有人指出，也可能是透過感應地球磁場的方向。

印痕也會影響配偶選擇

以下插圖顯示了德國科學家威特（Klaudia Witte）與索卡（Nadia Sawka）利用斑胸草雀進行的實驗內容。由有裝飾羽的父親撫養長大的雌鳥，會傾向選擇有裝飾羽的雄性；雄鳥的擇偶喜好則不受雙親是否有裝飾羽的影響。

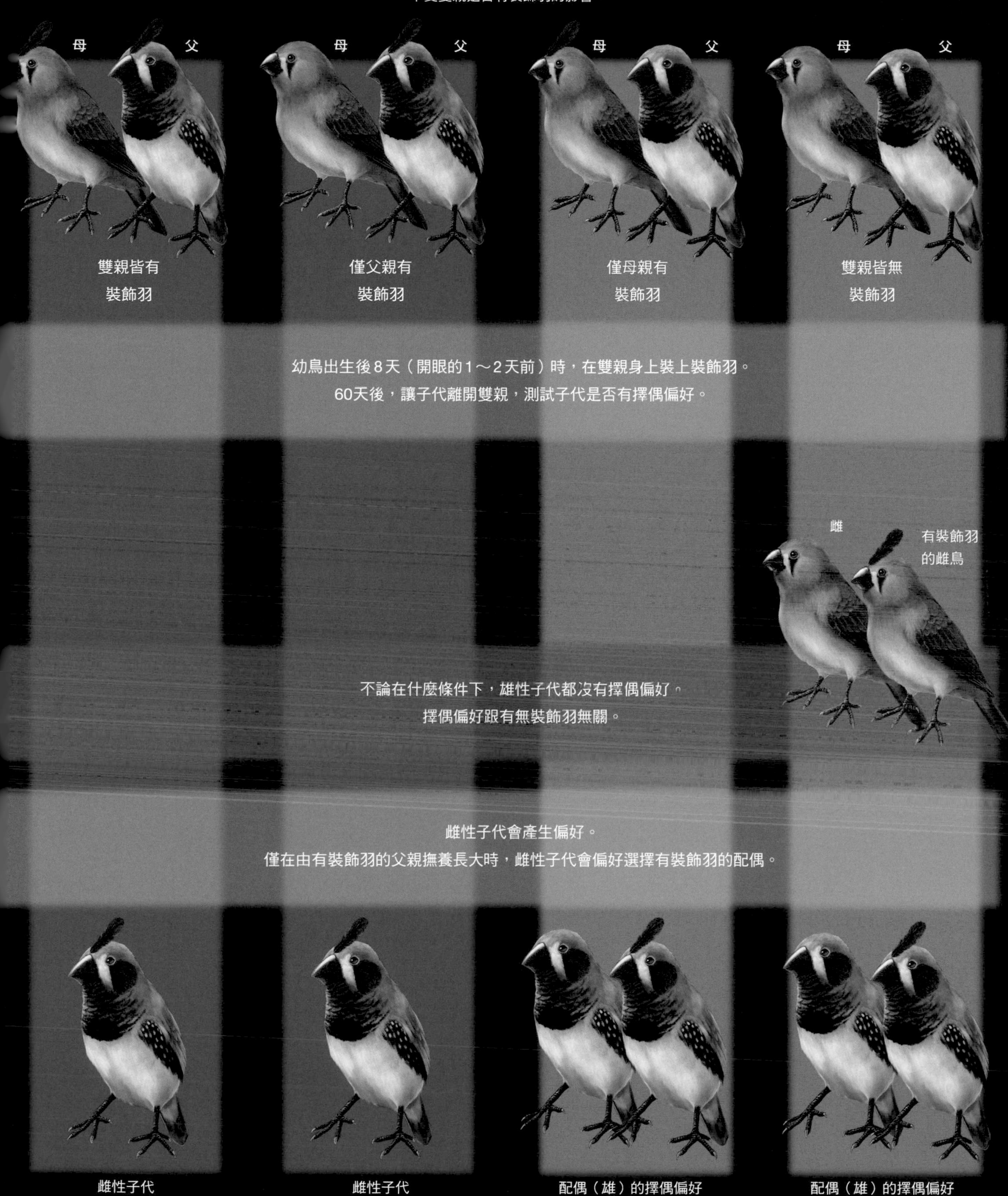
母
父
母
父
母
父
母
父
雙親皆有
裝飾羽
僅父親有
裝飾羽
僅母親有
裝飾羽
雙親皆無
裝飾羽
幼鳥出生後8天（開眼的1～2天前）時，在雙親身上裝上裝飾羽。
60天後，讓子代離開雙親，測試子代是否有擇偶偏好。
雌
有裝飾羽
的雌鳥
不論在什麼條件下，雄性子代都沒有擇偶偏好。
擇偶偏好跟有無裝飾羽無關。
雌性子代會產生偏好。
僅在由有裝飾羽的父親撫養長大時，雌性子代會偏好選擇有裝飾羽的配偶。
雌性子代
會偏好有裝飾羽的配偶（雄）
雌性子代
會偏好有裝飾羽的配偶（雄）
配偶（雄）的擇偶偏好
跟有無裝飾羽無關
配偶（雄）的擇偶偏好
跟有無裝飾羽無關

糖解作用與
檸檬酸循環

使用氧進行的代謝與不使用氧進行的代謝

我們運作腦、肌肉與臟器等會用到的能量，來自營養素產生的ATP。

例如運動時，細胞會吸收儲存於肌肉細胞（肌纖維）的肝醣（glycogen），透過「糖解作用」進行代謝。

意指肝醣會由己醣激酶（hexokinase）代謝出葡萄糖-6-磷酸（glucose 6-phosphate），最後在產生ATP的同時，也會產生丙酮酸與乳酸。此時的代謝是在無氧的狀態下進行，這就是不使用氧的糖解作用代謝。

運動「代謝」脂肪利於減肥

肥胖是體內分解的養分過剩，而變成中性脂肪累積起來的狀態。不僅吃肥肉會胖，連過度攝取飯中的醣類也會產生中性脂肪。為了要分解中性脂肪，就必須將粒線體基質內的脂肪酸轉變成乙醯輔酶A，進入檸檬酸循環，最後產生二氧化碳和水。也就是說，進食的養分愈多，就必須要更加運動來把這些養分用完。

使用氧產生ATP

另一方面，**透過糖解作用產生的丙酮酸，會在位於粒線體內的「檸檬酸循環」（亦稱為克氏循環）中，轉變成乙醯輔酶A（acetyl coenzyme A）。藉由乙醯輔酶A產生的氫離子，會移動至同樣位於粒線體內，我們稱為「電子傳遞鏈」（electron transport chain）的ATP合成線路。**

電子傳遞鏈跟水力發電有很多類似的地方。

彷彿利用水庫儲存的水（氫離子）的濃度梯度，再利用從高處往低處落下的力，轉動ATP合成酶發電機的渦輪機，製造出ATP。

粒線體內製造的ATP是從氧製造而來。健走及慢跑等有氧運動的能量就是這樣來的。

消化與吸收

營養素主要是由小腸吸收

有不少人認為消化是在胃中進行。但其實分解（消化）營養素的主要場所是在小腸的前半部，胃的功能基本上是保存。

我們人類過著須在短暫且有限的用餐時間內，吃下大量的食物來生活，因此吃進去的食物會暫時儲存在胃中，再一點一點地送進小腸分解成養分。雖然切除胃也還可以生存，但切除小腸的話就無法生存了。

為了吸收營養素，小腸細胞多到如網球場般大

小腸前半部的一部分，會有胰臟分泌胰液至十二指腸中。**胰液中分別含有特定酵素用來分解碳水化合物、蛋白質與脂質。接著，分解後的養分全都會透過小腸壁吸收進去。**

小腸表面帶有皺摺，將這些皺摺放大來看時，會發現有無數根小毛（絨毛）包覆著。這些絨毛與吸收養分的細胞緊挨在一起，而吸收養分的細胞排列出來的面積廣大，甚至有單打網球場（約195.63平方公尺）那麼大。

但是，碳水化合物及蛋白質經胰液的消化酵素分解後的分子仍然偏大，細胞還無法吸收。碳水化合物與蛋白質便透過細胞膜上的消化酵素分解至最小單位（碳水化合物為1個單糖，蛋白質為1～3個胺基酸），才會被人體吸收。

由小腸吸收營養素的示意圖

插圖為體內攝取的營養素會由多種器官分解，最後由小腸吸收的過程。

葡萄糖分子會經由氧原子連結。

葡萄糖（單糖的一種）葡萄糖的原子結構呈六邊形。

澱粉（碳水化合物）

蛋白質

胺基酸分子的鍵結

胺基酸

胺基酸共有20種，每一個胺基酸的局部結構相異（以顏色區分）。

中性脂肪（脂質）

甘油

含有三個碳原子的分子。

脂肪酸

折線突起的部分代表有碳原子。

3. 小腸前半部會將三種營養素分解至細小的程度

胰臟會分泌胰液至十二指腸（小腸的一部分，連接胃與小腸的管道）。胰液中分別含有特定酵素分解碳水化合物、蛋白質與脂質。經由胰臟酵素分解後，碳水化合物會分解至5個左右的單糖鏈，蛋白質會分解至5個左右的胺基酸鏈，脂質會分解至單酸甘油酯（甘油上只鍵結一個脂肪酸）與脂肪酸。

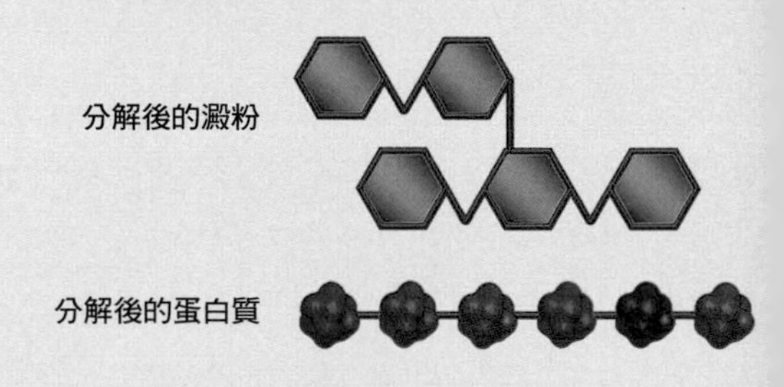
分解後的澱粉
分解後的蛋白質

中性脂肪分子進入體內後，會形成疏水性（厭水性）的脂肪酸互相面對面、親水性的甘油則呈現朝向外側的結構（微胞）。消化酵素難以分解這樣大的分子團，但是透過肝臟所分泌的膽汁酸，會將微胞分解成小分子團，變得容易分解。

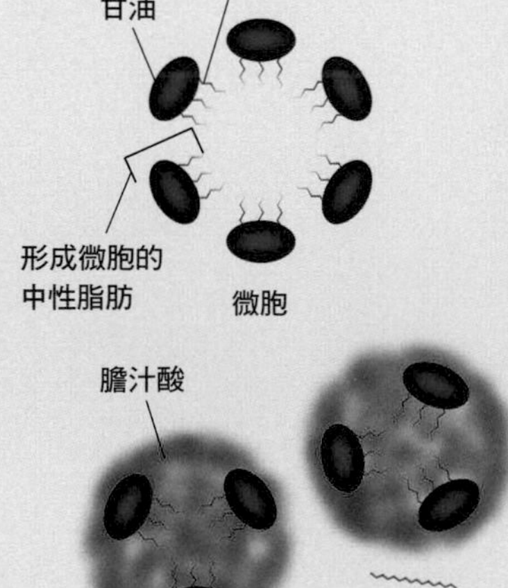
脂肪酸
甘油
形成微胞的中性脂肪
微胞
膽汁酸

透過膽汁酸，微胞會變成小分子團，利於後續分解。

1. 澱粉會經由唾液少量分解

攝取進人體的營養素中，最早開始分解的是碳水化合物。口中分泌的「唾液」，含有會切斷單糖分子鏈的專門消化酵素。細嚼飯粒就會感到甜味，就是因為澱粉分解成更小的分子，容易被舌頭感覺甜味的細胞偵測到的緣故。但是，進入口中的食物（營養素）馬上就會通過食道到胃，所以只有少量養分會被消化酵素分解。

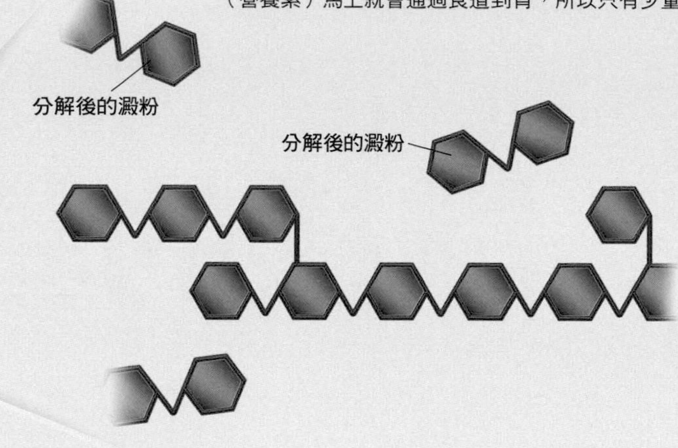

分解後的澱粉
分解後的澱粉

2. 胃中會進行食物殺菌與分解少量蛋白質

進入胃裡的食物會浸在胃壁分泌出來的胃液，胃液中的酸性液體稱「胃酸」，它會殺死附著在食物上的微生物。胃液中含有專門分解蛋白質的酵素，但酵素只會少量分解蛋白質。

分解後的蛋白質

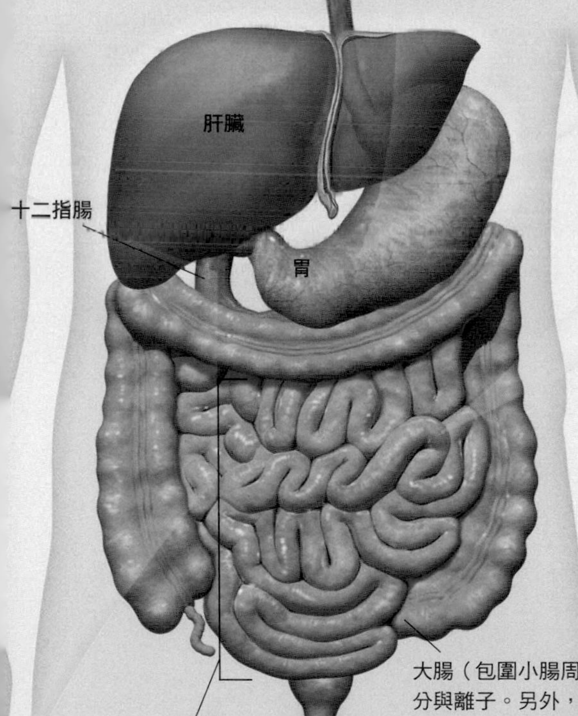

食道
肝臟
十二指腸
胃
小腸

大腸（包圍小腸周圍的管道）會吸收水分與離子。另外，已知腸內細菌會在這裡分解一部分的食物纖維，變成乙酸與丁酸等短脂肪酸再吸收。透過腸內細菌的代謝，身體會發出分解中性脂肪的指令，接著就會開始分解中性脂肪。

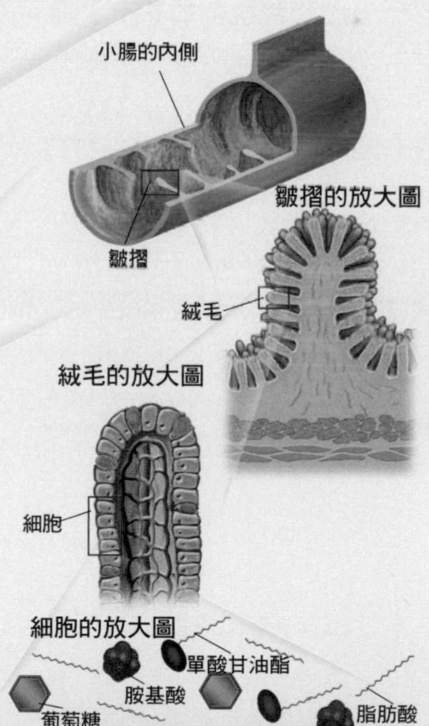

小腸的內側
皺摺
皺摺的放大圖
絨毛
絨毛的放大圖
細胞
細胞的放大圖
單酸甘油酯
胺基酸
葡萄糖
脂肪酸
吸收營養的細胞

4. 吸收前一刻才在細胞膜上進一步分解

小腸細胞在吸收養分的前一刻，才透過細胞膜上的消化酵素繼續分解至能夠吸收的大小。碳水化合物會變成 1 個單糖，蛋白質會變成1～3個胺基酸。

謎樣的基因

子代和親代相似，是因為繼承了親代「基因」的緣故。有性生殖的情況下，子代和親代相似，但不是親代的完全複製品，小孩擁有父親與母親組合出來的特徵。但是，基因究竟是如何組合的呢？

基因的本質到了1940～1950年代才被發現。能產生各式各樣生物的基因本體，結構竟然如此單純，震驚了諸多科學家。本章將會圖解說明有關基因的謎團。

66 子代和親代相似
68 遺傳法則
70 基因與染色體
72 基因重組
74 DNA
76 中心法則
78 密碼子與遺傳密碼表
80 蛋白質與酵素
82 調控基因的表現
84 RNA的加工
86 基因體
88 Column1 遺傳傳遞了什麼

監修　田沼 靖一

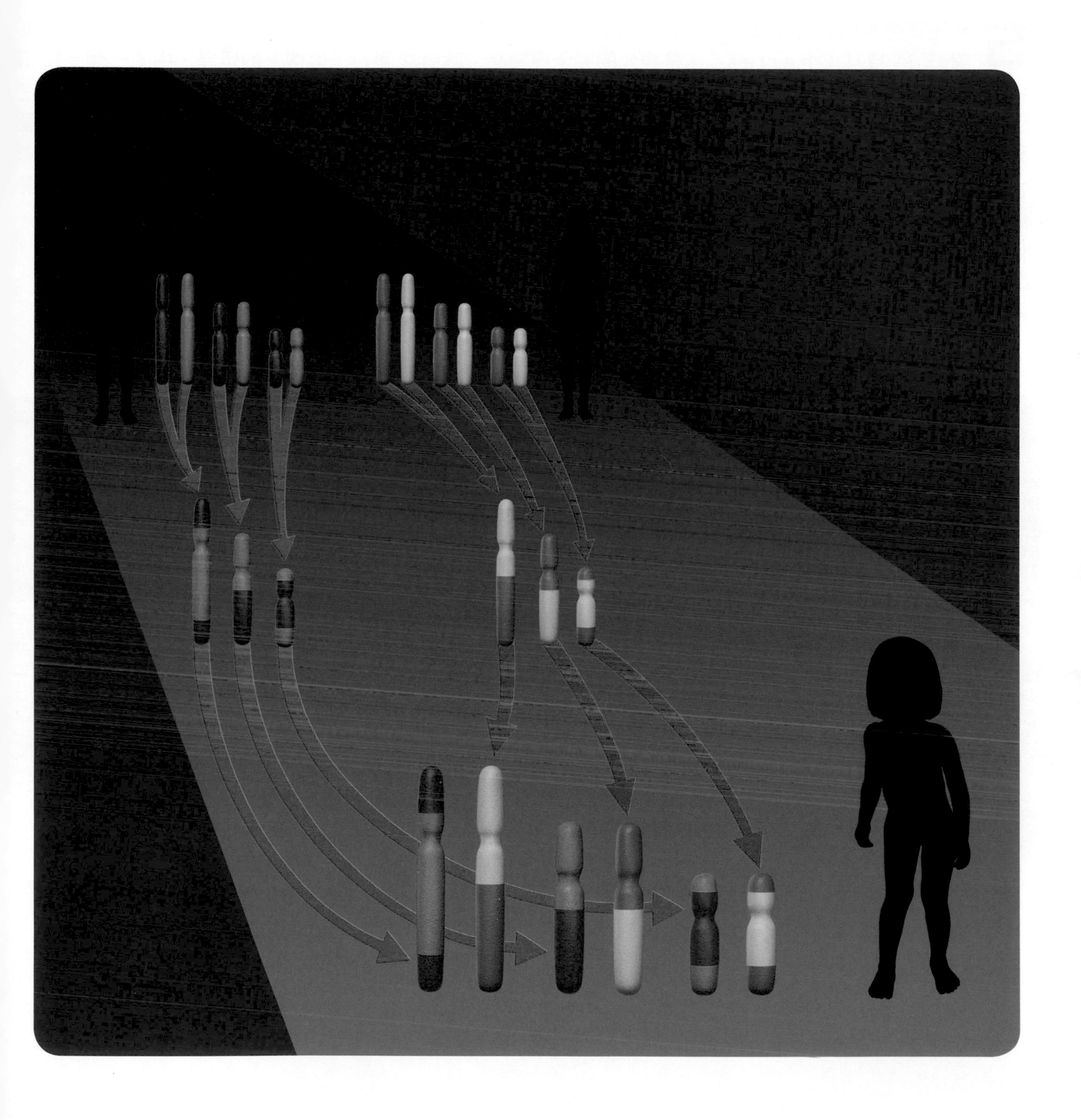

子代和
親代相似

子代和親代相似，但不是完全複製品

右頁左圖是美國的古生物學家沃科特（Charles Walcott，1850～1927）全家福的畫像，4個小孩都有繼承到雙親的臉部特徵。

子代會和親代相似，不僅臉型相近，連其他許多地方的特徵都類似。如此般，親代將外形與特徵傳承給子代的現象，稱為「遺傳」（heredity）。

但是有性生殖（sexual reproduction）的生物，其子代並不是親代的完全複製品，兩者之間必定會有「差異」。**不同個體之間的基因差異，稱之為「變異」（variation）**。我們生下子女時，就相當於是生下「擁有變異的個體」。那生物是如何生出有變異的個體的呢？

同卵雙胞胎是這個問題的提示。同卵雙胞胎的外形與運動能力都非常相似，事實上，同卵雙胞胎在剛出生的時候，幾乎沒有遺傳上的變異，由同一個受精卵分裂出來的同卵雙胞胎，基因完全相同。不過，目前已知隨著雙胞胎的成長，基因多少會被「修飾」，基因的表現便會逐漸出現差異（詳見第83頁）。

父親
母親
構成身體的細胞
構成身體的細胞
2n
（2套基因）
2n
（2套基因）
n
精子
卵
n
（1套基因）
（1套基因）
小孩
2n
（2套基因）

有性生殖會產生擁有變異的個體

上圖為有性生殖的示意圖。父親與母親構成身體的細胞都有2套基因。2套以「2n」表示；n是指1套基因。精子與卵的基因各為「n」，精子與卵相遇形成的後代，其基因套數即為「2n」。

子代和親代相似

插圖是古生物學家沃科特全家福的畫像，小孩們都跟雙親有類似的臉型。

遺傳法則

親代會將「基因」遺傳給子代

1800年代，最知名的遺傳機制假說是「混合說」，它解釋親代的性狀（character）會如同顏料般混合並傳給子代。

但是，這個假說無法說明祖父的特徵跨過一個世代，出現在孫子身上的「隔代遺傳」。提出新遺傳假說來取代混合說的，是奧地利神職人員孟德爾（Gregor Mendel，1822～1884）。

19世紀的歐洲盛行農業與園藝的品種改良，孟德爾進行了豌豆的交配實驗來研究遺傳，**並發現親代會傳給子代「某種東西」。孟德爾認為這個東西擁有「粒子」的特性，並將這個東西稱為「遺傳因子」（element）。這就是現在所謂的「基因」（gene）**。

到1866年為止，孟德爾一共發現了3條親代將特徵遺傳給子代時的定律，分別是：「顯性律」（law of dominance）、「分離律」（law of segregation）以及「獨立分配律」（law of independent assortment），統稱「孟德爾定律」。孟德爾定律是後世生物學發展的基礎，也是生物學史上極為重要的發現。

發現遺傳的機制 — 孟德爾定律（1～3）

奧地利神職人員孟德爾向種子商購買豌豆種子，在修道院的庭院內反覆進行雜交實驗，發現了顯性律（1）、分離律（2）與獨立分配律（3）。孟德爾統整了上述定律寫成論文並於1866年發表，但當時的學者不明白這些發現的價值，幾乎無視這篇論文。孟德爾表示：「我的時代一定會到來。」然後於1884年撒手人寰。16年後的1900年，有3位學者再次發現了相同的定律，孟德爾定律終於受到大眾認同，並成為遺傳學的基礎。另外，這也成為品種改良及基因重組技術的基礎，廣泛應用於今日社會。

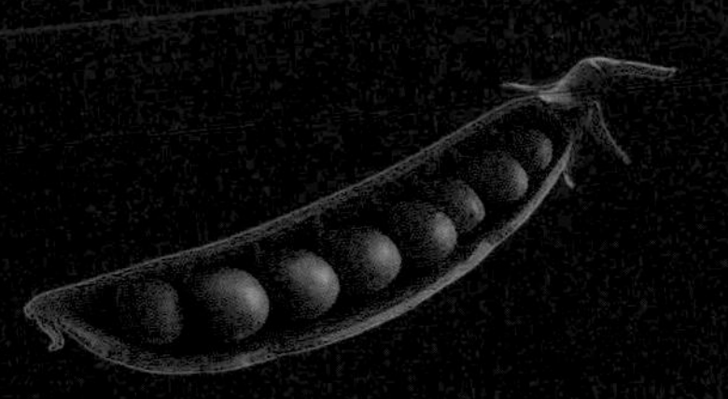

豌豆
豆科植物。像豌豆這種容易觀察、飼養或栽培的生物，常用來研究生命現象，稱為「模式生物」。

※A是黃色的基因，
a是綠色的基因
AA是指擁有2套（2n）的基因

黃色的 純品系 AA
綠色的 純品系 aa
黃色 Aa

1. 顯性律

孟德爾發現黃色純品系豌豆（基因型AA）與綠色純品系（aa）雜交所產生的子代（Aa），一定出現黃色性狀，不會出現綠色。這個現象稱為顯性律，黃色為顯性，綠色為隱性。

黃色（Aa）的配子
黃色（Aa）的配子
A A a a
AA Aa Aa aa

：= 3：1

2. 分離律

Aa的豌豆在製造配子（精細胞或卵細胞）時，A與a會分離，分別進入不同的配子，這個現象稱為分離律。其結果，Aa與Aa雜交的後代中，黃色與綠色的比例為3：1。

※B是圓皮基因，
b是皺皮基因

黃色圓皮
AABB
綠色皺皮
aabb
黃色圓皮
AaBb

3. 獨立分配律

豌豆的表皮有圓皮（顯性）與皺皮（隱性）。孟德爾發現「豌豆顏色的基因」與「豌豆形狀的基因」會獨立分配至各個配子，這個現象稱為「獨立分配律」。

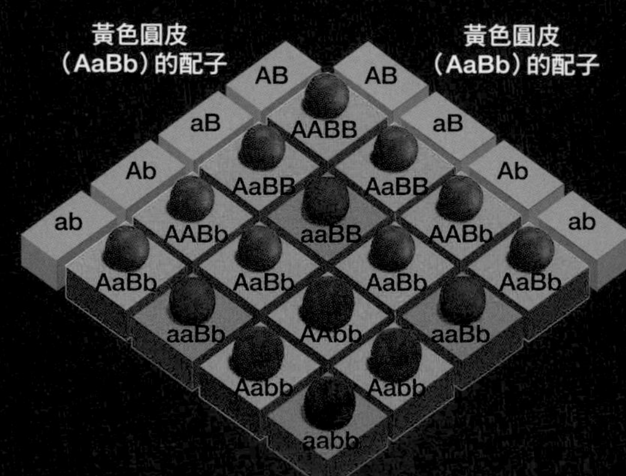

黃色圓皮（AaBb）的配子
黃色圓皮（AaBb）的配子
AB
AB
aB
aB
Ab
Ab
ab
ab
AABB
AaBB
AaBB
AABb
aaBB
AABb
AaBb
AaBb
AaBb
AaBb
aaBb
AAbb
aaBb
Aabb
Aabb
aabb

獨立分配律的作用結果，AaBb的豌豆（黃色圓皮）與AaBb（黃色圓皮）雜交的後代中，黃色圓皮：綠色圓皮：黃色皺皮：綠色皺皮的比例為9：3：3：1。

：：：= 9：3：3：1

孟德爾

（1822～1884）

曾在奧地利的維也納大學，向提出「都卜勒效應」的都卜勒（Christian Doppler，1803～1853）教授學習物理學。孟德爾做了豌豆實驗，以簡單的定律組合解釋複雜的遺傳現象。

基因與
染色體

基因位在「染色體」上

孟德爾的實驗明白指出，子代和親代相似是因為親代基因會遺傳給子代。那麼，所謂的基因位在何處呢？美國遺傳學家摩根（Thomas Morgan，1866～1945）於1910年發現了基因位置。

正常果蠅眼睛的顏色是紅色。在這群紅眼果蠅中，偶爾會出現白眼果蠅。摩根讓紅眼與白眼果蠅雜交產生子代，竟發現子代中的白眼果蠅全都是雄性。當時已知果蠅的性別是由個體所擁有的「性染色體」(sex chromosome)決定，此為染色體中雄性與雌性相異的染色體（詳見第96頁）。在摩根之前，美國的生物學家薩登（Walter Sutton，1877～1916）就曾發表過「基因位在染色體上」的染色體遺傳學說，但此假說一直沒有受到肯定。

摩根的實驗證實了會生出白眼果蠅的**基因位於性染色體上**。由於摩根這項新發現，據此確立了基因位在染色體上的遺傳染色體學說。

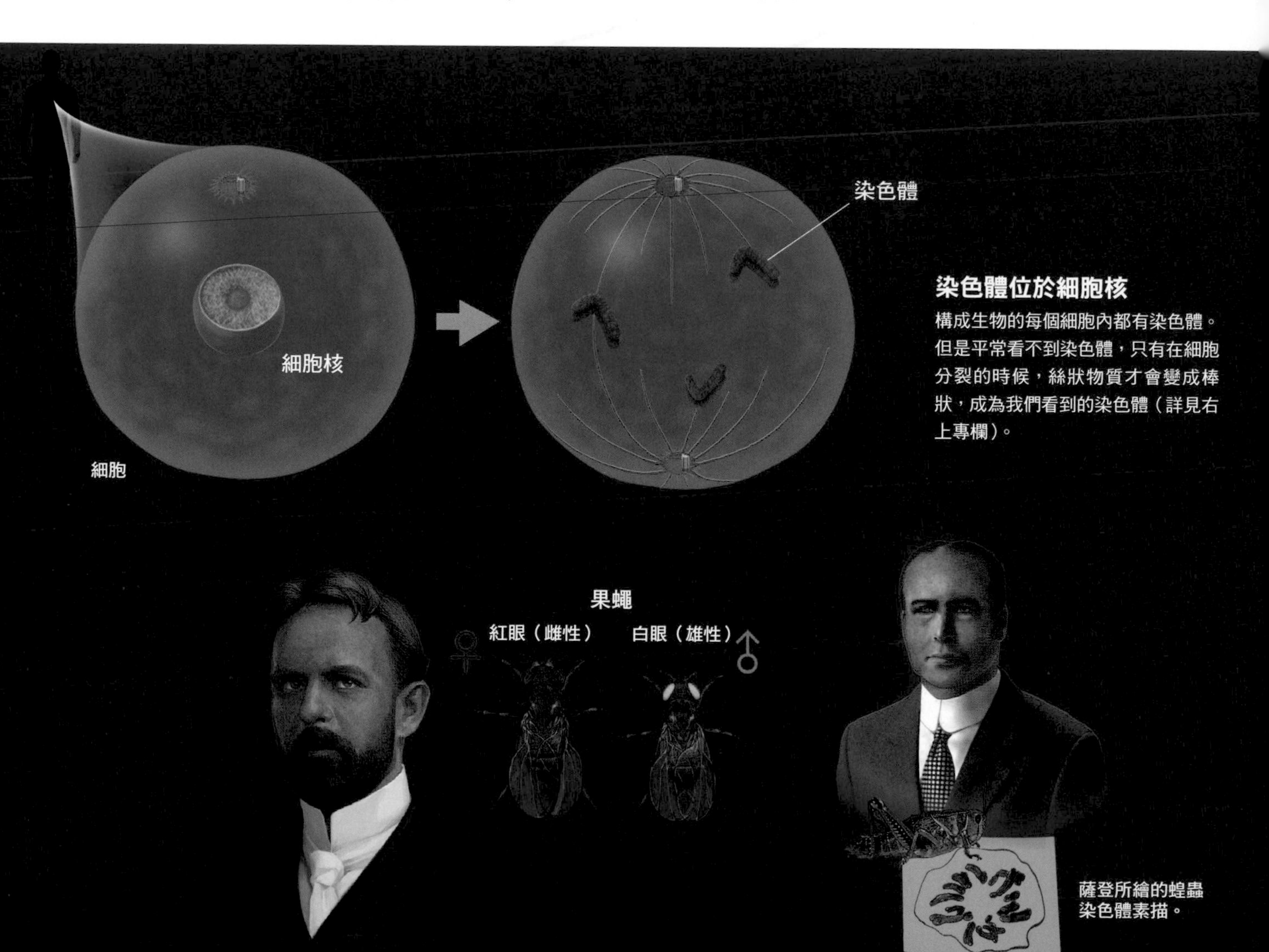

染色體
細胞核
細胞
果蠅
紅眼（雌性）
白眼（雄性）

染色體位於細胞核
構成生物的每個細胞內都有染色體。但是平常看不到染色體，只有在細胞分裂的時候，絲狀物質才會變成棒狀，成為我們看到的染色體（詳見右上專欄）。

摩根（1866～1945）
摩根以實驗證明了基因由染色體攜帶後，他的實驗室團隊成功地製作了「基因地圖」，地圖上會標示果蠅染色體上的哪個位置有哪個基因。這是歷史上第一個基因地圖。

薩登所繪的蝗蟲染色體素描。

薩登
（1877～1916）
美國的生物學家。1902年在他就讀研究所時，研究了蝗蟲細胞內染色體的動向，並發表「基因位在染色體上」的遺傳染色體學說。

透過觀察細胞而命名的「染色體」

染色體這個名稱跟觀察細胞的歷史有關。19世紀紡織業迅速發展，人們開發出了各種顏色的染料用來染布。當時的布全都來自生物的纖維，也可以說是一群細胞的集合體。細胞學家用某種染料為細胞染色，然後放到顯微鏡下觀察，發現只有「細胞核」被染得很深。德國的解剖學家弗萊明（Walther Flemming，1843～1905）發現染色的細胞核內有絲狀物質，遂將其命名為「染色質」（chromatin）。

細胞學者接著觀察染色質如何變化成別的形態（如下圖）。細胞要分裂成二個的細胞時，由染色質組成的細胞核會變成多根棒狀物體。這個由染色質凝聚成的棒狀結構，就稱為「染色體」（如右圖）。染色體由2條染色分體組成，在細胞分裂時會分離並分別進入子細胞。

細胞分裂的過程

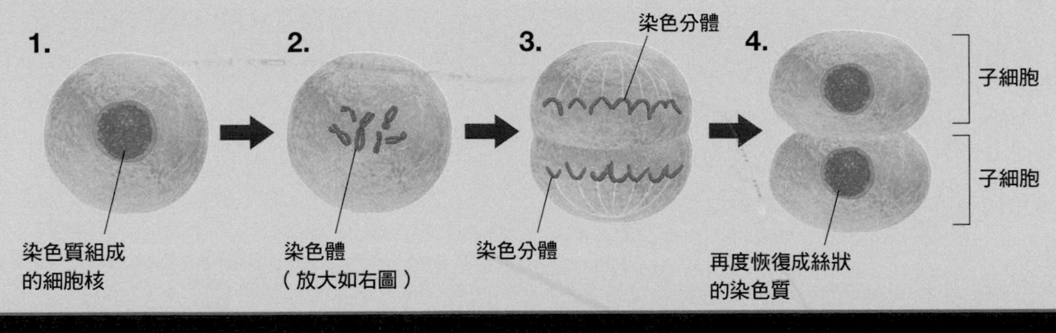

1.
2.
3.
4.
染色分體
子細胞
子細胞
染色質組成的細胞核
染色體（放大如右圖）
染色分體
再度恢復成絲狀的染色質

染色體放大圖

染色分體
染色分體

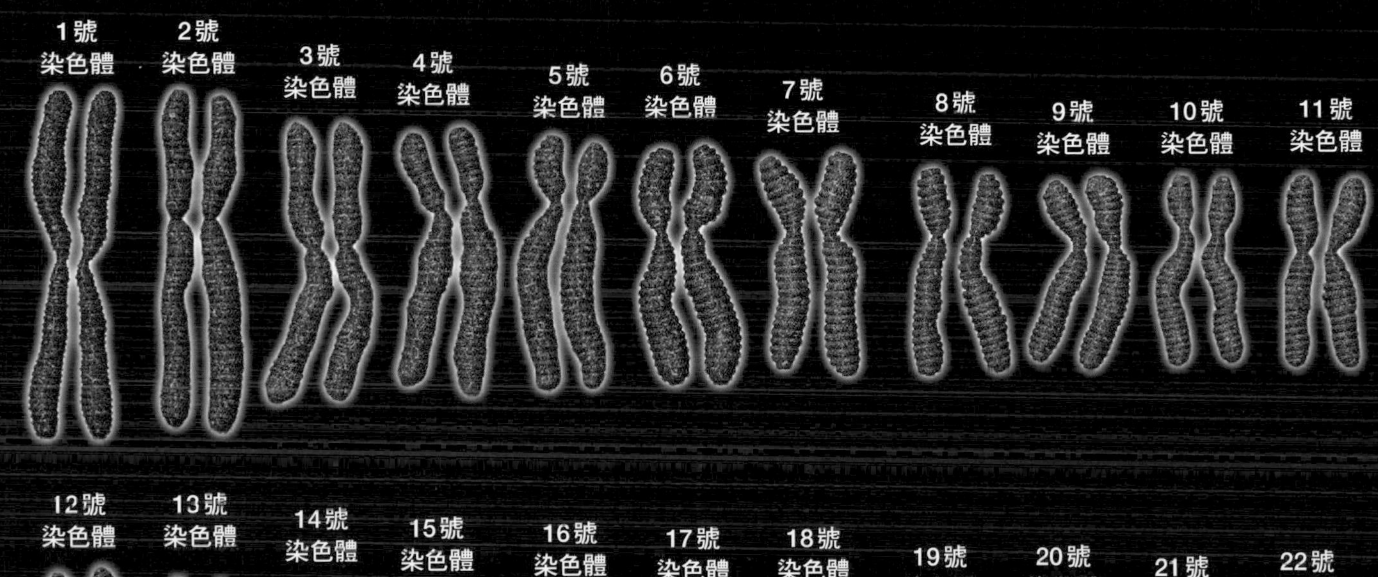

1號染色體
2號染色體
3號染色體
4號染色體
5號染色體
6號染色體
7號染色體
8號染色體
9號染色體
10號染色體
11號染色體
12號染色體
13號染色體
14號染色體
15號染色體
16號染色體
17號染色體
18號染色體
19號染色體
20號染色體
21號染色體
22號染色體

性染色體

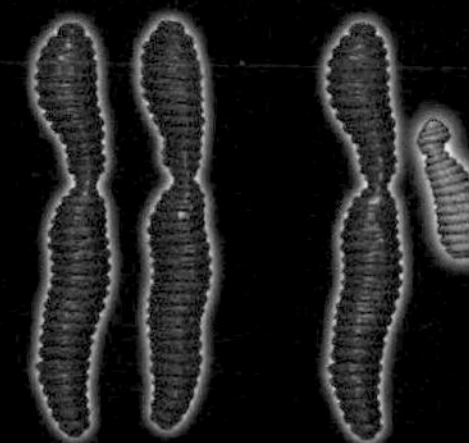

女性的性染色體
男性的性染色體

人類的1套染色體有23種。
因為體細胞有2套染色體，所以共46條。

插圖是人類的染色體。除了卵與精子，構成身體所有細胞（體細胞）的細胞核都收納著這些染色體。人類的1套染色體有23種，其中的22種稱為「體染色體」（插圖上層與中層），還有1種為「性染色體」（插圖下層）。我們的染色體有1套來自父親（n=23），1套來自母親（n=23），故全部共有46條（2n=46）。

基因重組

染色體會互換後遺傳給下一代

親代遺傳給子代的「基因」位於「染色體」上。那基因或染色體是如何遺傳給子代呢？

小孩誕生的機制以極簡的方式來說，就是父親的精子與母親的卵結合而來。

精子與卵在父親及母親體內會以特殊的細胞分裂（減數分裂如下圖）產生。而且，實際上在這個過程中**會「重組」自己的染色體，製造出全新組成的一套染色體**。例如形成精子時，父親所擁有的46條染色體中，來自祖父的染色體與來自祖母的染色體會「互換」（crossing over），然後進行減數分裂，重新編成23條（1n）染色體。染色體互換的模式因各精子而異。

形成卵時也是一樣。母親擁有的46條染色體會在「互換」後進行減數分裂，形成全新的23條（1n）染色體。染色體互換的模式因各個卵而異。

如此製造出來的精子與卵結合時，子代便含有齊全的46條染色體，並繼承了父親與母親各半且「重組」過的染色體。這就是擁有雙親局部特徵的小孩誕生機制。

父親

46 條染色體
（圖中顯示其中 6 條）

來自祖父的染色體

來自祖母的染色體

互換後，進行減數分裂變成 23 條染色體
（圖中顯示其中 3 條）

精子

來自祖父的染色體

來自祖母的染色體

來自祖父的染色體

得到來自父親的 23 條（n）染色體

一般的細胞分裂

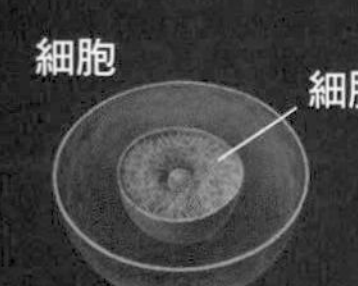
細胞
細胞核

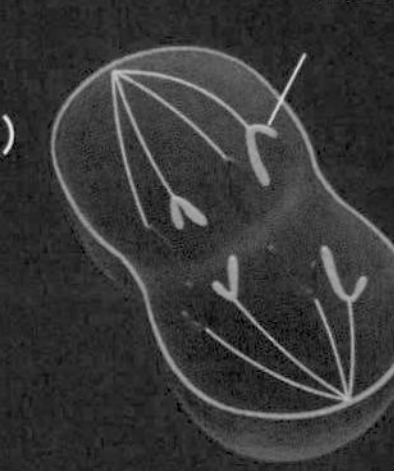
染色體複製（2n）

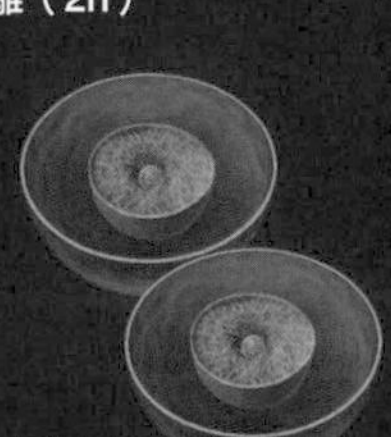
染色體分離（2n）

當細胞分裂開始時，細胞的核膜就會消失，顯現出46條染色體（圖中只畫出 4 條）。46條染色體各別複製，分裂成二個細胞。

製造精子或卵的細胞分裂
（減數分裂）

染色體複製
（2n）

染色體配對（來自父親的染色體會跟來自母親的染色體緊密依靠）

互換後的染色體
（2n）

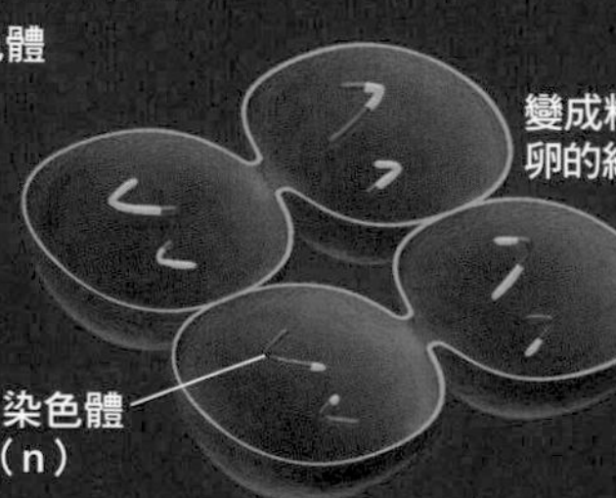
變成精子或卵的細胞
染色體
（n）

精子與卵是經由連續 2 次特別的減數分裂所形成。第 1 次減數分裂中，46條染色體（2n：圖中顯示 4 條）會緊密地並排配對形成四分體，交換其中一部分（互換）後，分別進入兩個子細胞，每個細胞有23條染色體（n）。第 2 次減數分裂中，23條染色體會各自再分離成 2 條，分別進入二個細胞，每個細胞有23條染色體（n），最後形成 4 個子細胞。

染色體的遺傳方式（1～3）

構成人體的細胞有46條染色體（2n）。其中的23條（n）來自父親，另外的23條（n）來自母親。示意圖顯示，父親與母親的染色體（1）經互換後，會進行減數分裂形成精子與卵（2），然後透過受精結合成子代的染色體（3）。為了方便說明，46條染色體中只取6條作代表。

46 條染色體
（圖中顯示其中 6 條）
來自祖父的染色體
來自祖母的染色體
母親

1. 雙親的染色體（2n＝46）

父母的每個細胞都有46條（23種有2套）染色體。其中1套來自祖父，另1套來自祖母。

互換後，進行減數分裂變成 23 條染色體
（圖中顯示其中 3 條）
來自祖母的染色體
來自祖父的染色體
卵

2. 精子與卵的染色體（n＝23）

來自祖父的染色體與來自祖母的染色體經互換後，會進行減數分裂，形成分別擁有23條染色體的精子與卵。互換的模式因精卵而異。

3. 子代的染色體（2n＝46）

精子擁有的23條染色體（n）與卵擁有的23條染色體（n）透過受精而結合，形成46條染色體（2n）。若子代的染色體整體為100%，則其中的50%會分別同於父親及母親，而且平均有25%會分別同於祖父母4人。

得到來自母親的
23 條（n）
染色體
受精卵
46 條染色體（2n）（圖中顯示其中 6 條）

DNA

「DNA」就是基因

1910年代科學家發現基因位在染色體上之後，研究了染色體的成分，了解到染色體是由「核酸」（nucleic acid）與「蛋白質」所組成。所謂核酸是由「磷酸」、「糖」與「鹼基」所構成的分子。

在1940年代以前，科學家們仔細研究核酸與蛋白質，才發現蛋白質的種類極多，具有各式各樣的功能。另一方面，核酸是非常單純的分子，缺乏多樣性，看起來不足以產生所有生物的遺傳表現，**因此當時的科學家認為基因的本體不是核酸，而是蛋白質**。

1940～1950年代顛覆了這個想法。在這段期間進行了許多重要的實驗，其中最有名的是由赫希（Alfred Hershey）與闞思（Martha Chase）利用「噬菌體」所做的病毒實驗。**噬菌體會感染大腸桿菌，並在大腸桿菌中繁殖。此時，具有基因功能的並非蛋白質，而是核酸（噬菌體的DNA）**。

這樣一來，科學家便認同了基因的本體不是蛋白質，而是DNA。其後，英國的科學家威爾金斯（Maurice Wilkins）、富蘭克林（Rosalind Franklin）、華生（James Watson）與克立克（Francis Crick）等人發現了DNA雙股螺旋結構。

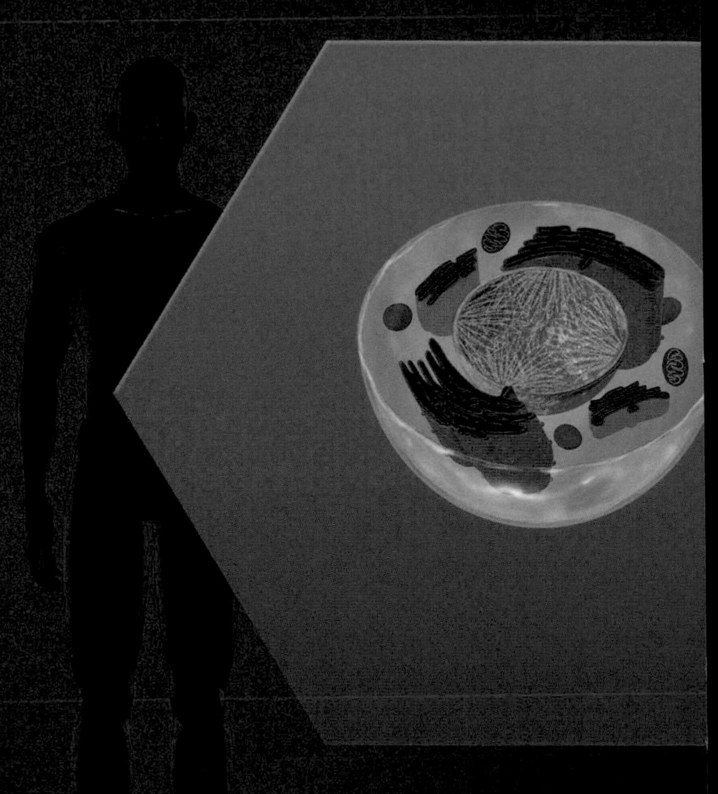

2. 染色體是DNA纏繞蛋白質的產物

右側插圖中的染色體是由2條染色分體組成的1條染色體。染色體由DN
與名為「組蛋白」的蛋白質組成。DNA會在1個組蛋白上繞2圈，間隔一
DNA再纏繞下1個組蛋白。在顯微鏡下看起來就像「用線串起來的珠子
一樣。DNA與組蛋白的複合體稱為「染色質」。染色質經過數個階段的
妙摺疊後，就會形成染色體。

組蛋白（蛋白質）
DNA

染色體由核酸與蛋白質所組成（1～3）

染色體的結構如下圖。染色體是核酸（DNA）纏繞於蛋白質上的線狀物質後，經摺疊而成。

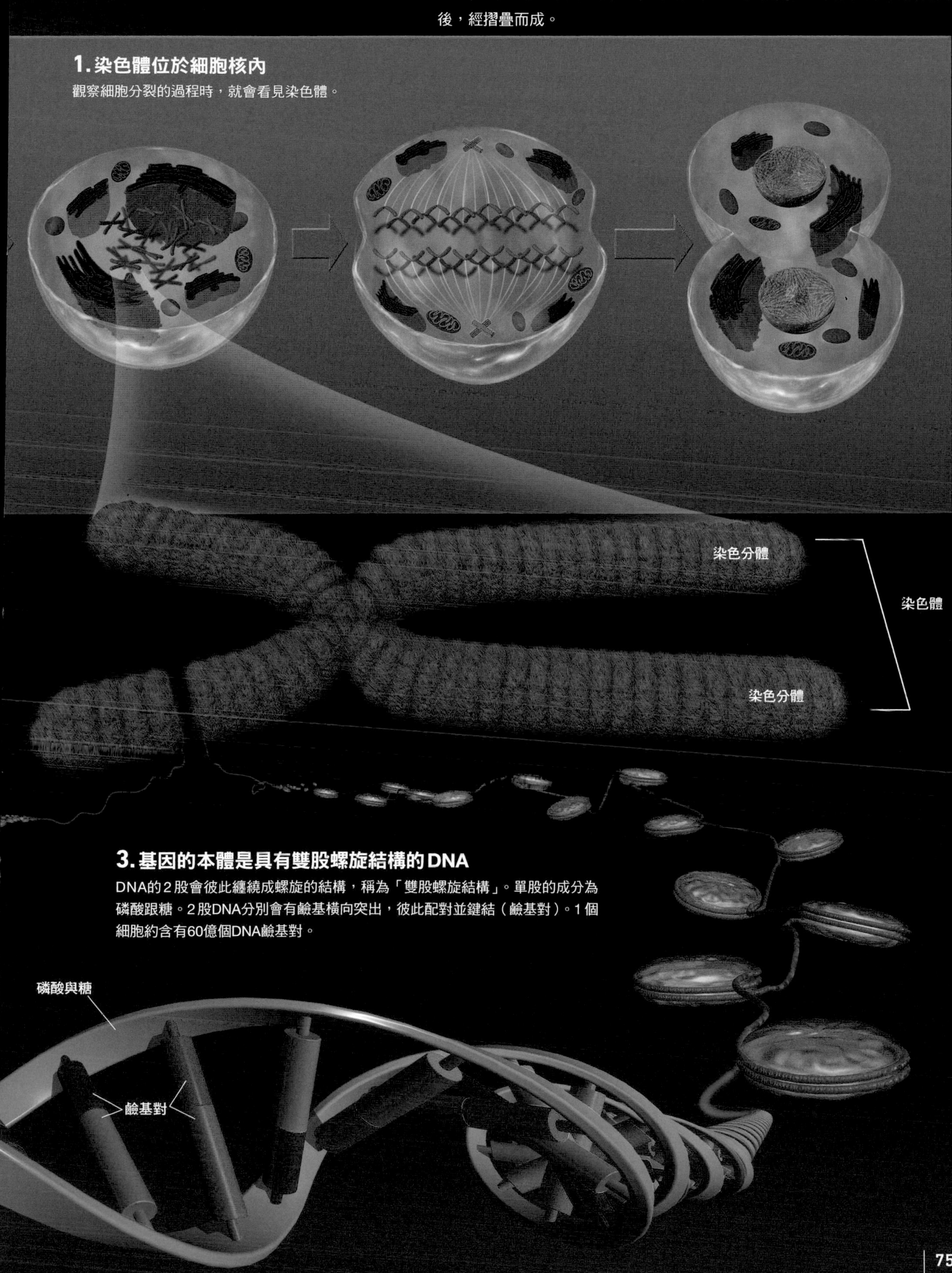

1. 染色體位於細胞核內
觀察細胞分裂的過程時，就會看見染色體。
染色分體
染色體
染色分體
3. 基因的本體是具有雙股螺旋結構的DNA
DNA的2股會彼此纏繞成螺旋的結構，稱為「雙股螺旋結構」。單股的成分為磷酸跟糖。2股DNA分別會有鹼基橫向突出，彼此配對並鍵結（鹼基對）。1個細胞約含有60億個DNA鹼基對。
磷酸與糖
鹼基對

中心法則

基因即為蛋白質的設計圖

親代會將基因遺傳給子代。基因到底是做什麼的呢？

說到底，**基因就是作用於細胞內外的「蛋白質」設計圖**。生物的機能幾乎都依靠蛋白質作用，包括消化食物的酵素及產生運動能量的肌肉等（詳見第80頁）。

從DNA製造出蛋白質的過程會經過「轉錄」（transcription）與「轉譯」（translation）兩個階段。右側是顯示其過程的簡單示意圖。

蛋白質在細胞核外製造，不過寫著蛋白質製造方法的DNA卻收納在細胞核內，不可攜到細胞核外。也就是說，它如同圖書館嚴加管理，不可攜出的書一般。

因此細胞會「複製」寫於DNA中的文章，這個過程稱為「轉錄」。而相當於複製文件的物質，稱為「傳訊RNA」（mRNA）。將DNA複製成mRNA的物質稱為「RNA聚合酶」，是由10多個蛋白質組合而成的酵素。

運送至細胞核外的mRNA會與蛋白質合成工廠「核糖體」結合。蛋白質的材料則來自我們透過進食吸收，或自行合成的「胺基酸」。

蛋白質的形狀由20種胺基酸的「串聯順序」所決定，決定這個順序的是mRNA上的訊息。將mRNA上的訊息轉換成胺基酸順序的過程，稱為「轉譯」。胺基酸會逐個搬運過來，像念珠般串聯，變成蛋白質。

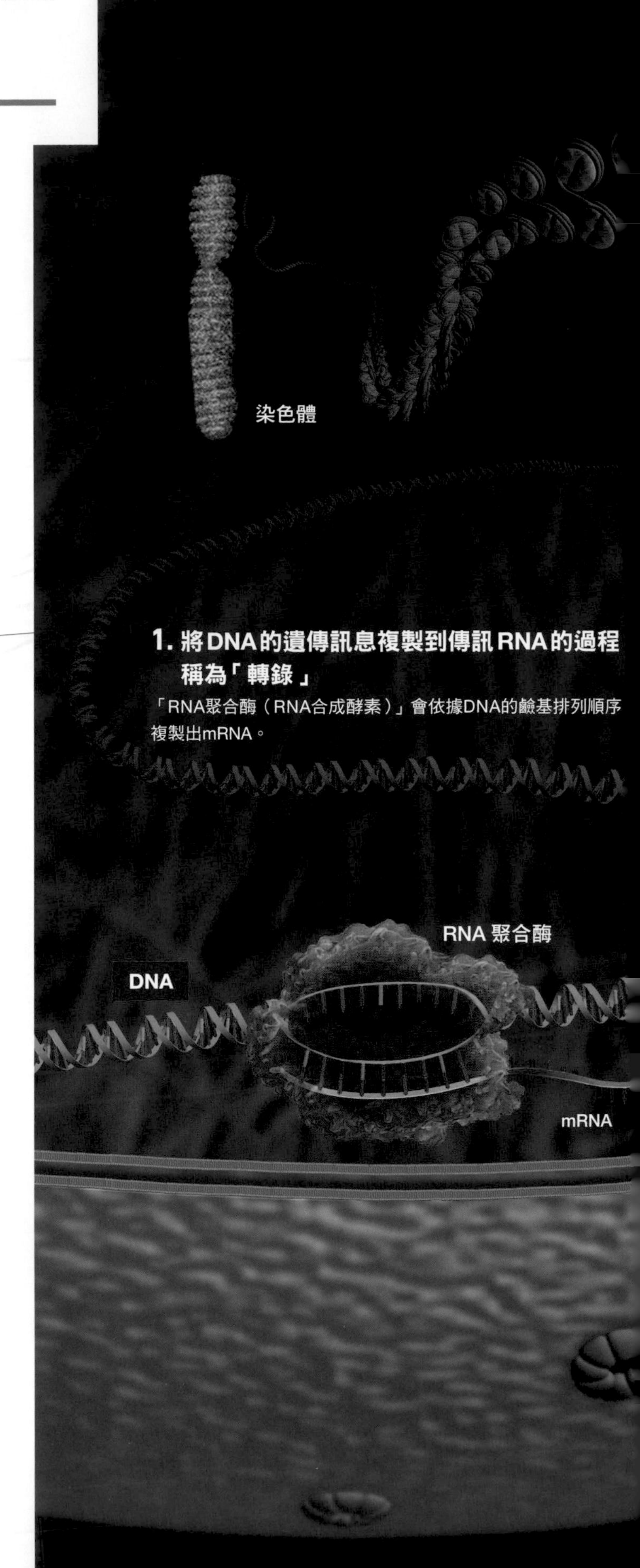
染色體
DNA
RNA 聚合酶
mRNA

1. 將DNA的遺傳訊息複製到傳訊RNA的過程稱為「轉錄」

「RNA聚合酶（RNA合成酵素）」會依據DNA的鹼基排列順序複製出mRNA。

DNA

基因是蛋白質的設計圖（1～2）

DNA的遺傳訊息（鹼基排列順序）會複製至傳訊RNA（mRNA）（**1**）。被複製下來的部分稱為「基因」。mRNA會移至細胞核外，成為「蛋白質」的設計圖（**2**）。

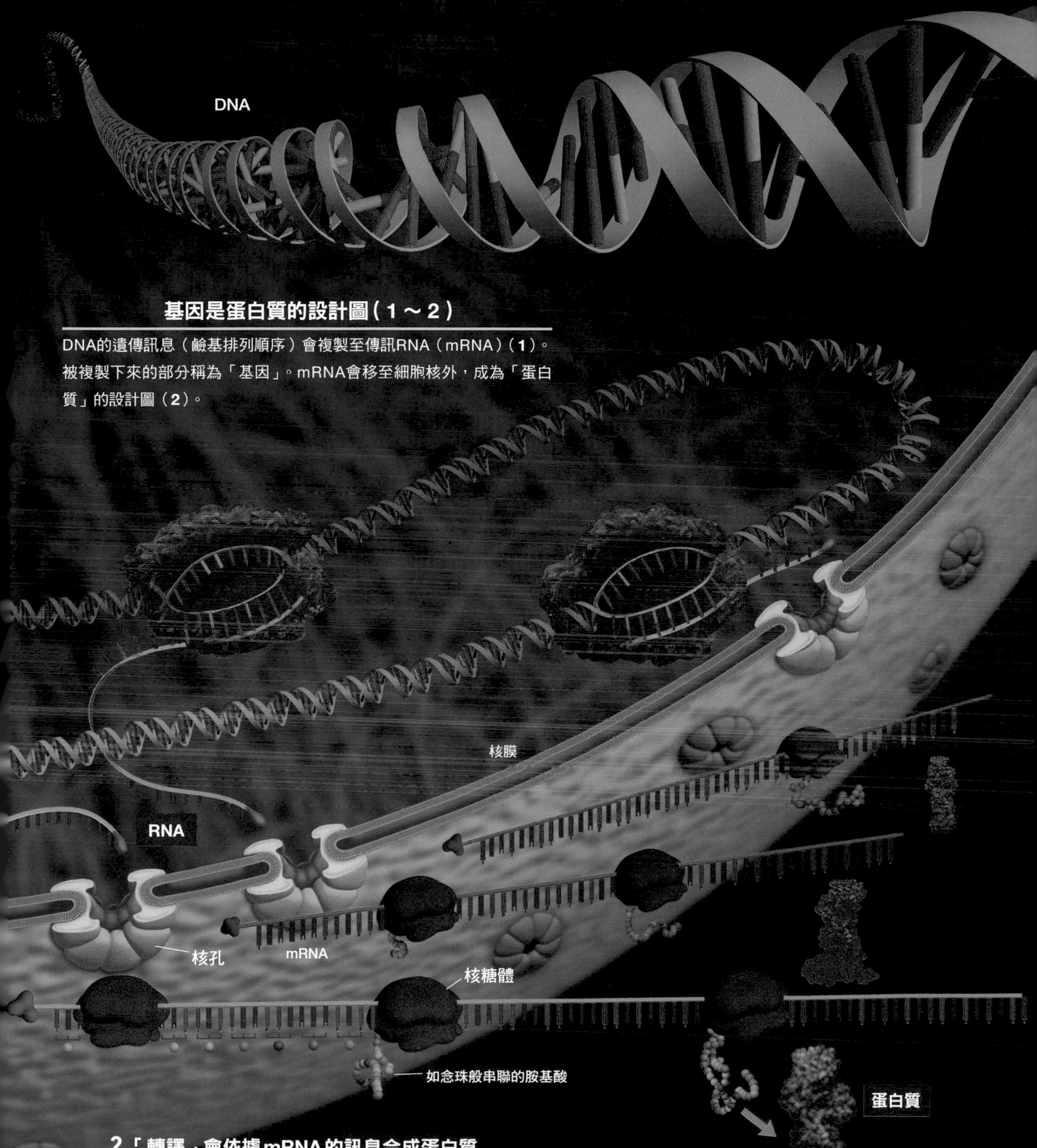

核膜

RNA

核孔

mRNA

核糖體

如念珠般串聯的胺基酸

蛋白質

2.「轉譯」會依據mRNA的訊息合成蛋白質

離開細胞核的RNA會與蛋白質合成器「核糖體」結合。核糖體讀取RNA的遺傳訊息（鹼基排列順序）後，基於這些訊息，會將20種「胺基酸」逐個串成念珠般，形成「蛋白質」。蛋白質的立體形狀是由胺基酸的排序決定，而決定這個排序的就是基因。

核孔

細胞核

離開細胞核的 mRNA

核糖體
位於細胞核外（細胞質）的蛋白質合成器。核糖體本身是由蛋白質與 1 種名為「核糖體RNA」（rRNA）的特殊RNA所構成。

合成中的蛋白質

1.
離開細胞核的mRNA會與核糖體結合

離開細胞核的mRNA會與蛋白質合成工廠核糖體結合，並由mRNA的頭部向尾部漸漸移動。

核糖體的前進方向

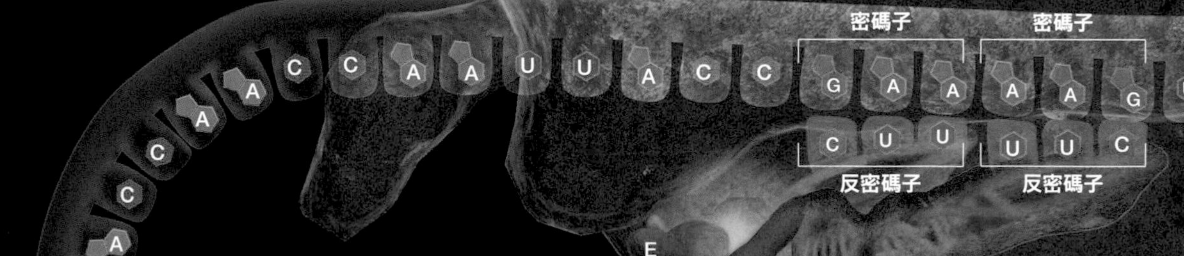

密碼子
密碼子
A C C A A U U A C C G A A A A G U A C
C U U U U C
反密碼子
反密碼子

E
T
K
I
P
Q
N
M

A
A
G
U
A
密碼子

※已知開頭為「AUG」的密碼子所對應到的胺基酸，是遺傳密碼表中的「甲硫胺酸」（M）。由於所有基因都由AUG密碼子開頭，因此所有的蛋白質的開頭都是甲硫胺酸。

合成中的蛋白質（以甲硫胺酸為開頭，胺基酸會像念珠般串聯上去）

K

搬運完胺基酸，離開核糖體的 tRNA

搬運胺基酸（離胺酸，K）的tRNA

mRNA 的頭部（端帽）

3.
胺基酸會串聯成念珠狀的蛋白質

tRNA運來的胺基酸（插圖中為離胺酸，K）會附加在已合成完的胺基酸（肽鏈）最末端（插圖中為麩胺酸，E）。這個步驟反覆進行，胺基酸便會像念珠般串聯在一起，形成蛋白質。

密碼子與遺傳密碼表

RNA的鹼基排序會對應不同胺基酸種類

運送至細胞核外的傳訊RNA（mRNA）會與蛋白質合成工廠「核糖體」結合（**1**）。蛋白質的形狀是由20種胺基酸「串聯順序」所決定，決定其順序的是mRNA的訊息。要將這些訊息置換成胺基酸的順序並不容易，因為mRNA的鹼基有4種，但胺基酸卻多達20種。

但在1960年代發現了解讀mRNA訊息的方法。科學家發現**mRNA的3個鹼基會對應到1個胺基酸，並且解讀了所有密碼所對應的胺基酸**。這個對應關係表已整理成「遺傳密碼表」（右下表）。這樣的話，鹼基的組合共64種，就能分別對應至20種胺基酸。

實際上連結密碼與胺基酸的是名為「轉送RNA」（tRNA）的分子。tRNA擁有可與胺基酸鍵結的部分，以及能對應至mRNA上3個鹼基（密碼子，codon）的部分。當tRNA與特定的胺基酸鍵結後，便會朝核糖體移動，與mRNA的密碼子鍵結（**2**）。隨著核糖體在mRNA上移動，胺基酸便會依照密碼子所指定的順序逐個搬運過來，串連成念珠狀（**3**）。

另外，這個遺傳密碼表**幾乎是地球上所有生物共同使用的**，這表示所有生物的共同祖先存在時，密碼表就已經在運作了。這代表遺傳密碼表是生物最大的共同點之一。

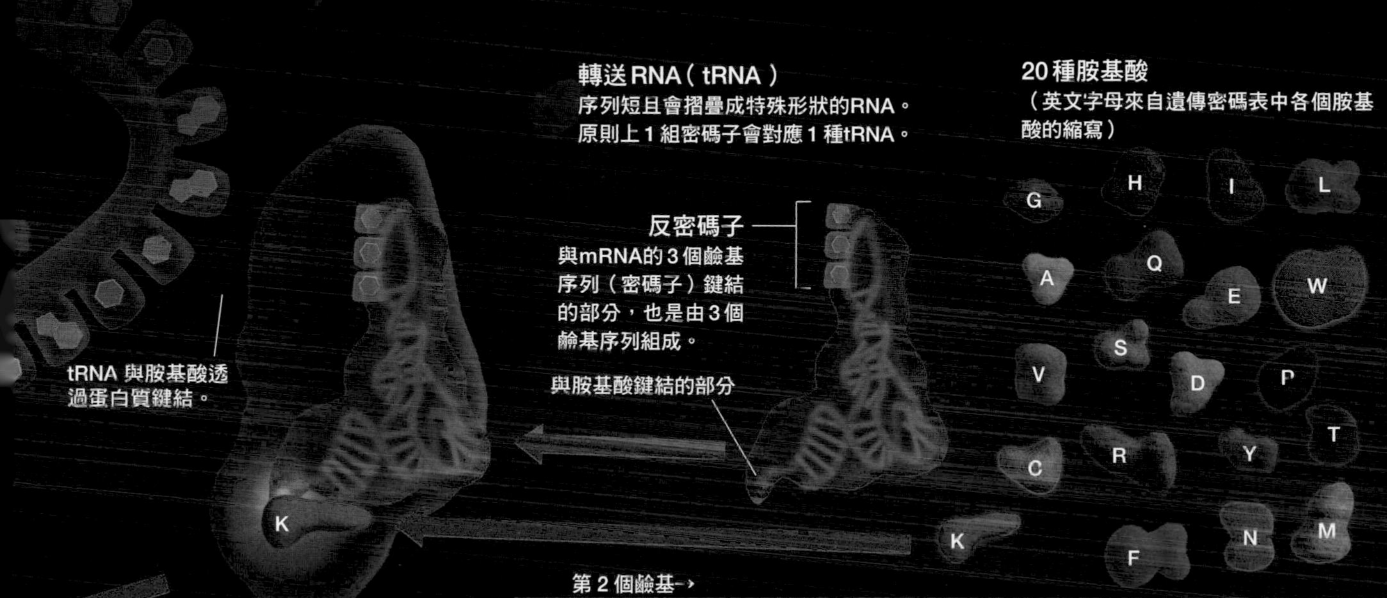

轉送RNA（tRNA）
序列短且會摺疊成特殊形狀的RNA。原則上1組密碼子會對應1種tRNA。

20種胺基酸
（英文字母來自遺傳密碼表中各個胺基酸的縮寫）

G H I L A Q E W S V D P T C R Y K F N M

反密碼子
與mRNA的3個鹼基序列（密碼子）鍵結的部分，也是由3個鹼基序列組成。

與胺基酸鍵結的部分

tRNA與胺基酸透過蛋白質鍵結。

K

2.

搬運胺基酸

當特定的胺基酸與tRNA鍵結時，tRNA會移動至核糖體，並與mRNA的密碼子（3個鹼序列）鍵結。這樣一來，密碼子所指定的胺基酸就會搬至核糖體。

遺傳密碼表

右表為mRNA的3個鹼序列（密碼子）與其指定的胺基酸對照表。這個表稱為「遺傳密碼表」或「密碼表」。舉例來說，mRNA的3個鹼基序列「AUG」所指定的胺基酸為「甲硫胺酸」（M）。另外，胺基酸的縮寫有3個英文字母（例如Met）與1個字母（例如M）。

第2個鹼基→

第1個鹼基↓	U		C		A		G		第3個鹼基↓
	密碼子	胺基酸	密碼子	胺基酸	密碼子	胺基酸	密碼子	胺基酸	
U	UUU	苯丙胺酸（F）	UCU	絲胺酸（S）	UAU	酪胺酸（Y）	UGU	半胱胺酸（C）	U
U	UUC	苯丙胺酸（F）	UCC	絲胺酸（S）	UAC	酪胺酸（Y）	UGC	半胱胺酸（C）	C
U	UUA	白胺酸（L）	UCA	絲胺酸（S）	UAA	終止密碼子	UGA	終止密碼子	A
U	UUG	白胺酸（L）	UCG	絲胺酸（S）	UAG	終止密碼子	UGG	色胺酸（W）	G
C	CUU	白胺酸（L）	CCU	脯胺酸（P）	CAU	組胺酸（H）	CGU	精胺酸（R）	U
C	CUC	白胺酸（L）	CCC	脯胺酸（P）	CAC	組胺酸（H）	CGC	精胺酸（R）	C
C	CUA	白胺酸（L）	CCA	脯胺酸（P）	CAA	麩醯胺酸（Q）	CGA	精胺酸（R）	A
C	CUG	白胺酸（L）	CCG	脯胺酸（P）	CAG	麩醯胺酸（Q）	CGG	精胺酸（R）	G
A	AUU	異白胺酸（I）	ACU	蘇胺酸（T）	AAU	天門冬醯胺酸（N）	AGU	絲胺酸（S）	U
A	AUC	異白胺酸（I）	ACC	蘇胺酸（T）	AAC	天門冬醯胺酸（N）	AGC	絲胺酸（S）	C
A	AUA	異白胺酸（I）	ACA	蘇胺酸（T）	AAA	離胺酸（K）	AGA	精胺酸（R）	A
A	AUG	甲硫胺酸（M）	ACG	蘇胺酸（T）	AAG	離胺酸（K）	AGG	精胺酸（R）	G
G	GUU	纈胺酸（V）	GCU	丙胺酸（A）	GAU	天門冬胺酸（D）	GGU	甘胺酸（G）	U
G	GUC	纈胺酸（V）	GCC	丙胺酸（A）	GAC	天門冬胺酸（D）	GGC	甘胺酸（G）	C
G	GUA	纈胺酸（V）	GCA	丙胺酸（A）	GAA	麩胺酸（E）	GGA	甘胺酸（G）	A
G	GUG	纈胺酸（V）	GCG	丙胺酸（A）	GAG	麩胺酸（E）	GGG	甘胺酸（G）	G

蛋白質維持生物機能

基因會經由「轉錄」與「轉譯」來製造蛋白質。這些蛋白質在生物體內究竟有什麼用途呢？

事實上，**生物體幾乎所有作用都需仰賴蛋白質來完成**。因此，蛋白質是「生物材料」或是「維持生命現象的產物」。

例如我們人體就有大量的蛋白質。據說構成人體的蛋白質種類，全部約有10萬種。

蛋白質有許多種不同形狀，以及截然不同的功能。

舉例來說，毛髮與指甲的主要成分是角蛋白（keratin），組成肌肉的是肌動蛋白（actin）與肌凝蛋白（myosin），這些是能構成身體外形的「結構」蛋白質。

除此之外，有些蛋白質（酵素）會「催化」反應進行，有些會「傳遞」訊息（激素），有些會「運送」物質（幫浦蛋白或通道蛋白），有些會與物質「鍵結」（抗體與受體）等，許多不同作用的蛋白質構成我們的身體，讓生理機能得以運作。

γD-水晶體蛋白
（PDB ID：1HK0, Basak等人，2003）

「水晶體蛋白」是眼睛水晶體的主成分

水晶體蛋白是脊椎動物水晶體的主要成分。水晶體之所以折射率高且透明，就是因為這種蛋白質的特性，但是它的機制至今尚不清楚。

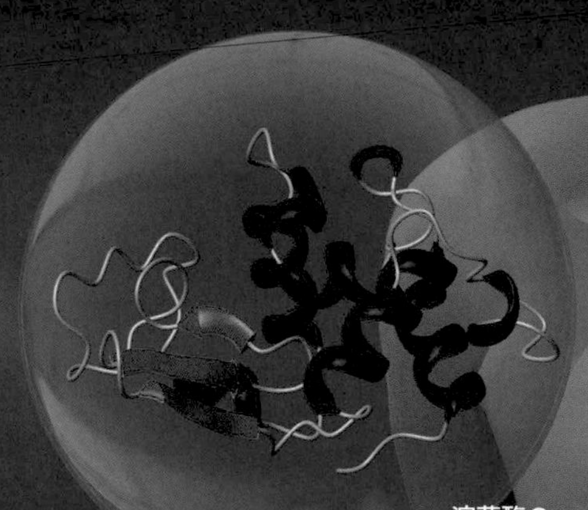

溶菌酶C
（PDB ID：1REX, Muraki等人，1996）

「溶菌酶」是保護身體不受細菌感染的酵素

溶菌酶是會分解細菌的細胞壁，保護身體不受感染的酵素蛋白質。眼淚與鼻水等分泌液，以及蛋白都含有溶菌酶。

血紅素
α次單元
（PDB ID：1GZX, Paoli等人，1996）

「血紅素」存在於血液中，會運送氧氣

血紅素也是種蛋白質，由2種分子（α次單元與β次單元）各2個組合而成（四聚體）。人體的紅血球內含有血紅素，功能是運送氧氣。4個次單元的相對位置錯開，最多可以和4個氧分子鍵結。

※：本頁的蛋白質立體結構是使用MOLMOL軟體（Koradi等人，1996）製成。而且，與各蛋白質的結構資料有關的PDB ID及文獻（作者，年份）皆列於立體結構圖的下方。

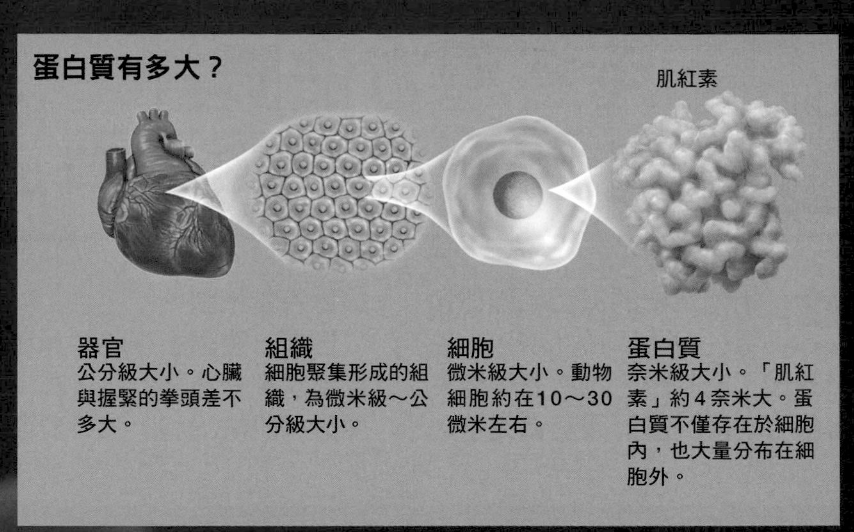
蛋白質有多大？
肌紅素
器官
公分級大小。心臟與握緊的拳頭差不多大。
組織
細胞聚集形成的組織，為微米級～公分級大小。
細胞
微米級大小。動物細胞約在10～30微米左右。
蛋白質
奈米級大小。「肌紅素」約4奈米大。蛋白質不僅存在於細胞內，也大量分布在細胞外。

假設右邊的肌紅素與高爾夫球一樣大，那細胞就跟日本東京巨蛋差不多大。心臟則相當於直徑等於日本東京到鹿兒島直線距離的球。

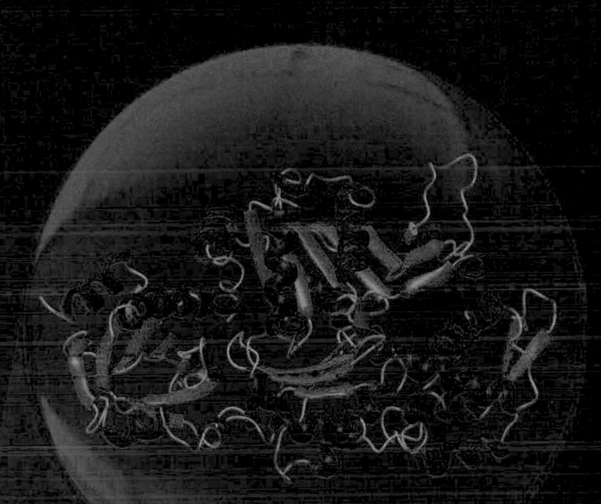

β 肌動蛋白
（PDB ID：2BTF, Schutt等人, 1993）

「肌動蛋白」組成肌肉

肌動蛋白與肌凝蛋白皆為組成肌肉的蛋白質。而且，肌動蛋白與細胞分裂有關，也是細胞骨架的一部分。

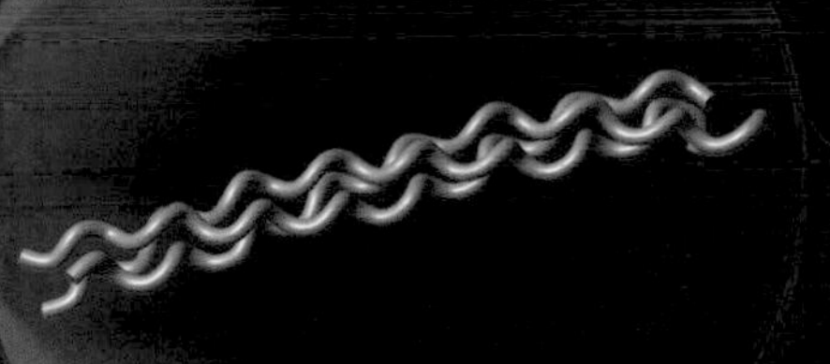

膠原蛋白 α 鏈
（PDB ID：1BKV, Kramer等人, 1999）

「膠原蛋白」會填滿細胞間隙

膠原蛋白占哺乳類體重的6%左右，占所有蛋白質的三分之一。它由3條鏈（α 鏈）組成，功能是連結不同細胞。

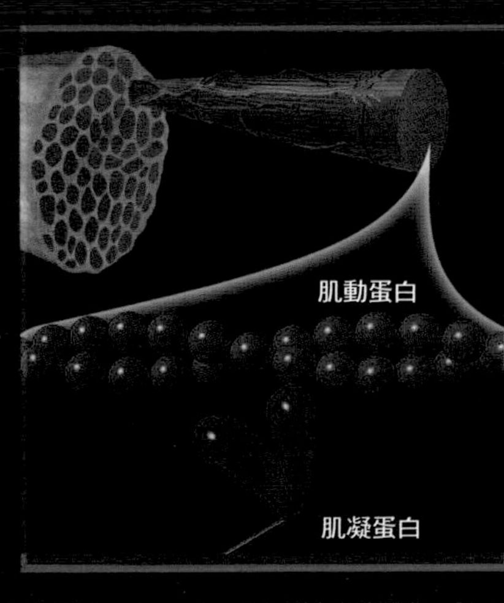
肌動蛋白
肌凝蛋白

「肌凝蛋白」如分子的馬達般運作

肌肉收縮時，肌凝蛋白中外形如2隻腳的分子，會在肌動蛋白上滑動。肌凝蛋白是1種可以自行移動的「分子馬達」。

用各種方法調控「要使用哪個基因」

生物個體中的每個細胞都含有一套相同的DNA，也就是說，寫有該生物所有結構與各部分功能的設計圖全都完整地放進各個細胞。

但是，實際上細胞並非任何時候都需要一整套的設計圖。若需要形成肌肉細胞，那只要運作會產生肌凝蛋白與肌動蛋白的基因即可。而且，生物會對各種不同的刺激做出反應而生存下去。例如，一到某個時期就會發情的動

基因製造蛋白質的過程中，許多階段會進行調控

插圖為從DNA製造蛋白質的過程中，經歷「轉錄」與「轉譯」的示意圖。這個過程中，可調控的部分與該內容以不同顏色表示，藍色框是對DNA的調控，最代表性的DNA修飾是「甲基化」；橘色框是對RNA的調控；綠色框是對蛋白質的調控。方框內寫的是調控方法的例子，除此之外，其他方法也大同小異。

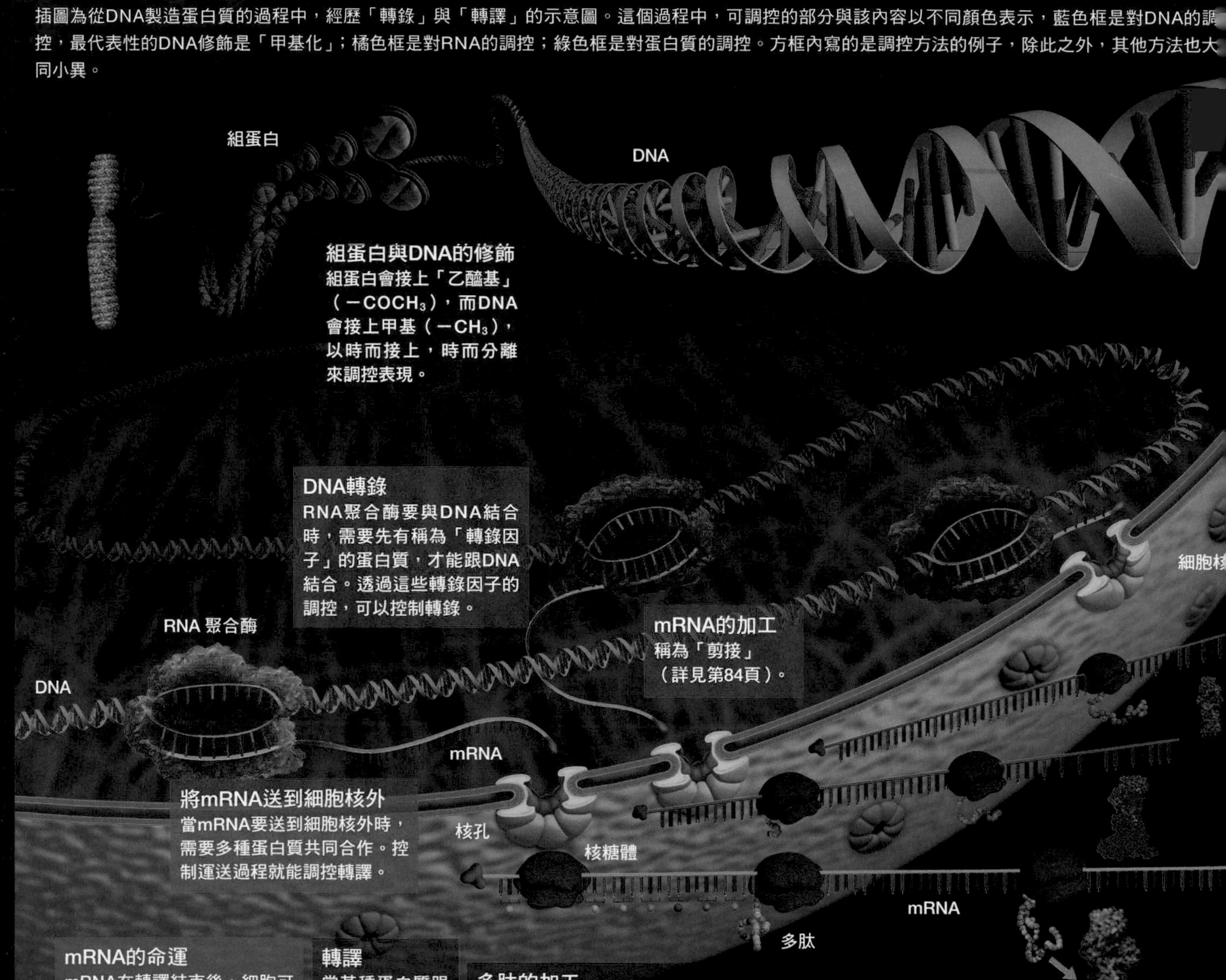

組蛋白
DNA
組蛋白與DNA的修飾
組蛋白會接上「乙醯基」（$-COCH_3$），而DNA會接上甲基（$-CH_3$），以時而接上，時而分離來調控表現。
DNA轉錄
RNA聚合酶要與DNA結合時，需要先有稱為「轉錄因子」的蛋白質，才能跟DNA結合。透過這些轉錄因子的調控，可以控制轉錄。
RNA 聚合酶
DNA
mRNA的加工
稱為「剪接」（詳見第84頁）。
細胞核
mRNA
將mRNA送到細胞核外
當mRNA要送到細胞核外時，需要多種蛋白質共同合作。控制運送過程就能調控轉譯。
核孔
核糖體
mRNA
多肽
mRNA的命運
mRNA在轉譯結束後，細胞可控制要將其迅速分解掉還是長時間留在細胞內。若為長時間留在細胞內，mRNA就會進行多次轉譯。
轉譯
當某種蛋白質跟mRNA鍵結時，就會阻礙mRNA跟核糖體結合，藉此調控轉譯。
多肽的加工
胺基酸會串聯成「多肽」，大多需經過裁切或是化學修飾，才會變成有功能的蛋白質。控制加工方式便能調控蛋白質合成。
蛋白質的分解
為了要讓蛋白質在必要時發揮作用，就必須要控制蛋白質的壽命。細胞也會調控蛋白質的分解。
蛋白質

物，牠們會分泌只有此時才需要的激素，並因為這些激素改變行為或體色、形態。這樣的刺激會頻繁地發生變化，每逢此時，就必須選擇要使用哪些基因。從基因製造出蛋白質的過程，是需要臨機應變的。

到底是如何臨機應變的呢？左頁插圖顯示基因製造出蛋白質的過程中，能夠調控的階段。許多階段會經過調控，以調整蛋白質的合成。

先舉個實例來說明基因調控，那就是「DNA甲基化」（DNA methylation）。

DNA甲基化是指DNA的鹼基接上名為甲基（$-CH_3$）的化學結構現象。當甲基化發生時，就不能讀取該部分的遺傳訊息。在甲基化解除之前，這部分的基因都會封鎖住。

同卵雙胞胎擁有完全相同的基因組，但據說他們的甲基化鹼基模式（甲基化模式）會隨著年齡增長而出現差異。**雙胞胎的成長環境愈是不同，甲基化模式就相差愈大，由此可以看出，甲基化模式似乎會受到環境某種形式的影響。**

像這種不靠改變DNA鹼基序列來調控基因的現象及其相關學問，我們稱之為「表觀遺傳學」（epigenetics）。

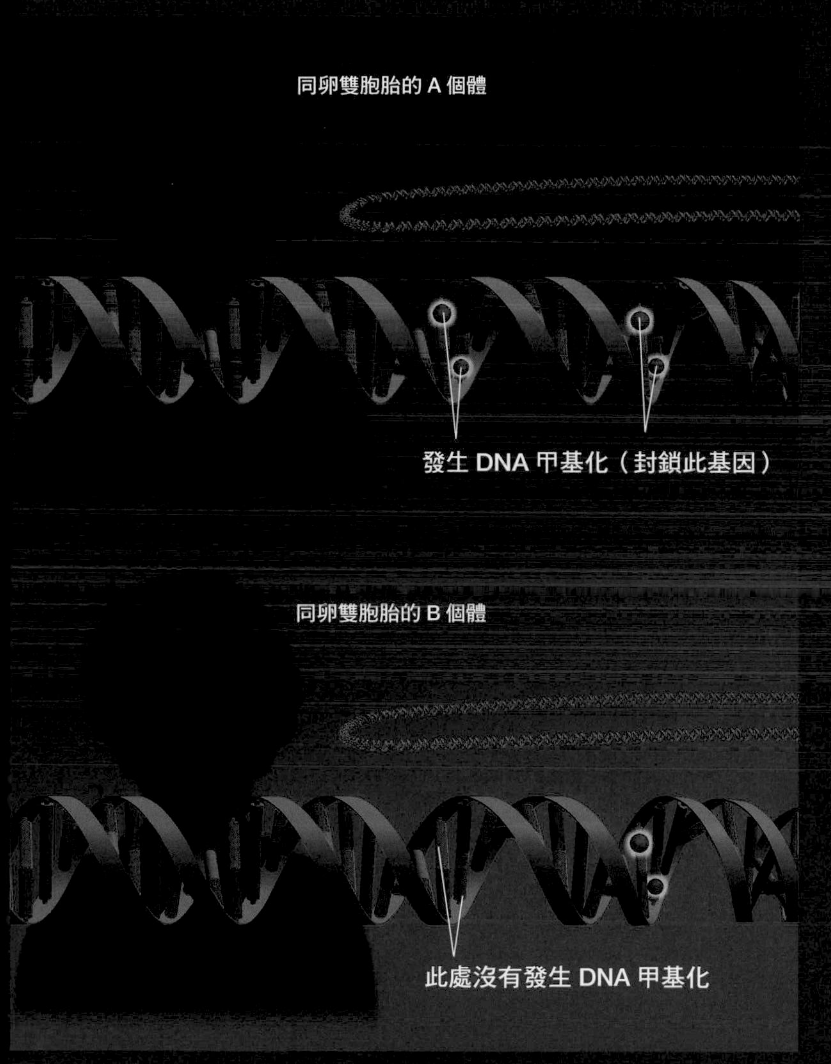
同卵雙胞胎的 A 個體
發生 DNA 甲基化（封鎖此基因）
同卵雙胞胎的 B 個體
此處沒有發生 DNA 甲基化

同卵雙胞胎的DNA完全相同，發生「DNA甲基化」的地方卻會不同

上圖簡單表示發生DNA甲基化（圖中紅色圓圈）的鹼基位置因人而異，就連同卵雙胞胎的甲基化模式也會相異。發生DNA甲基化的鹼基僅限於C（胞嘧啶）－G（鳥嘌呤）這2種鹼基鍵結中的C。甲基化也會發生在具有DNA鏈捲軸功能的「組蛋白」上，所以即使是同卵雙胞胎也可看出甲基化模式的差異。

同卵雙胞胎的三花貓
來自父親
X
來自母親
X
黑毛基因
棕毛基因
其中一條X
染色體不活化
黑色
棕色
「來自母親的
X」不活化
「來自父親的
X」不活化

三花貓的毛色差異跟甲基化有關

三花貓的毛色（黑色與棕色的花紋位置）因個體而異，即使是同卵雙胞胎的三花貓，毛色也不會完全一樣。目前已知這個機制跟DNA甲基化有關。

決定貓毛色的基因很多，其中「黑毛基因」與「棕毛基因」都位在X染色體上。只有雌性擁有2條X染色體，所以才能形成黑、棕2色皆有的「三花貓」，而白毛花紋的位置是由別的基因決定。

已知包括人類在內的雌性哺乳類中，細胞內2條X染色體會隨機有1條染色體整條都失去功能，這個現象跟DNA甲基化有關，稱為「染色體不活化」。透過染色體不活化，只有黑毛基因表現的細胞群會呈現黑色，只有棕毛基因表現的細胞群會呈現棕色。至於是哪個X染色體不活化，是在每個細胞發育的初期隨機決定的，所以即使是同卵雙胞胎的三花貓（或人工複製的三花貓），其花紋也不盡相同。

RNA的加工

mRNA在轉譯前需經過「編輯」

調控基因表現的機制中，再針對傳訊RNA（mRNA）的加工詳加說明。

相當於DNA複本的mRNA剛合成出來時，並不會直接送到細胞核外。**mRNA在離開細胞核之前，需先經過「編輯」**，這個過程在生物學用語稱為「剪接」。

DNA的鹼基序列中，散布著許多製造蛋白質時不會用到的訊息片段。由於mRNA是DNA的複本，所以也會帶有許多不必要的訊息，這些不必要的訊息稱為「內含子」（intron）。

mRNA要真正轉變成蛋白質設計圖時，必須要去除內含子，只將有意義的部分（稱為「外顯子」，exon）連接組合起來。這個過程就像是將影片中不需要的部分刪除，只連接組合需要留下的內容。

這個編輯作業稱為「RNA剪接」（RNA splicing）。負責這項作業的，是由6個次單元組合而成，名為「剪接體」（spliceosome）的構造。

首先，剪接體的2個次單元會分別結合在mRNA內含子開端與末端的位置（**1**）。接著，再與剩下的次單元組合成剪接體，並將內含子首尾拉近，形成套索般的形狀（**2**）。最後，剪接體發揮功能剪除內含子（**3**）。

已經剪接完的mRNA會與「外輸蛋白」（exportin）結合，作為標記（**4**）。這個外輸蛋白形同離開細胞核的通行證。如此一來，只有編輯完成的mRNA才算是完成品，也才會被運送至細胞核外（細胞質）（**5**）。

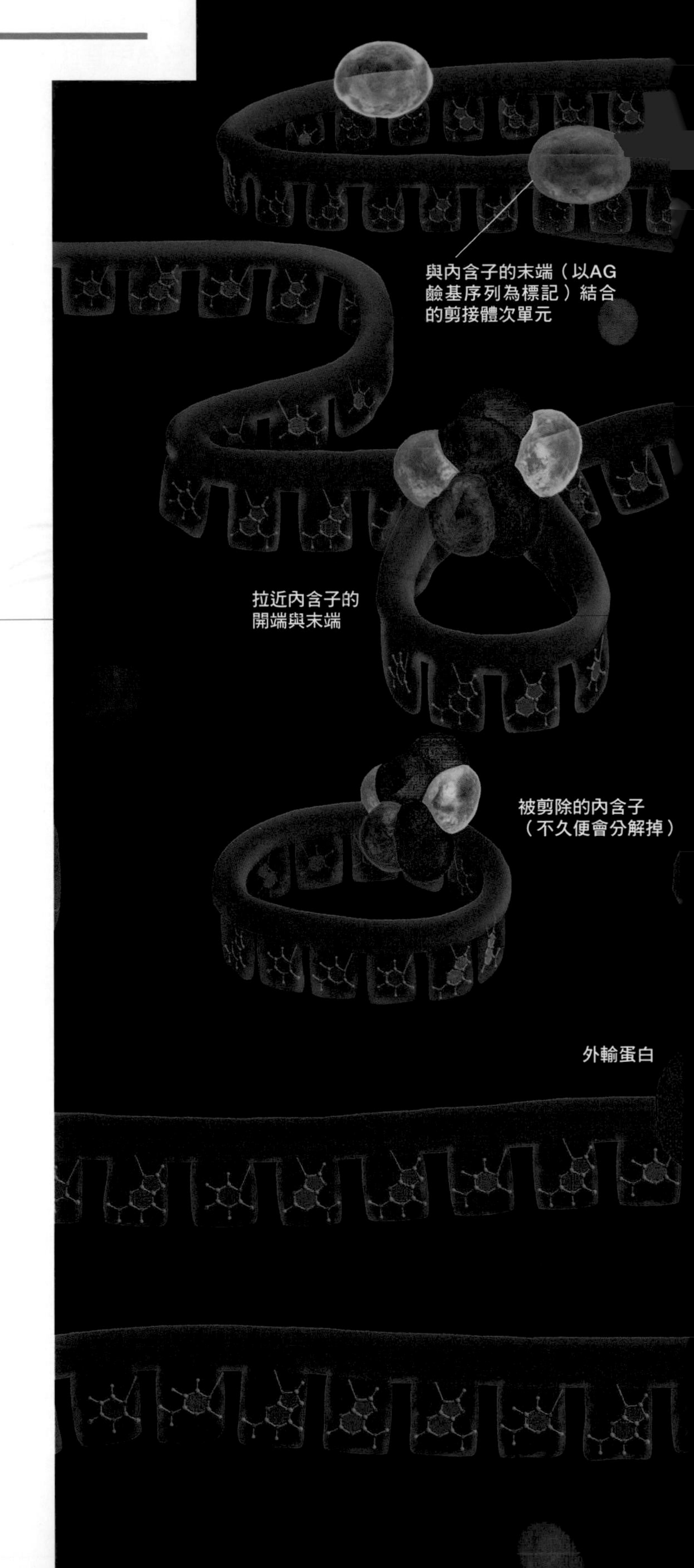
與內含子的末端（以AG鹼基序列為標記）結合的剪接體次單元
拉近內含子的開端與末端
被剪除的內含子（不久便會分解掉）
外輸蛋白

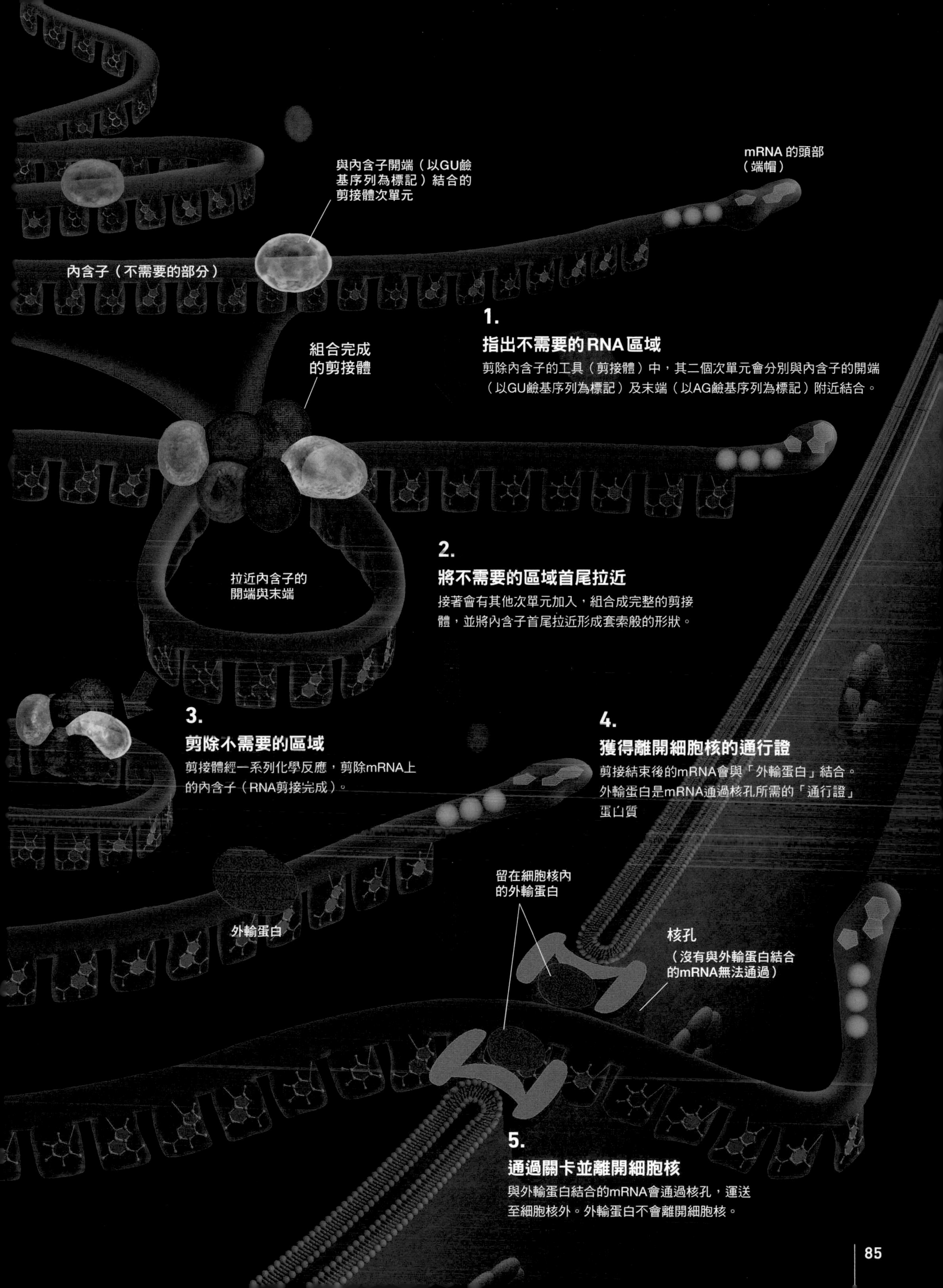
mRNA 的頭部
（端帽）
與內含子開端（以GU鹼
基序列為標記）結合的
剪接體次單元
內含子（不需要的部分）
1.
指出不需要的RNA區域
剪除內含子的工具（剪接體）中，其二個次單元會分別與內含子的開端（以GU鹼基序列為標記）及末端（以AG鹼基序列為標記）附近結合。
組合完成
的剪接體
2.
將不需要的區域首尾拉近
接著會有其他次單元加入，組合成完整的剪接體，並將內含子首尾拉近形成套索般的形狀。
拉近內含子的
開端與末端
3.
剪除不需要的區域
剪接體經一系列化學反應，剪除mRNA上的內含子（RNA剪接完成）。
4.
獲得離開細胞核的通行證
剪接結束後的mRNA會與「外輸蛋白」結合。外輸蛋白是mRNA通過核孔所需的「通行證」蛋白質
留在細胞核內
的外輸蛋白
外輸蛋白
核孔
（沒有與外輸蛋白結合
的mRNA無法通過）
5.
通過關卡並離開細胞核
與外輸蛋白結合的mRNA會通過核孔，運送至細胞核外。外輸蛋白不會離開細胞核。

基因體

「人類基因體」的位元組數還不到1GB

以人類的「基因體」來說，1套染色體約有30億個鹼基序列（訊息），這就是人類全部的遺傳訊息。30億個鹼基序列中，散布著數千～數萬個鹼基統整區域，也就是基因。

當把這4種鹼基字母縮寫轉換成數位資料時，1個字母相當於2位元（分別為00、01、10、11）的資訊量。1位元是資訊量的最小單位（0或1），通常8位元為1個位元組。也就是說，人類基因體的資訊量為「約30億個字母×2位元÷8」=「750MB左右」（MB為百萬位元組）。這個資訊量大約等同於1張音樂CD的資料量，1GB的SD卡也非常夠儲存了。但是，當這些資料印刷在紙上時，紙張厚度可達300公尺，是相當龐大的資料量。

事實上，**當作蛋白質設計圖的基因僅占基因體的2%**。剩下的98%現在認為可能是某些與「轉錄」跟「轉譯」有關的調控DNA。

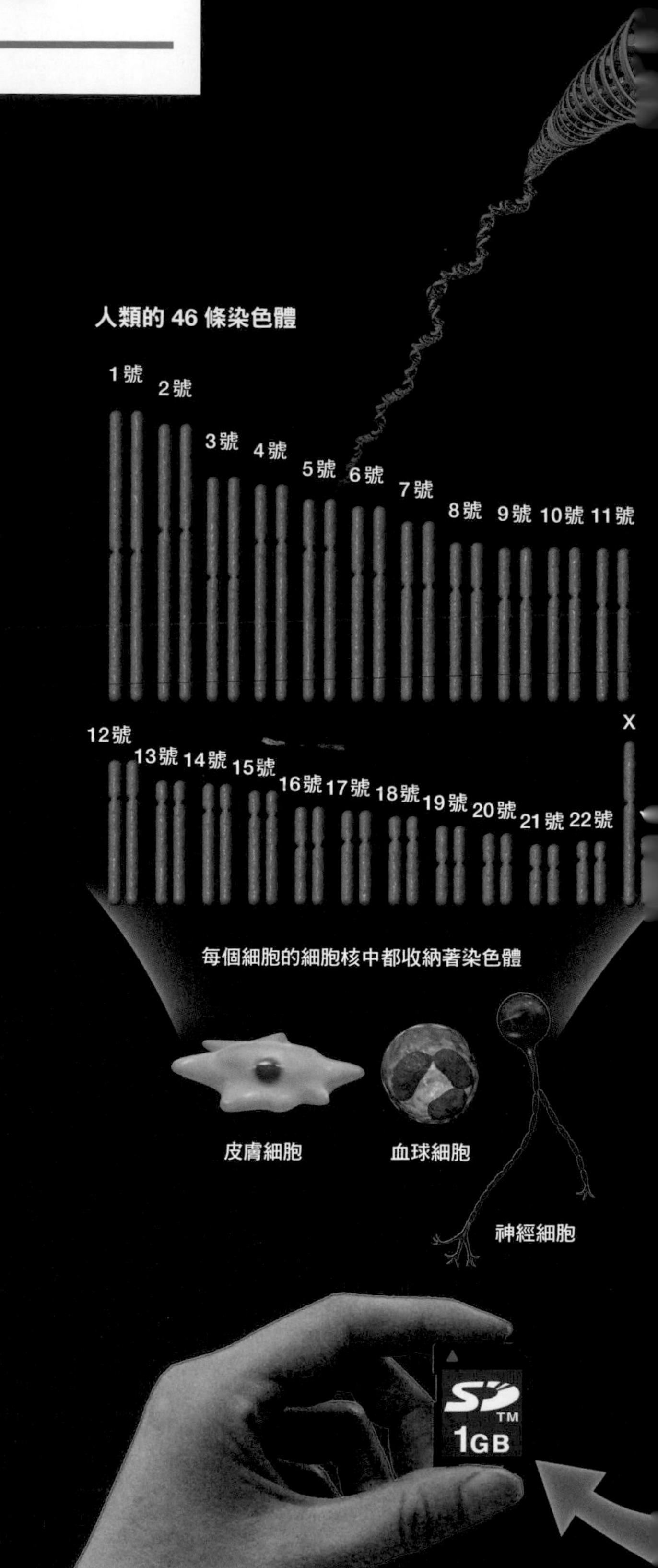
人類的 46 條染色體
1號
2號
3號
4號
5號
6號
7號
8號
9號
10號
11號
12號
13號
14號
15號
16號
17號
18號
19號
20號
21號
22號
X
每個細胞的細胞核中都收納著染色體
皮膚細胞
血球細胞
神經細胞
SD
TM
1GB
容量1GB
（≒1000MB）
的SD卡

代表蛋白質設計訊息的部分（約2%）

其他（98%）

人類基因體

蛋白質的設計圖僅占2%

上圖將人類的基因體比喻成一疊文件。基因體中，當作蛋白質設計圖的基因只不過占2%。剩下的98%，一般認為是與「轉錄」跟「轉譯」有關的調控DNA。

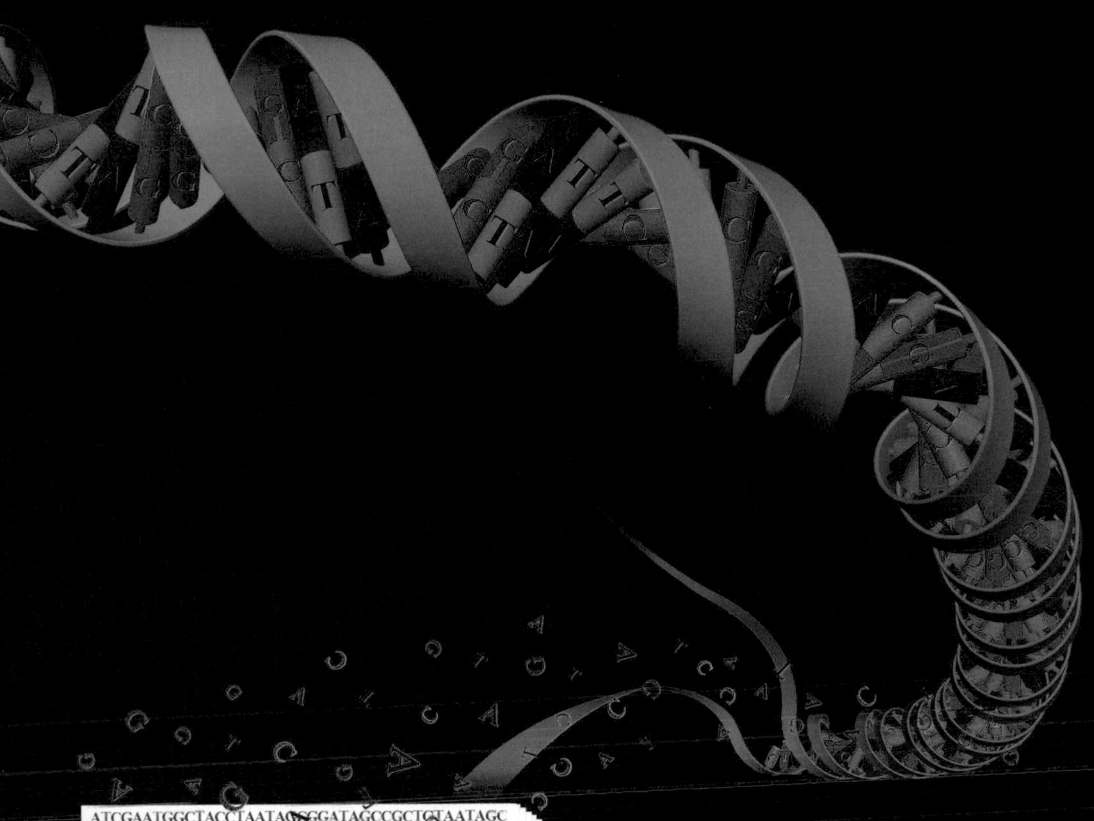

ATCGAATGGCTACCTAATAGCGGATAGCCGCTGTAATAGC
TGCTGATTCGCTACTACCGTAGCATCGAATGGCTACCTAA
GCGGATAGCCGCTGTAATAGCTGCTGATTCGCTACTACCG
TAGCATCGAATGGCTACCTAATAGCGGATAGCCGCTGTAA
TAGCTGCTGATTCGCTACTACCGTAGCATCGAATGGCTAC
CTAATAGCGGATAGCCGCTGTAATAGCTGCTGATTCGCTA
CTACCGTAGCATCGAATGGCTACCTAATAGCGGATAGCCG
CTGTAATAGCTGCTGATTCGCTACTACCGTAGCATCGAAT
GGCTACCTAATAGCGGATAGCCGCTGTAATAGCTGCTGAT
TCGCTACTACCGTAGCATCGAATGGCTAGCTAATAGCGGA
TAGCCGCTGTAATAGCTGCTGATTCGCTACTACCGTAGCA
TCGAATGGCTACCTAATAGCGGATAGCCGCTGTAATAGCT
GCTGATTCGCTACTACCGTAGCATCGAATGGCTACCTAAT
AGCGGATAGCCGCTGTAATAGCTGCTGATTCGCTACTACC
GTAGCATCGAATGGCTACCTAATAGCGGATAGCCGCTGTA
ATAGCTGCTGATTCGCTACTACCGTAGCATCGAATGGCTA
CCTAATAGCGGATAGCCGCTGTAATAGCTGCTGATTCGCT
ACTACCGTAGCATCGAATGGCTACCTAATAGCGGATAGCC
GCTGTAATAGCTGCTGATTCGCTACTACCGTAGCATCGAA
TGGCTACCTAATAGCGGATAGCCGCTGTAATAGCTGCTGA
300公尺
A
00
T
01
G
10
C
11

當把這4種鹼基字母縮寫轉換成數位資料時，1個字母（任A、T、G、C）相當於2位元（任00、01、10、11）的資訊量。

人類基因體的容量

染色體、DNA與基因體之間的關係示意圖。將30億個鹼基縮寫字母寫在一般A4紙（厚度約0.1毫米）上，每張寫滿1000個字母時，需要的紙張總厚度高達300公尺。當這些資訊量轉換成數位資料時，約為750MB。

column 1

遺傳傳遞了什麼

跟父母親或是跟兄弟姊妹相比，是不是會覺得哪裡很像？特別是基因100%一樣的同卵雙胞胎，幾乎無法從外貌分辨誰是誰，可見臉部的特徵強烈受到遺傳影響。

2012年荷蘭伊拉斯莫斯大學醫學中心的劉凡（Fan Liu）博士研究團隊進行了「全基因體關聯性分析」（genome-wide association study）來研究鹼基差異是否造成臉型差異。

於是，他們鎖定了5個影響歐洲人臉型的基因（如下圖）。**其中的「PRDM16」、「PAX3」與「TP63」基因帶有形成臉部必須的轉錄因子訊息。**另外，在這份研究報告中，沒有提出「C5orf50」與「COL17A1」基因跟臉部形成過程有直接關係的證據。

決定臉部特徵的基因

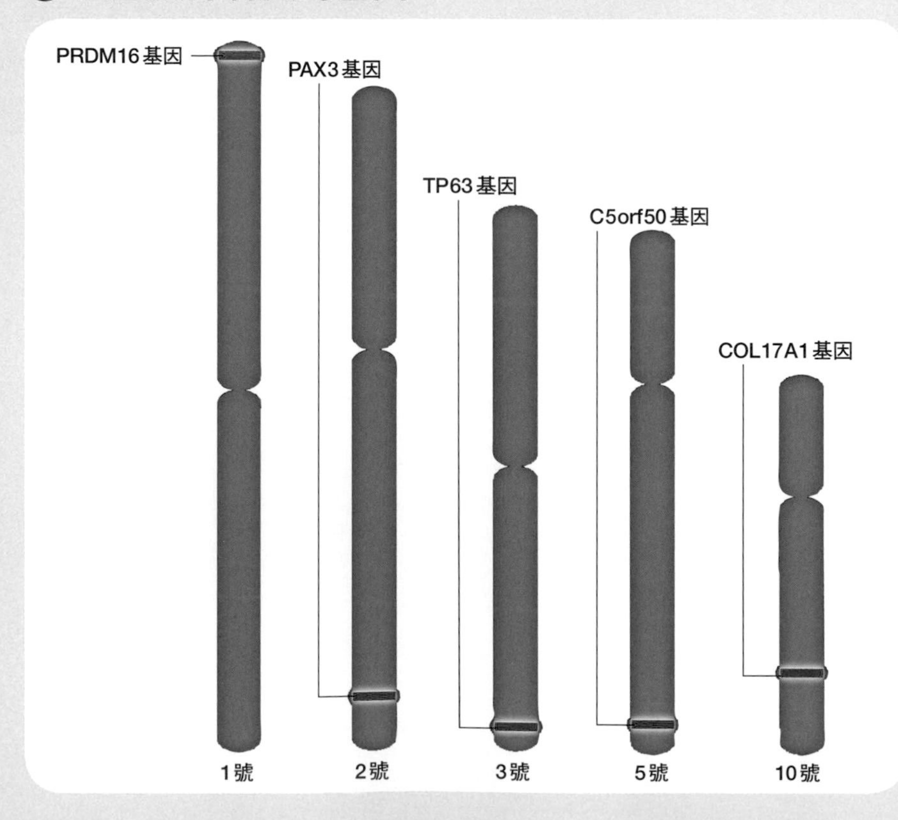

PRDM16基因
PAX3基因
TP63基因
C5orf50基因
COL17A1基因
1號
2號
3號
5號
10號

決定臉型的基因因人種而異

但是，2020年中國對漢民族進行全基因體關聯性分析※1並鎖定了10個基因，其中包含了「C5orf50」基因。跟歐洲人相比，亞洲人的臉部較扁平，所以認為可能跟別的鹼基差異有關。

父母親遺傳給小孩的臉部特徵，包括了單眼皮、雙眼皮、有耳垂、無耳垂等。過去的研究認為，這些特徵會很單純地遵循孟德爾定律。但是，日本東京女子醫科大學皮膚科的常深祐一郎團隊的研究※2指出，這些特徵可能跟某些基因有關。2018年，分析了1萬人左右的基因體與基因資料，結果發現「EMX2」基因上，具有遺傳性的特徵組合。已知EMX2基因與頭蓋骨顏面形成相關，可能也影響到雙眼皮等特徵。

未來，透過持續研究全基因體關聯性，應該能鎖定更多種臉部特徵的基因。

龐大的基因資訊量何謂人類孟德爾遺傳

雙眼皮從雙親遺傳而來

雙眼皮

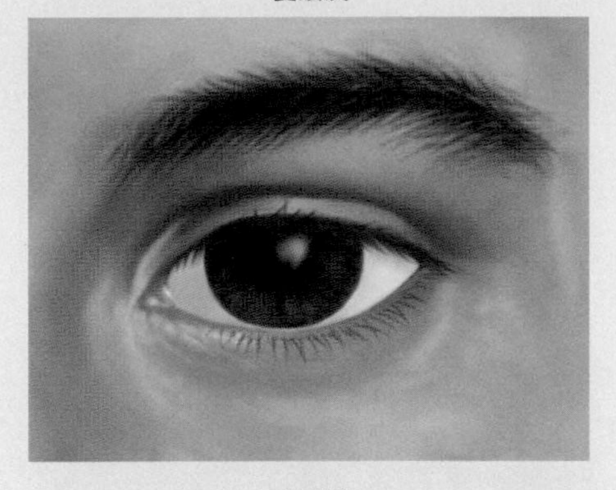

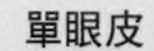

單眼皮

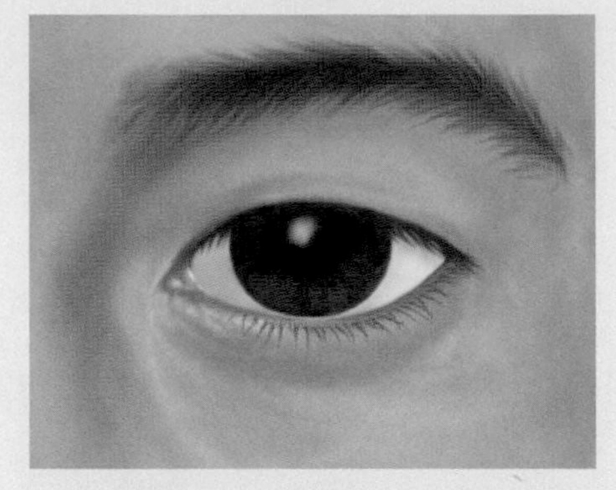

有耳垂

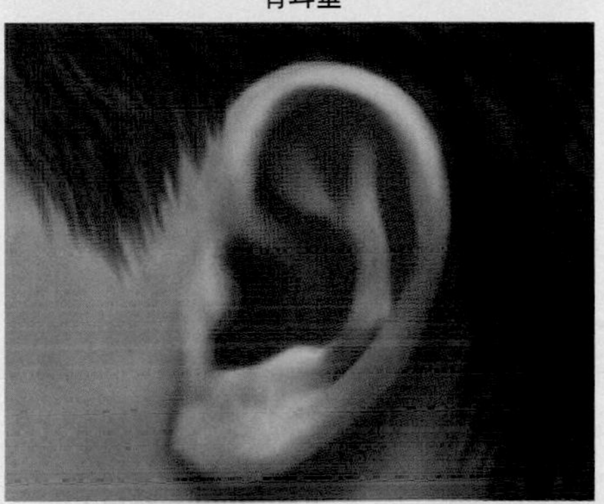

沒有耳垂

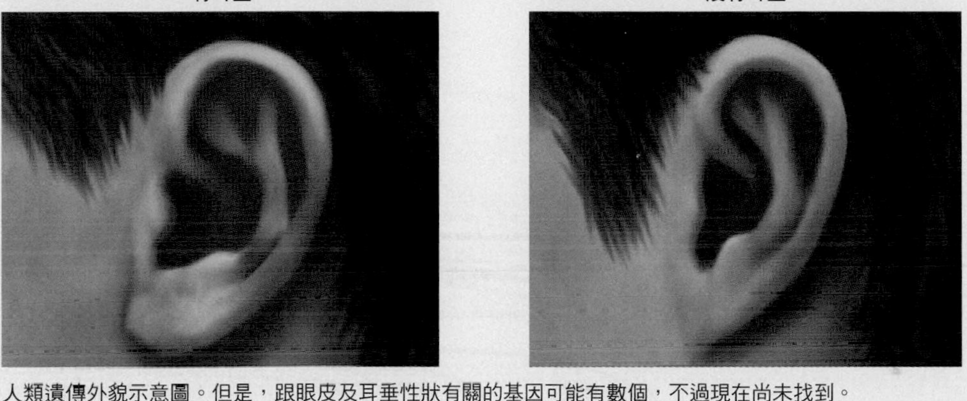

人類遺傳外貌示意圖。但是，跟眼皮及耳垂性狀有關的基因可能有數個，不過現在尚未找到。

此外，像臉部特徵一樣，容易比較的外觀特徵之一就是身高。已知身高會受遺傳影響，要查詢與人類特徵相關的基因時，最方便的就是名為「人類孟德爾遺傳」(mendelian inheritance in man，MIM)的資料庫。

最初建立此資料庫的人是美國約翰霍普金斯大學的麥庫西克(Victor McKusick，1921～2008)教授。現在，網路版的人類孟德爾遺傳(online MIM，OMIM)已收錄超過2萬5000個基因，其中也收錄了不少跟疾病有關的基因。OMIM中，「身高」、「肥胖」與「膚色」等人類特徵，都是由多個基因調控，是綜合性影響的「多基因遺傳」(polygenic inheritance)範例。

舉例來說，直接「影響身高的基因」總計收錄了36個。現代基因體解讀技術呈飛躍式發展，已研究過哪個基因會帶來什麼影響的全基因體關聯性分析也正在編目中。

因人種而有極大差異的外觀特徵如「髮色、瞳孔顏色與膚色」，與其相關的基因及每個基因的個體差異都可在OMIM上搜尋。

當中一個基因名為「TRY基因」，其鹼基序列有多處個體差異，故會改變其蛋白質的功能。這樣的個體差異存在於不少基因上，透過這個方式，髮色、瞳孔顏色與膚色的濃淡皆會稍微不同。藉由分析DNA，研究基因的組合，在某種程度上要推測某人的體格與外貌，已不再遙不可及。

※1：Ming Liu, et al,.Human facial shape related SNP analysis in Han Chinese populations.Yi Chuan. 2020 Jul 20;42(7):680-690.

※2：Chihiro Endo,Yuichiro Tsunemi, et al,.Genome-wide association study in Japanese females identifies fifteen novel skin-related trait associations.Sci Rep. 2018 Jun 12;8(1):8974.

4 生殖與性別的機制

我們人類分成男性與女性，會談戀愛，會生小孩等，有很多好處，不過有男女之分也會產生很多問題。那麼，為何生物還要發展出「性別」呢？

生物的性別有多種形態，包括沒有性別的生物，也有只要有雌性就能單獨產子的生物，還有能改變性別的生物。對生物而言性別究竟為何？本章將會解說生殖與性別的機制。

92 無性生殖
94 有性生殖
96 性別決定
98 SRY基因
100 性轉變
102 為何演化出性別
104 Column2 男孩子較像母親，女孩子較像父親，是真的嗎？

監修　田沼 靖一

無性生殖

無性生殖的子代是「完全複製品」

屬無脊椎動物的海葵，為海底增添不少色彩。海葵究竟是如何增殖的呢？

通常海葵的增殖方式是「分裂」，親代會分支成二個大小幾乎相同的個體。也有透過「出芽」（budding）來增殖的海葵。出芽是指個體的一部分往外突出，接著逐漸長大，長大的部分會與原個體分離，或連在母體上不分離。

不論是分裂或出芽，產生的二個個體都擁有完全相同的基因，因為牠們是完全複製品。

不會發生基因重組（詳見第72頁），且誕生的子代與親代有完全相同的基因組合，此現象稱為「無性生殖」（asexual reproduction）。

僅管有些生物有性別，但只靠任一方的配子（通常是卵）便能產生子代。例如輪蟲動物（rotifera）的「蛭形輪蟲」（*bdelloid rotifers*）只有雌性，雌性產下的未受精卵會長大並成熟為雌性，這個現象稱為「孤雌生殖」（parthenogenesis）。以蛭形輪蟲而言，推測牠們至少存在了1億年，且這1億年中沒有雄性存在。

脊椎動物中，會進行孤雌生殖的動物比例約每1000種就有1種。在魚類、爬蟲類與兩生類中皆有發現。鯽魚類的「蘭氏鯽」（*Carassius auratus langsdorfii*）由雌性產下的卵單獨長成個體，只是為了要胚胎發育，還是必須要有雄性精子的「刺激」。雄性精子不會影響子代的基因，只提供必要的刺激，所以不需要雄性蘭氏鯽的精子受精。只要是鯉科魚類的雄性精子，卵就會開始進行胚胎發育。

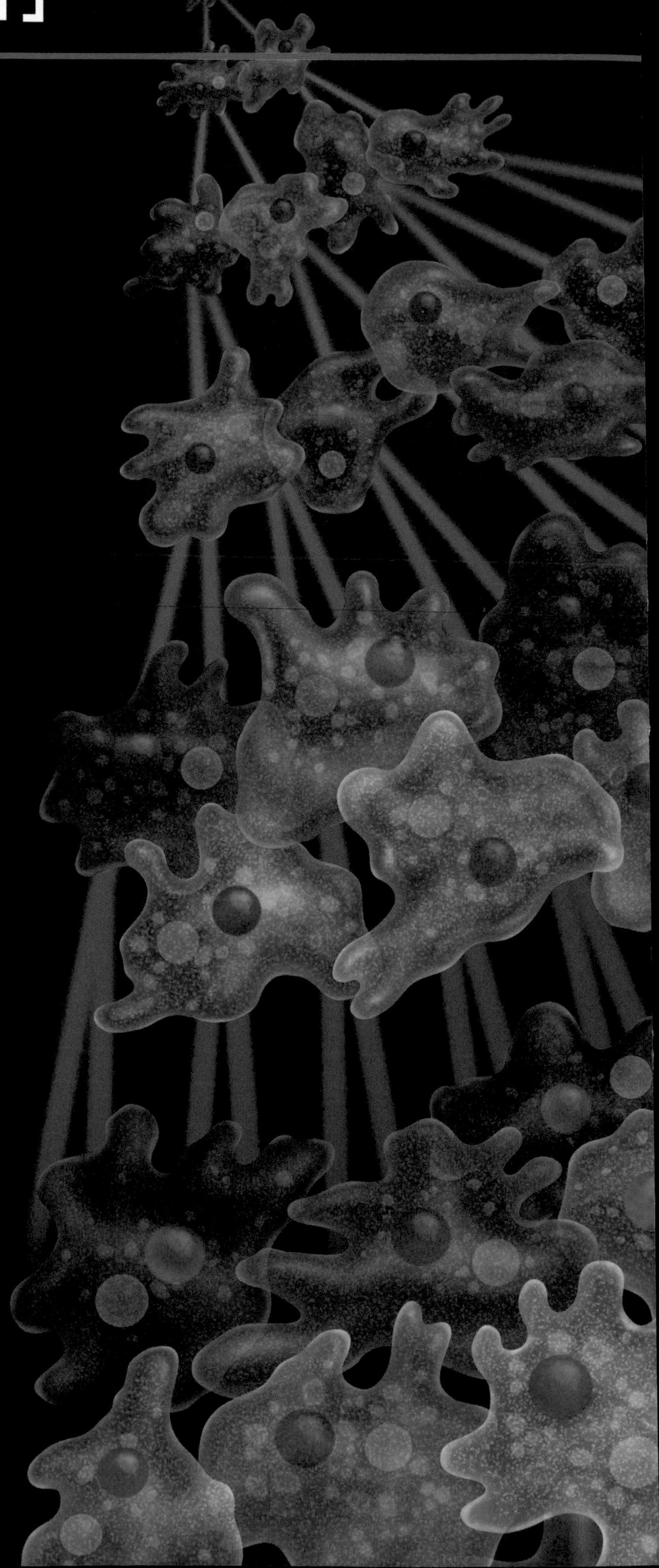

細胞透過倍增來增殖

插圖為透過細胞分裂來增殖的變形蟲（原生生物）。1個細胞會變成2個，2個變4個，4個變8個，不斷倍增下去。細胞中含有的遺傳訊息（DNA）等物質會在多複製一份後，分配給分裂的2個細胞。插圖顯示單細胞生物的無性生殖，但不論是多複雜的多細胞生物，其細胞分裂的機制基本上是相同的。

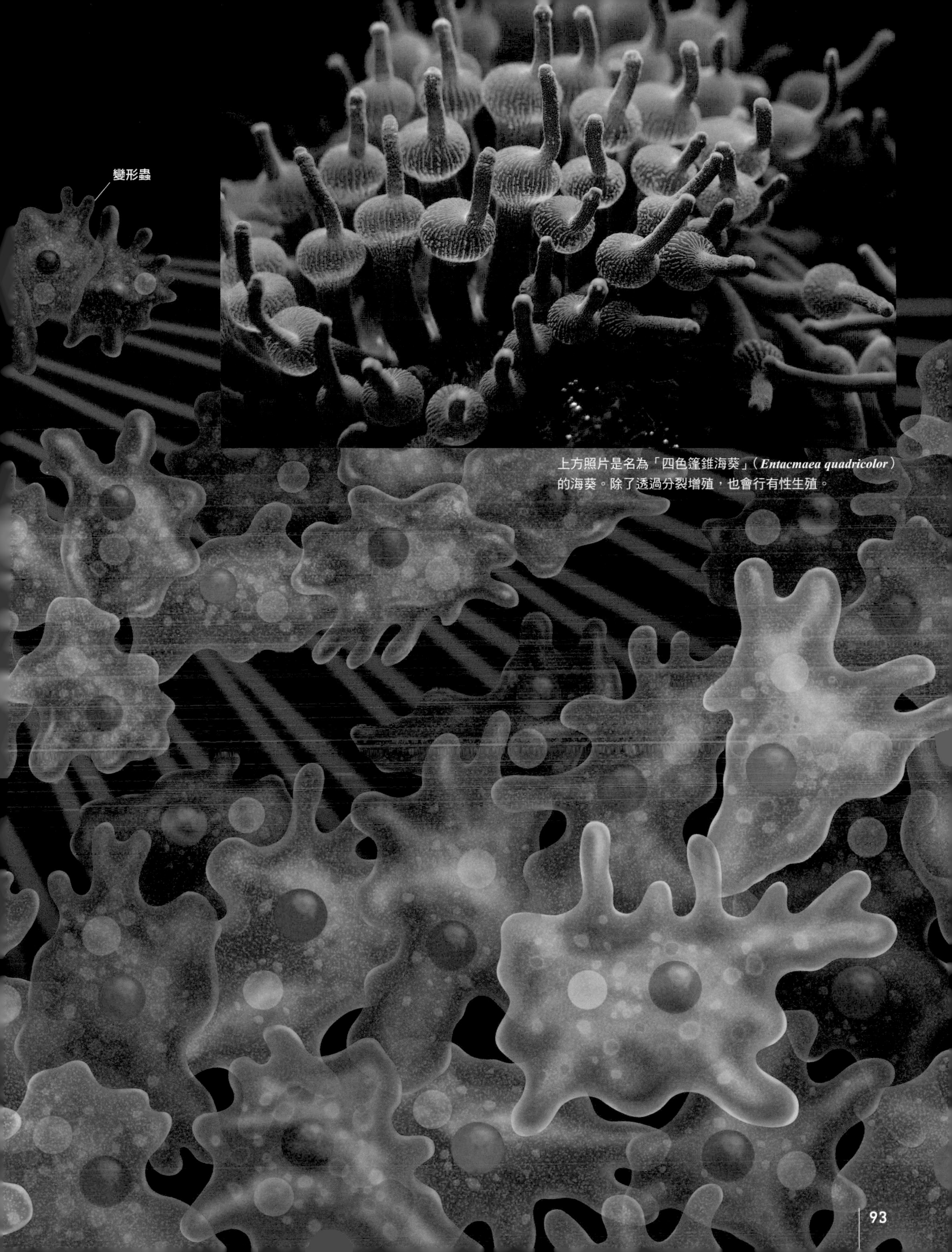
變形蟲

上方照片是名為「四色篷錐海葵」（***Entacmaea quadricolor***）的海葵。除了透過分裂增殖，也會行有性生殖。

有性生殖會產生多樣化的子代

其實前頁提到的海葵及珊瑚有時也會產卵，牠們會將精子與卵釋放於海中，讓其受精來產生新個體，意即會行「有性生殖」(sexual reproduction)。

有性生殖是指個體與個體間會重組基因，產生與原個體有遺傳差異的子代。一般來說會有雄性與雌性二種型態，分別產生的「配子」會相遇而誕生子代。

配子是指擁有個體全套染色體（二倍體：2n）一半（單倍體：n）的細胞。雌性的配子體積較大，且幾乎沒有運動能力，稱為「卵」。雄性的配子較小且有運動能力，稱為「精子」。

如同在第2章所提到的，每逢製造卵或精子時，個體體內就會

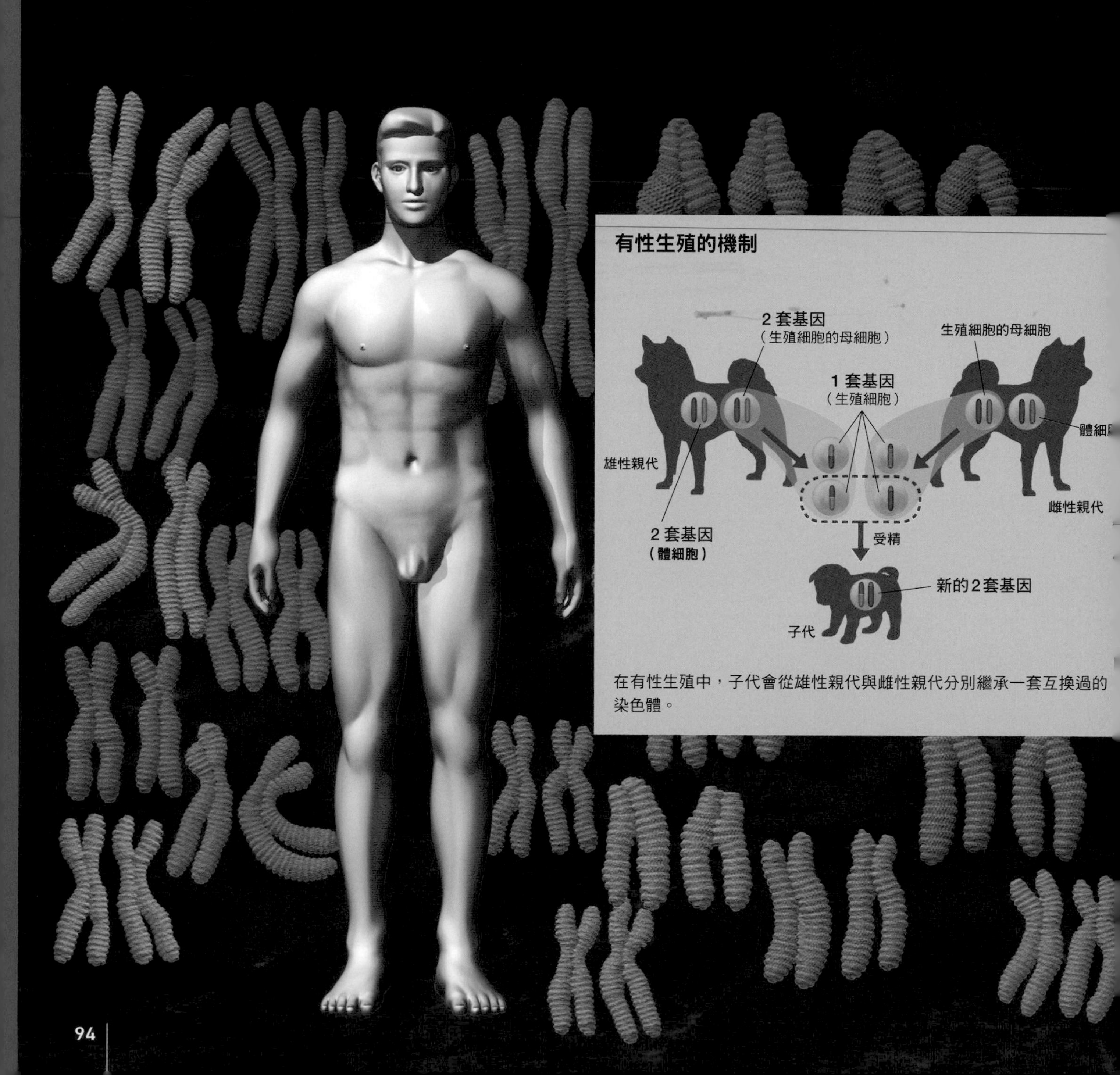
有性生殖的機制
2套基因
（生殖細胞的母細胞）
生殖細胞的母細胞
1套基因
（生殖細胞）
雄性親代
雌性親代
2套基因
（體細胞）
受精
新的2套基因
子代

在有性生殖中，子代會從雄性親代與雌性親代分別繼承一套互換過的染色體。

進行染色體互換。因此任一個卵或精子的基因組成都不同，每一個都是原創。

這些原創的卵與精子相遇（受精）然後懷孕，子代的基因組成是獨一無二，唯一的一個，兄弟姊妹間的基因組成也會有差異。**行有性生殖時，能產生擁有多樣化變異的子代**。

另外，哺乳類在自然界只會行有性生殖，但透過基因工程，可實現孤雌生殖（下圖）。

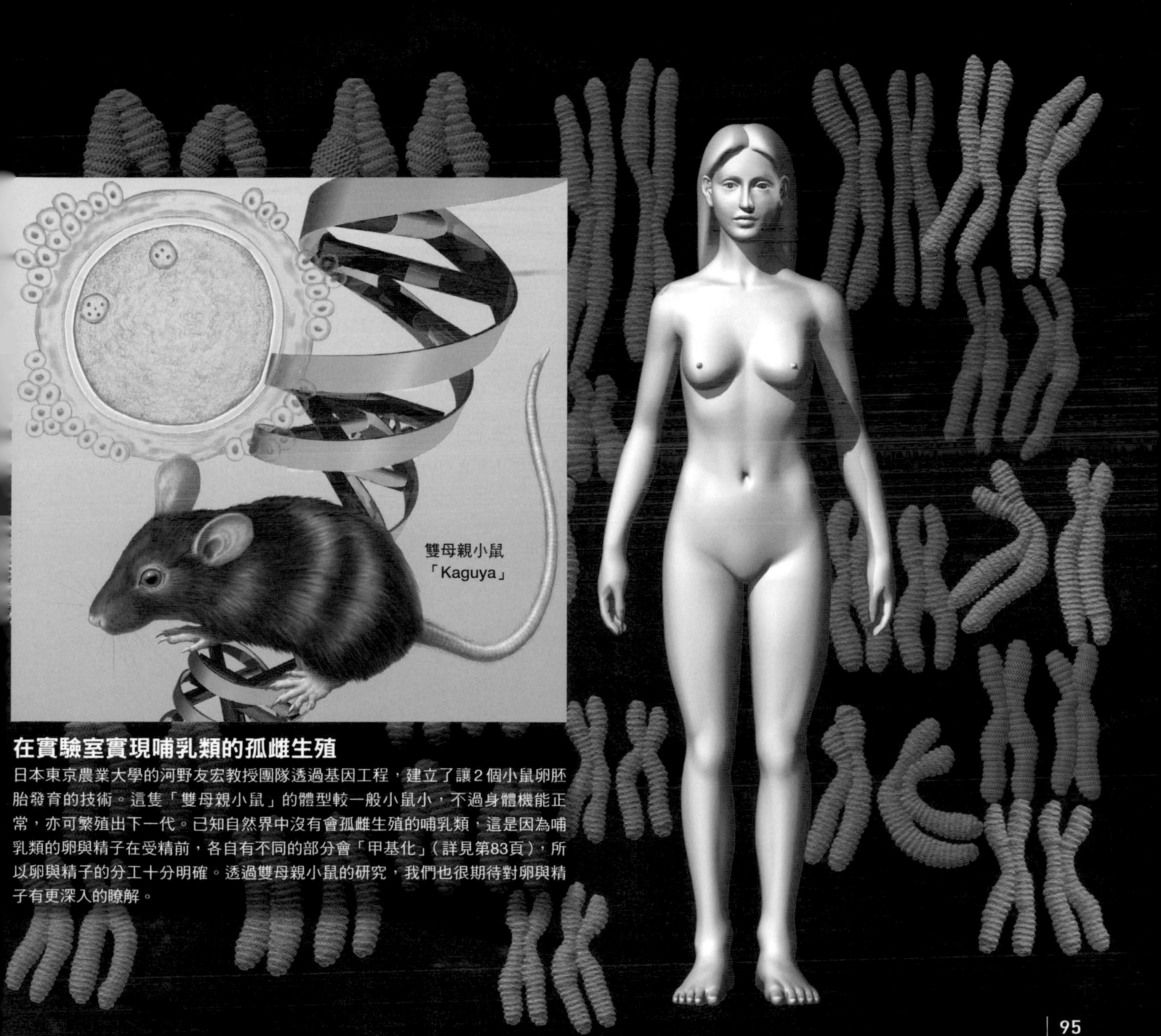
雙母親小鼠
「Kaguya」

在實驗室實現哺乳類的孤雌生殖

日本東京農業大學的河野友宏教授團隊透過基因工程，建立了讓2個小鼠卵胚胎發育的技術。這隻「雙母親小鼠」的體型較一般小鼠小，不過身體機能正常，亦可繁殖出下一代。已知自然界中沒有會孤雌生殖的哺乳類，這是因為哺乳類的卵與精子在受精前，各自有不同的部分會「甲基化」（詳見第83頁），所以卵與精子的分工十分明確。透過雙母親小鼠的研究，我們也很期待對卵與精子有更深入的瞭解。

性別決定

性別不全由染色體決定，也有由環境決定的生物

我們哺乳類的性別由染色體決定，雄性親代擁有二種性染色體，在受精的瞬間會決定哪個性染色體遺傳給子代。爬蟲類中的蛇類及鳥類也是同樣，但是蛇類及鳥類是由雌性親代的性染色體決定子代的性別。另一方面，也有些生物不透過染色體來決定性別。

1966年，首次發現了依靠環境溫度決定性別的現象，是棲息於西非的爬行類，一種名為彩虹鬣蜥（*Agama agama*）的蜥蜴。

爬行類會產卵，不過受精卵是由周圍環境溫度決定性別。例如，多數蜥蜴在低溫下會變雌性，高溫下會變雄性。發現彩虹鬣蜥之後，科學家又研究了更多爬行類，發現所有鱷魚、多數的龜類及一部分的蜥蜴是由「環境溫度決定性別」。

由環境溫度決定性別僅發生在形成受精卵後的短暫時間內，孵化後的溫度就不會影響性別了。生物像這樣分成雄性與雌性等二性稱為「性分化」（sex differentiation），性分化時有一段期間稱為「性別關鍵期」（the critical period for sexual differentiation），這時期激素正常發

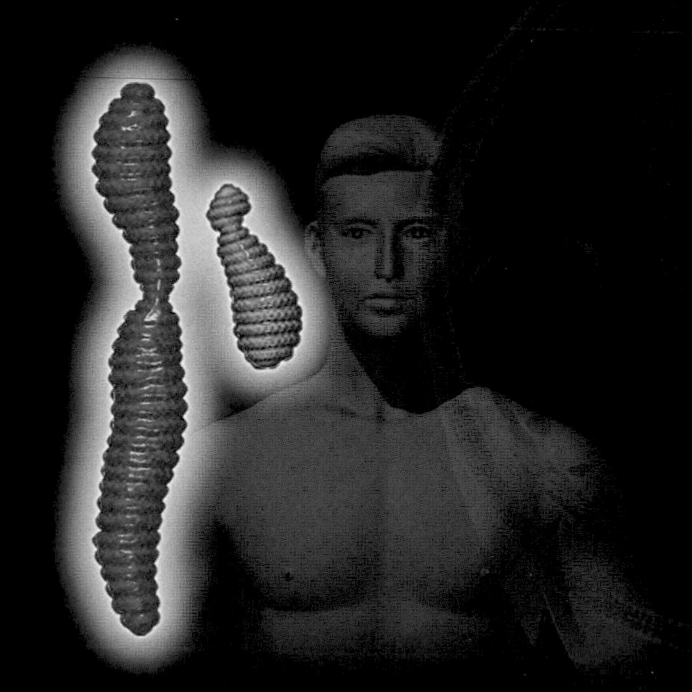

男性的性染色體（XY）

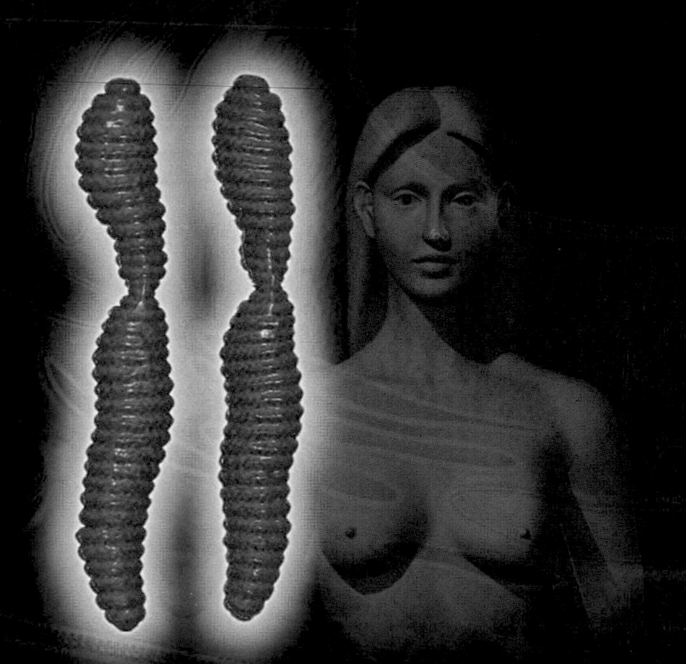

女性的性染色體（XX）

哺乳類的性別由性染色體決定

男女有共同的44條染色體，稱為「體染色體」，共有22種，每種以2條為1對。

剩下的2條染色體組合因男女而異。女性擁有2條「X染色體」，跟體染色體一樣成對。

另一方面，男性只有1條X染色體，取而代之的是，有1條女性所沒有的「Y染色體」。X染色體與Y染色體合稱為「性染色體」。目前已知Y染色體上的「SRY基因」是形成男性身體所必須的基因。

哺乳類、爬行類與鳥類的性別決定

插圖顯示羊膜類（哺乳類與爬行類）的系統關係及各別的性別決定方式。哺乳類的雌性為XX，雄性為XY，屬於「XY型」。鳥類與一部分爬行類的性染色體為「Z染色體」與「W染色體」，屬於「ZW型」。XY型方面，相同染色體對會形成雌性（XX），而ZW型方面，相同染色體對會形成雄性（ZZ）。此外還有一部分的爬行類是由孵化時的溫度決定性別，屬於「溫度型」。

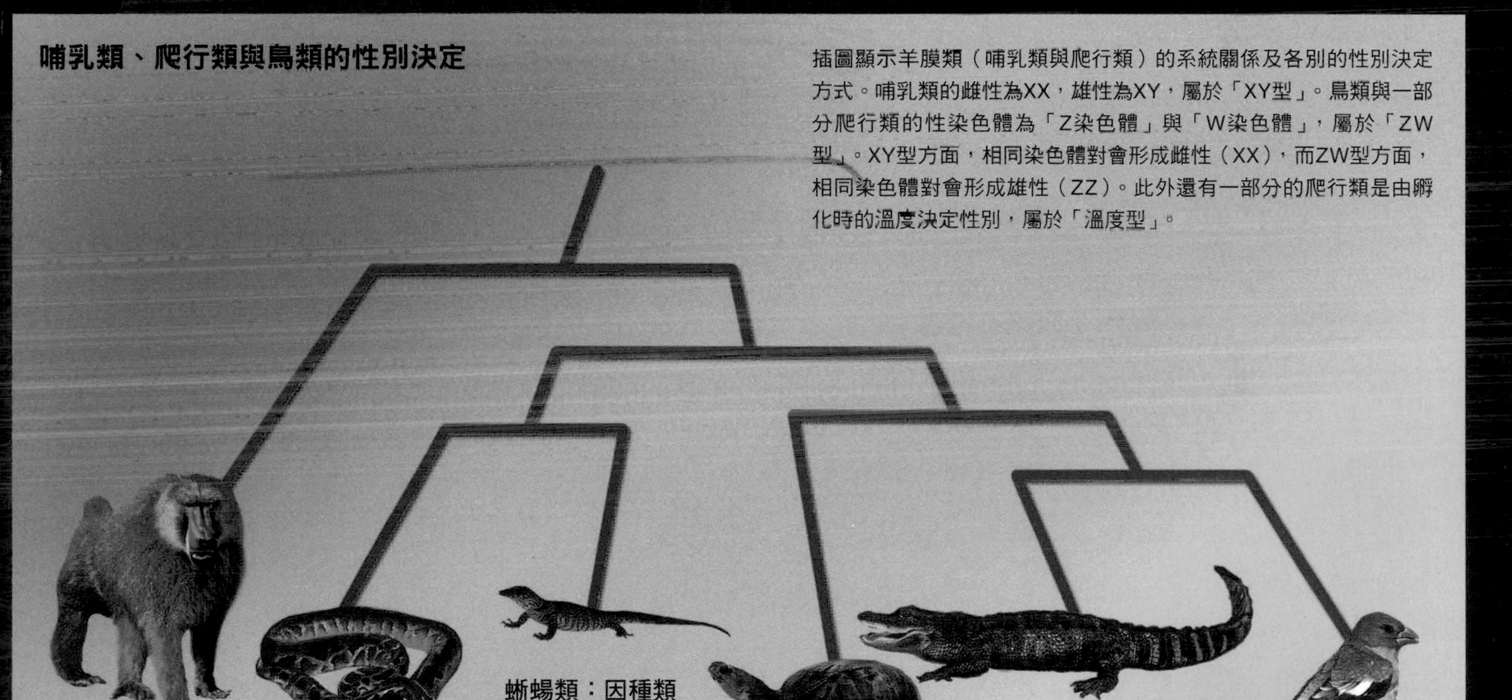
哺乳類：XY 型
（雌性 XX ／雄性 XY）
蛇類：ZW 型
（雌性 ZW ／雄性 ZZ）
蜥蜴類：因種類而不同，分別有溫度型、XY型、ZW型
龜類：因種類而異，分別有溫度型、XY型、ZW型
鱷魚類：溫度型
鳥類：ZW 型
（雌性 ZW ／雄性 ZZ）

SRY 基因

受精後 7 週內，胎兒身體尚無性別之分

人類的性別在受精卵形成的瞬間就已決定，但是胎兒在剛開始發育時，不會出現男性或女性的特徵。胎兒在受精後7週內，尚無男女的區別。

受精後8週左右才開始男女有別，擁有Y染色體的男性胎兒會發育出睪丸。另一方面，沒有Y染色體的胎兒（XX）不會發育出睪丸，而是在受精後12週左右發育出卵巢。

英國的古德費洛（Peter Goodfellow，1951～）博士團隊發現Y染色體上有一個基因，命名為「SRY」（sex-determining region of Y-chromosome，「意為Y染色體上性別決定的區域」）。後於1991年，同為英國

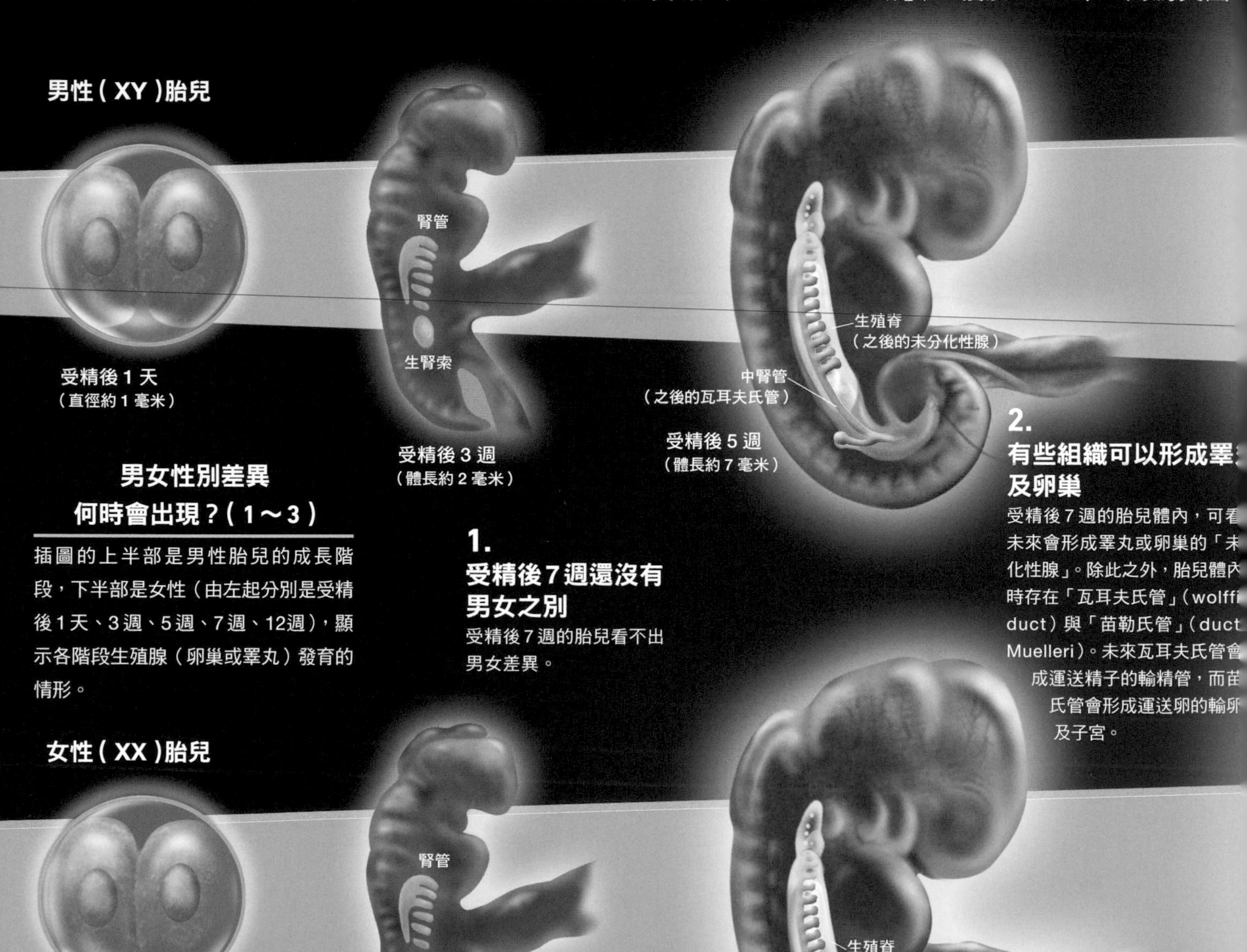

男性（XY）胎兒
腎管
生腎索
生殖脊
（之後的未分化性腺）
中腎管
（之後的瓦耳夫氏管）
受精後 1 天
（直徑約 1 毫米）
受精後 3 週
（體長約 2 毫米）
受精後 5 週
（體長約 7 毫米）
女性（XX）胎兒
腎管
生腎索
生殖脊
（之後的未分化性腺）
中腎管
（之後的瓦耳夫氏管）
受精後 1 天
（直徑約 1 毫米）
受精後 3 週
（體長約 2 毫米）
受精後 5 週
（體長約 7 毫米）

男女性別差異何時會出現？（1～3）

插圖的上半部是男性胎兒的成長階段，下半部是女性（由左起分別是受精後1天、3週、5週、7週、12週），顯示各階段生殖腺（卵巢或睪丸）發育的情形。

1. 受精後7週還沒有男女之別

受精後7週的胎兒看不出男女差異。

2. 有些組織可以形成睪丸及卵巢

受精後7週的胎兒體內，可看到未來會形成睪丸或卵巢的「未分化性腺」。除此之外，胎兒體內同時存在「瓦耳夫氏管」（wolffian duct）與「苗勒氏管」（ductus Muelleri）。未來瓦耳夫氏管會形成運送精子的輸精管，而苗勒氏管會形成運送卵的輸卵管及子宮。

人的羅維爾-貝吉（Robin Lovell-Badge）博士團隊進行了一項實驗，他們使用與人類似的小鼠「Sry基因」，並將其植入雌性小鼠的受精卵。於是，得到了驚人的發現：該受精卵發育出睪丸，性別轉換成雄性。故擁有Y染色體就會生出男性的原因，在於Y染色體含有決定睪丸發育的SRY基因。

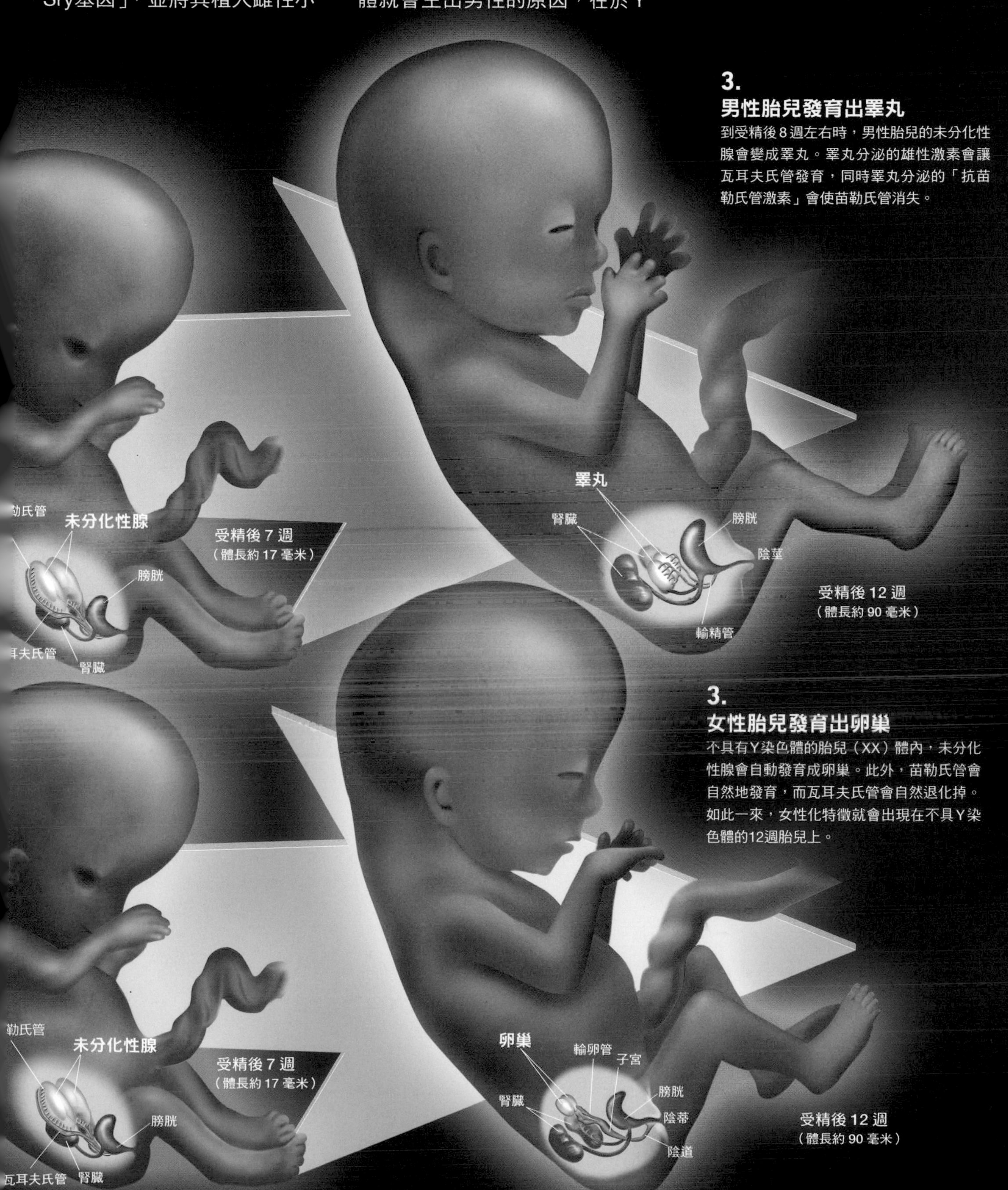

勒氏管
未分化性腺
受精後 7 週
（體長約 17 毫米）
膀胱
耳夫氏管
腎臟
睪丸
腎臟
膀胱
陰莖
受精後 12 週
（體長約 90 毫米）
輸精管
勒氏管
未分化性腺
受精後 7 週
（體長約 17 毫米）
膀胱
瓦耳夫氏管
腎臟
卵巢
輸卵管
子宮
腎臟
膀胱
陰蒂
陰道
受精後 12 週
（體長約 90 毫米）

3.
男性胎兒發育出睪丸

到受精後 8 週左右時，男性胎兒的未分化性腺會變成睪丸。睪丸分泌的雄性激素會讓瓦耳夫氏管發育，同時睪丸分泌的「抗苗勒氏管激素」會使苗勒氏管消失。

3.
女性胎兒發育出卵巢

不具有Y染色體的胎兒（XX）體內，未分化性腺會自動發育成卵巢。此外，苗勒氏管會自然地發育，而瓦耳夫氏管會自然退化掉。如此一來，女性化特徵就會出現在不具Y染色體的12週胎兒上。

也有會改變性別的生物

某些生物的性別並非終生不變，有時牠們會配合環境改變性別。這種「性轉變」（sex change）的行為在脊椎動物中，僅出現在魚類及部分的兩生類。魚類中會性轉變或雌雄同體的，約每100種會找到1種。性轉變在探究性究竟為何方面是很有趣的題材。

本頁插圖顯示產於夏威夷的隆頭魚及雙鋸魚類，作為性轉換魚類的代表。

隆頭魚分有自出生起就是雄性的「初級雄性」（primary male）及體型增長後進行性轉變，由雌性轉變為雄性的「次級雄魚」（secondary male）。

次級雄魚會與4～5隻的雌魚組成一夫多妻的家族。如果家族中的次級雄性死亡，則體型最大的雌魚就會性轉變成雄魚。

產生性轉變的契機，一般認為是在某個群體內，視覺上認為不存在比自己體型更大的個體，到處都是體型比自己小的個體，便透過體內製造的性激素作用發生性轉變。

生活於海葵周遭的雙鋸魚類，會由1隻雌魚與1隻雄魚，以及幼魚一起過群體生活。群體中體型最大的是雌性，這隻雌性會跟雄性配對形成一夫一妻，並進行繁殖。

但當雌魚死亡時，群體中的雄魚會性轉變成雌魚，而其中一隻幼魚會性成熟變成雄魚，並與雌魚配對進行繁殖。目前已知雙鋸魚類的性轉變也是透過性激素的作用而發生。

雌變雄，雄變雌。會性轉變的魚種

夏威夷產的「杜佩錦魚」（*Thalassoma duperrey*）是一種隆頭魚，大型的雄魚會在珊瑚礁周圍劃出自己的領地。要產卵時，雄魚會與另1隻雌魚游上水面，雌性釋出卵，雄性釋出精子來進行受精。當這隻雄魚死亡時，族群中最大的雌魚會性轉變成雄魚。

插圖前方是一群雙鋸魚類的族群。雙鋸魚類的雌魚體型較雄魚大。雙鋸魚類跟隆頭魚相反，會由雄魚變成雌魚。

雌性雙鋸魚

雄性雙鋸魚

幼魚

動物轉換性別的案例
水蚤
卵巢
卵
雌
環境良好時
孤雌生殖
雌
幼體
雌
環境惡化時
產下休眠卵 雌
雌
轉換
產卵
休眠卵
轉換
交配
產下雄性 雌
孤雌生殖
雄
雞
卵巢
雌 性染色體 ZW
睪丸
性轉變成公雞的母雞，
性染色體為 ZW
睪丸
雄 性染色體 ZZ
隆頭魚的
次級雄魚
隆頭魚的雌魚
隆頭魚的受精

（上圖）水蚤為了要渡過環境變化，會改變生殖方法。環境良好時，雌蟲進行孤雌生殖，產下雌性子代。當環境惡化時，雌蟲有二種轉換機制，一種是變成會生產「休眠卵」的雌蟲，另一種是變成會生產雄蟲的雌蟲。當會生產休眠卵的雌蟲與雄蟲交配後，就能得到休眠卵。休眠卵中有 2 個胚，能耐乾燥及耐凍達數月～數年。當環境好轉時，休眠卵會變成 2 隻雌蟲，並透過孤雌生殖爆發性地增殖。

（下圖）雞在自然狀態下不會改變性別，但是經人工處理，使受精第 5 天後受精卵中的雌性激素無法作用時，遺傳上母雞會性轉變成公雞。

植物也會性轉變

目前已知天南星科天南星屬有會性轉變的植物，會在春天～初夏開花。日本林地中最容易找到的是細齒南星（*Arisaema serratum*）及浦島天南星（*Arisaema urashima*）。

天南星屬的物種會在地下形成鱗莖，鱗莖大小會影響當年花朵的性別。

鱗莖還很小時，個體不會開花。長到一定大小時，會開出雄花；當長得更大時，會開出雌花。若營養狀態變差，或是鱗莖變小的話，就會再度開出雄花。

為何演化出性別

性別是為了混合不同的基因

與無性生殖及孤雌生殖相比，有性生殖顯然「麻煩」很多，然而多數生物還是繼續保有有性生殖的機制。性別究竟是為了什麼而存在的呢？

首先可以肯定的是，性別是「為了混合不同的基因」。除了部分例外，通常無性生殖及孤雌生殖都不會混到來自其他個體的基因。那麼，生物又為什麼必須混合不同的基因呢？

根據目前科學家的研究結果推測，混合基因是**「為了抵抗寄生物」**。寄生物是指病原體，包括細菌及病毒。

舉例來說，若某個生物的族群（population）中，所有個體的基因體都完全相同。當一個有害的寄生物成功寄生在該生物上時，族群就會受到很大的傷害。但要是族群中有基因型不同的個體，該個體就有可能不受損害。

基因體的多樣性可防止物種滅絕

物種與物種間自然有不同的基因，不過相同種類的族群間及個體間，也有基因上的差異。生命歷史截至目前，生物之所以沒有被寄生物滅絕，可說是因為有基因體多樣性的緣故。

此外，會持續產生變異的不只有我們。寄生物的基因體也經常在改變，偶爾會產生能感染人類的新型寄生物，例如「新型病毒」等，就有可能會引起大規模感染。

若我們對寄生物沒有抵抗力，在寄生物的反覆攻擊下，大概無法生存吧。透過基因重組，不斷地產生有變異的個體，才能生存下來。**不論是寄生物還是我們，都必須持續產生變異才能活下來。以人類來說，產生變異的機制就是「性別」**。也可以把這想成是許多基因「彼此結盟」，製造出新的基因組合，來抵抗寄生物的一種策略。

若基因變異會水平傳遞，則沒有性別也可產生變異

無性生殖與孤雌生殖中，基因不會產生變異。但是，這些生殖方式的基因變異不是由親代傳給子代的「垂直傳遞」，而是由個體間的「水平傳遞」來混合基因，此現象稱為「基因水平轉移」（horizontal gene transfer）。

基因水平轉移普遍發生於細菌。細菌會彼此緊貼來交換基因，或是靠寄生於細菌的病毒來運送基因。蛭形輪蟲（詳見第92頁）也會發生水平轉移。因為調查蛭形輪蟲的DNA後，發現上面出現了細菌、真菌及植物基因的痕跡。這種水平轉移會使沒有性別的生物基因體多樣化，提高其存活率。

column2

男孩子較像母親，女孩子較像父親，是真的嗎？

常聽到別人說：「因為是男孩子，果然會比較像媽媽。」經常聽到男孩子較像母親，女孩子較像父親的說法。這個說法有科學上的根據嗎？

跟性別有關的基因位在性染色體上。性染色體有2種，為X與Y，擁有2條X的是女性（XX），分別擁有1條X跟1條Y的是男性（XY）。

由此可發現，男性所擁有的性染色體XY中，因為Y只能從父親獲得，所以X必定來自母親。

X染色體、Y染色體及其遺傳機制

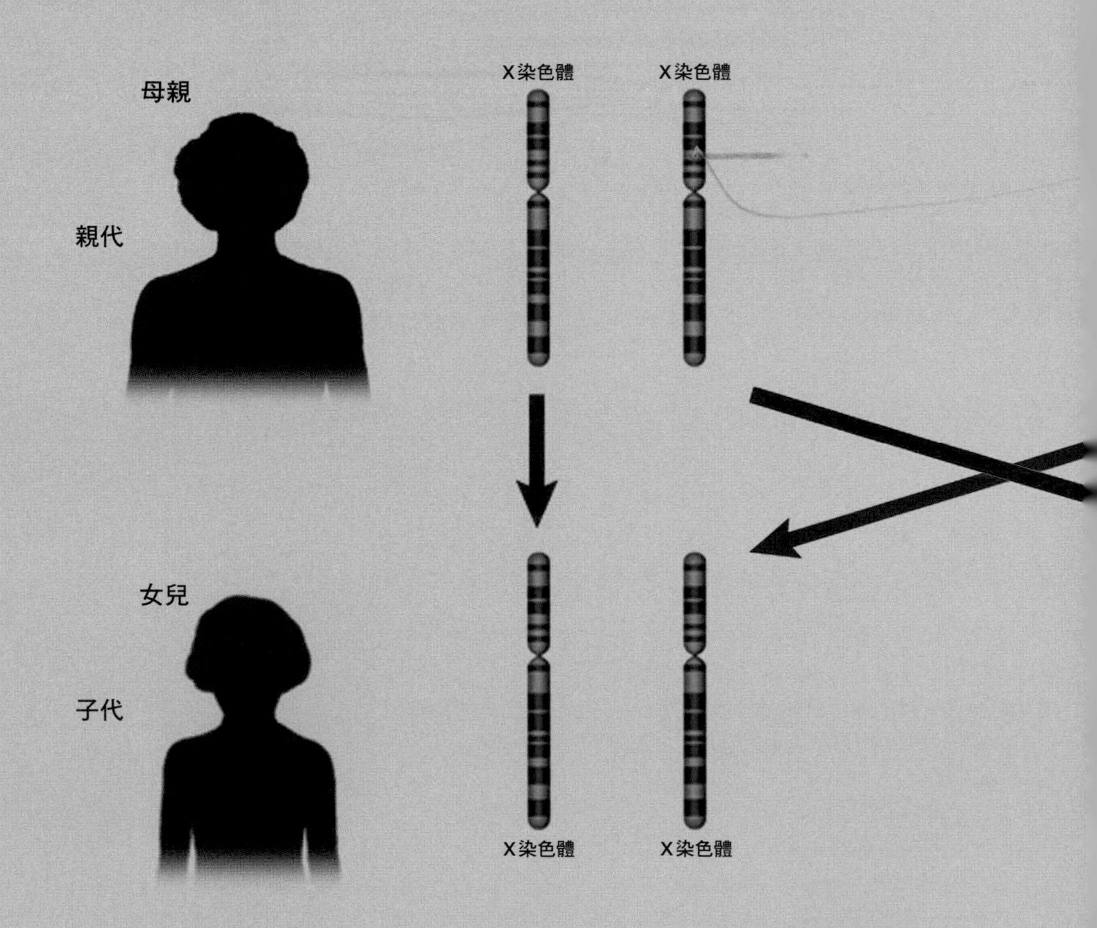

母親
親代
X染色體
X染色體
女兒
子代
X染色體
X染色體

再說，男性的X無法傳遞給兒子。因為當父親傳遞X，母親也傳遞X給小孩，合起來變成XX，就會生出女兒。因此，男性的X必定會傳給女兒。

統整一下上述現象，若僅討論X染色體基因的話，可得出下列二條定律。

1. 兒子的基因來自母親
2. 父親的基因會傳給女兒

遵循這些定律的遺傳案例，為位於X染色體上的血友病帶原基因，這種遺傳稱為「性聯遺傳」（sex-linked inheritance）。

但是，以臉型來說，決定人類臉部特徵的不只有X染色體的基因，還跟其他許多染色體上的基因有關。整體而言，一個人所擁有的基因有完整的一半繼承自母親，另外完整的一半繼承自父親，所以父親與母親的影響是相等的。因此，男孩子較易像母親，女孩子較易像父親在科學上是沒有根據的。

會有這樣的誤解可能是因為當母親與女兒，或是父親與兒子的臉型很像時，大家會因為是同性別而視為理所當然，但如果說父親與女兒很像，或母親與兒子很像時，就會對不同性別卻長得很像感到意外，較容易給人留下印象，所以才會這樣說吧！

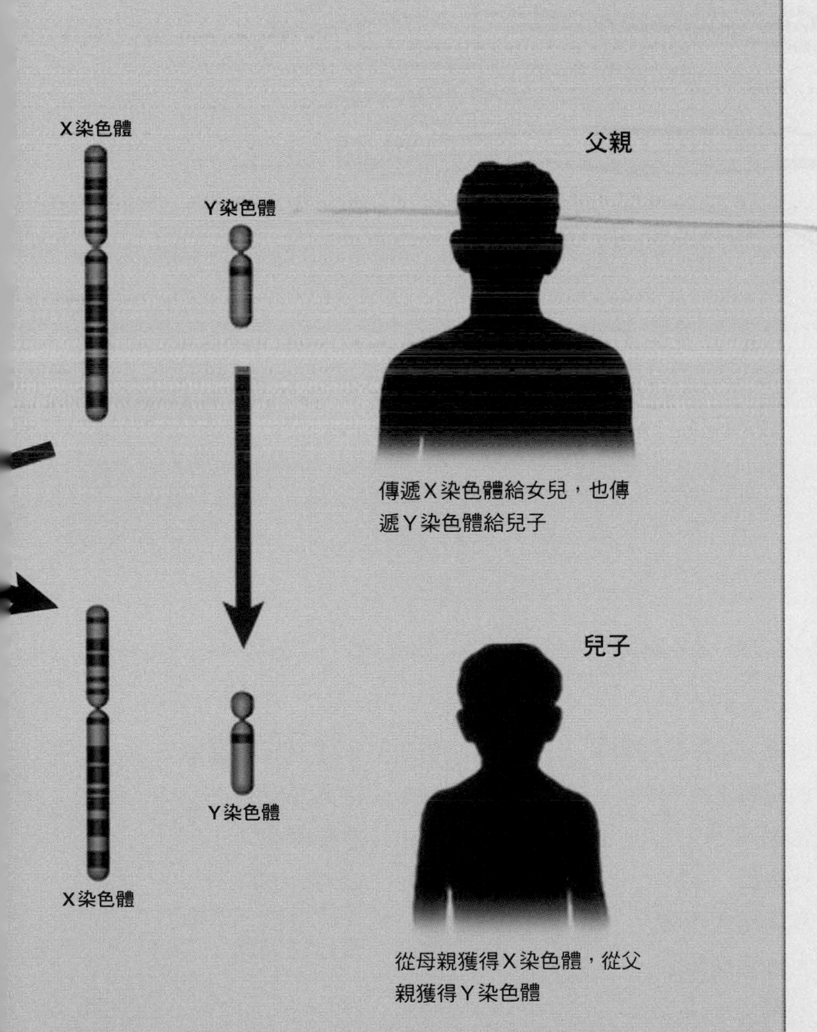
X染色體
Y染色體
父親
兒子
Y染色體
X染色體

傳遞X染色體給女兒，也傳遞Y染色體給兒子

從母親獲得X染色體，從父親獲得Y染色體

兒子的X染色體必定繼承自母親，父親的X染色體必定傳遞給女兒，但……

經常聽到人家說男孩子較像母親，女孩子較像父親。性染色體有2種組合，分別是男性的XY與女性的XX，若把焦點放在X染色體的遺傳方式來看，男孩子的X染色體必定來自母親，而父親的X染色體一定會傳給女兒，不會傳給兒子。但是，以整套46條染色體而言，不論男孩子或女孩子，都擁有父母親各半的基因。因此，「男孩子較像母親，女孩子較像父親」在科學上是沒有根據的。

演化與生態系

生命的歷史等同於祖先衍生出來的演化歷史。回溯演化歷史，就能找到生命的起源，這個做法稱為「系統分類」。第5章要討論生命是如何演化而來。

此外，地球上可見到草原及森林等多種植被，各處建立著許多不同的生態系。一起來認識代表生物多樣性的生態系。

108 基因庫
110 哈溫平衡
112 突變
114 天擇
116 性擇
118 遺傳漂變
120 基因流動
122 達爾文《物種起源》
124 適應輻射
126 化學演化
128 藍綠菌
130 寒武紀大爆發
132 大滅絕與繁盛
134 人類
136 食物網與能量流
138 生態系
140 全球暖化
142 Column3 不斷貼近生活的基因體編輯

監修　田沼 靖一

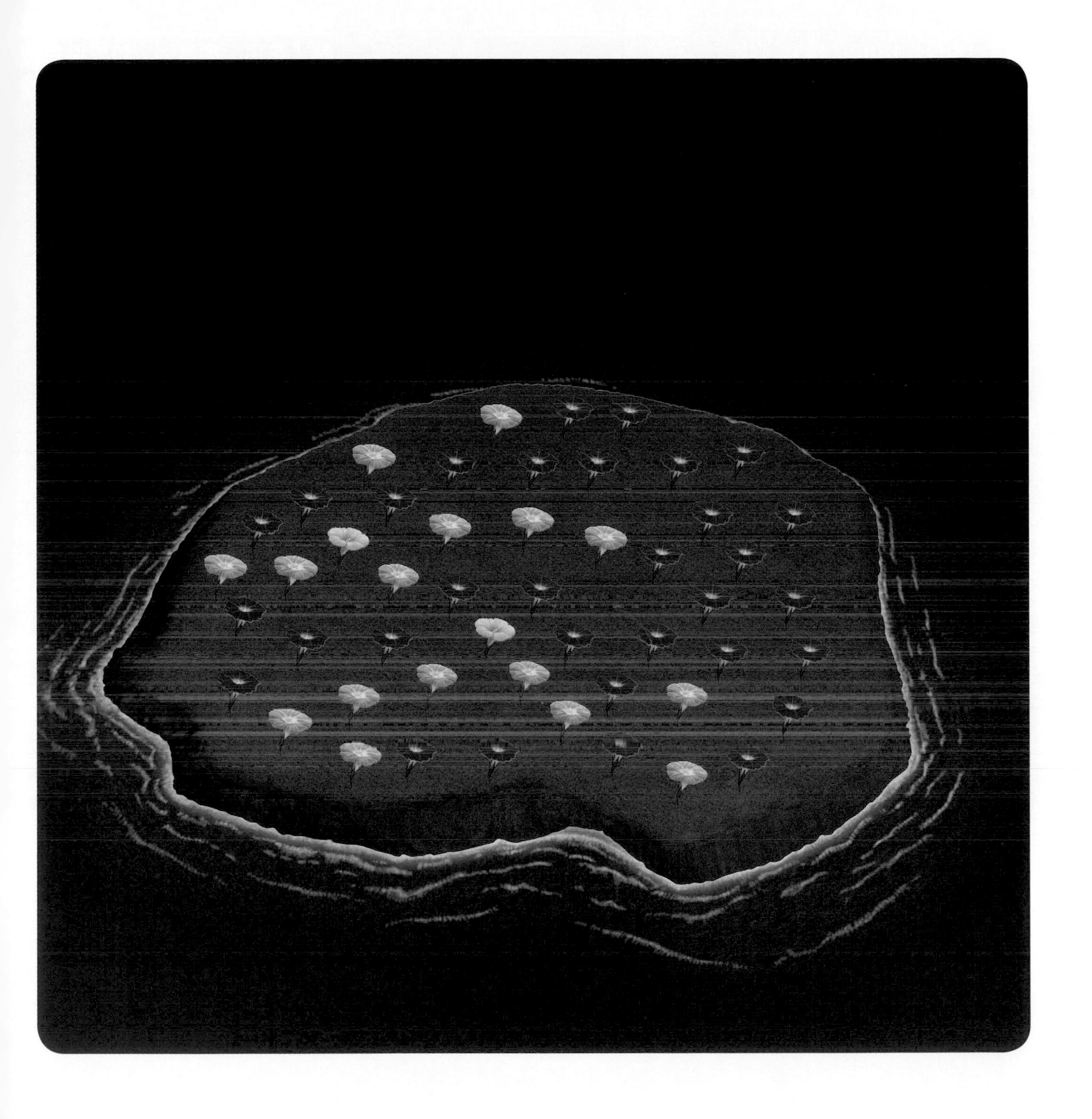

將生物族群視為基因族群

達爾文（Charles Darwin，1809～1882）撰寫《物種起源》的那個年代（詳見第120頁），還沒出現孟德爾定律，演化機制方面還沒有人提出基因的觀念。而到了現代，生物演化換句話說，是**某生物族群的基因組成產生變異。**依序來看以下範例。

下圖是開有3種花色的虛構島嶼。紅色的花有32朵，粉紅色的花有16朵，白色的花有2朵。

假設花色是由基因決定的。**控制紅色的基因為「R」，控制白色的基因為「r」。R與r都是控制「花色」的基因，位於染色體的相同位置，這種基因稱為「等位基因」（allele）。**

植物也跟我們一樣有2套染色體，所以等位基因會形成RR、Rr及rr等3種型態（基因型）。

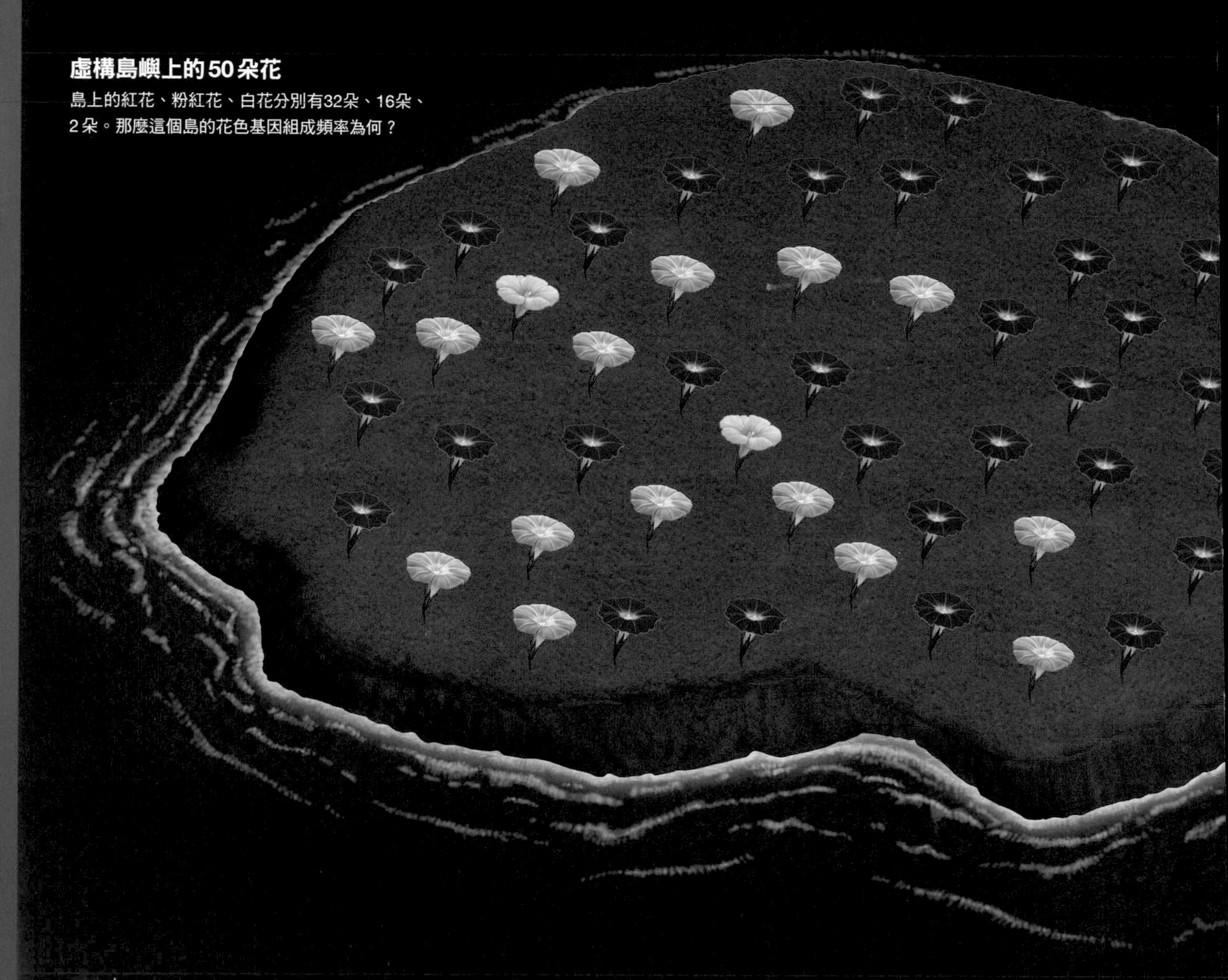

虛構島嶼上的50朵花

島上的紅花、粉紅花、白花分別有32朵、16朵、2朵。那麼這個島的花色基因組成頻率為何？

而且，假設這裡的花朵不完全依照孟德爾的顯性律作用，所以擁有Rr的花色是中間型的粉紅色。

那麼這些花的族群的基因組成又是如何呢？因為「RR：Rr：rr＝32：16：2」，所以計算後可得「R：r＝80：20」。也就是說，**將這個族群的花色等位基因全部打散再集合時，其中會有80%是R，20%是r**。

這個R與r各占的百分比，稱為「基因頻率」（gene frequency）。又章開頭提到演化是基因組成產生變異，不過嚴格來說，是指「族群的基因頻率產生變化」。那基因頻率要如何產生變化呢？這個問題將在下頁討論。

另外，為了方便說明，這裡只討論花色的等位基因，不過如果要正確瞭解族群的基因組成，需要調查清楚族群所有生物的等位基因。**族群的所有等位基因稱為「基因庫」（gene pool）。**

此外，要顯示某族群的基因頻率時，可以將異色球放入袋中來模擬（下圖）。這時需將紅色球與藍色球放入袋中，分別代表R與r。

花色與等位基因的關係

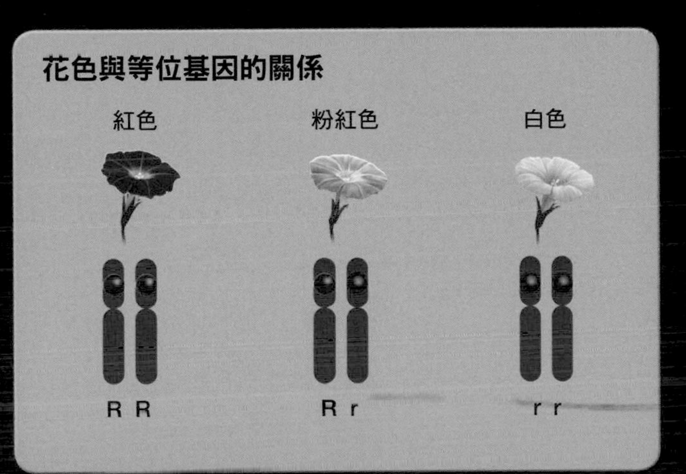
紅色
粉紅色
白色
R R
R r
r r

族群中的R與r分別占了多少比例？

假設紅花的基因型為「RR」，粉紅花為「Rr」，白花為「rr」，且花朵數比例為32：16：2時，族群中的R與r所占比例是多少呢？依照以下方式計算，可知R占了100中的80，r占了100中的20。這個80%（0.8）與20%（0.2）的數字分別是R與r的「基因頻率」。

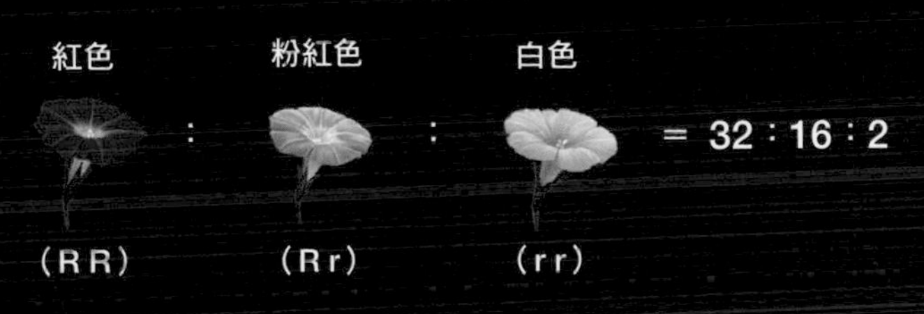
紅色
粉紅色
白色
= 32：16：2
（RR）
（Rr）
（rr）

$$R : r = (32 \times 2 + 16) : (16 + 2 \times 2)$$
$$= 80 : 20$$

等位基因R的基因頻率	等位基因r的基因頻率
$\frac{80}{100} = 80\%$	$\frac{20}{100} = 20\%$

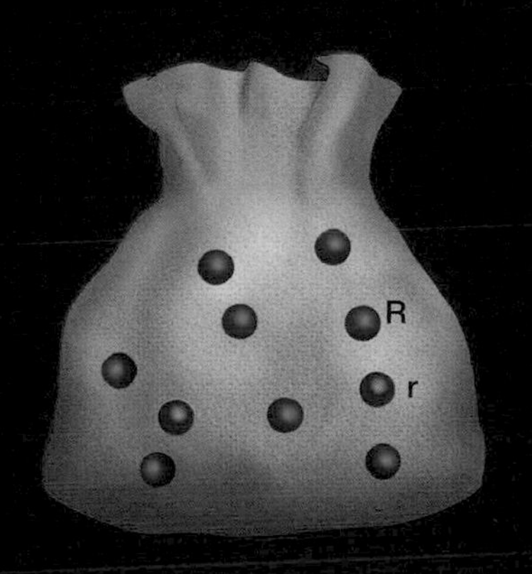
R
r

將R球與r球放入袋中便能模擬基因頻率

R與r的基因頻率分別是80%與20%，在左邊的袋中放入與之相同比例的R球與r球便能模擬基因頻率。在不看袋內的情況下抽出1顆球時，抽到R球的機率是80%。這個機率等於某時刻在左頁島上採集紛飛的花粉（精細胞），且該花粉為R基因的機率。

哈溫平衡

只要滿足5個條件，生物就不會發生演化

接續前頁，來繼續討論3種顏色的花族群。這個花族群的基因頻率為R：r＝80%：20%。當這個族群內的個體彼此交配時，下一代的基因組成會如何變化呢？

從這個族群中隨機採樣一粒花粉（含精細胞）時，該基因為R或r的機率分別是80%與20%，位於雌蕊中的卵細胞也是一樣。當帶有這種機率的精細胞與卵細胞交配時，產生的下一代花色比例為紅：粉：白＝64%：32%：4%（參考下圖水藍色方框）。實際上跟親代的比例完全相同（親代的個體數比為紅：粉：白＝32：16：2）。

也就是說，子代的基因頻率也

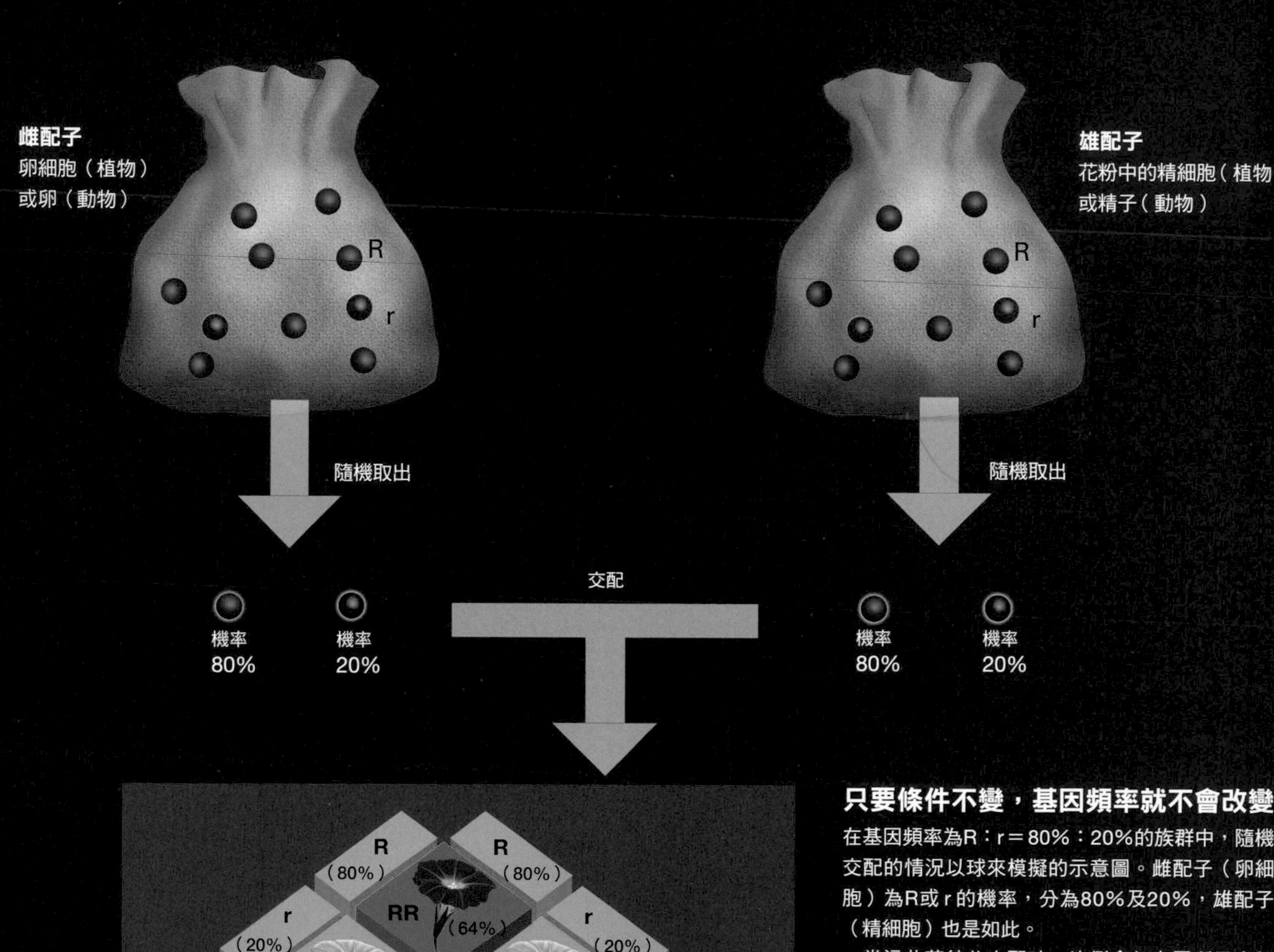

雌配子
卵細胞（植物）
或卵（動物）
R
r
雄配子
花粉中的精細胞（植物
或精子（動物）
R
r
隨機取出
隨機取出
交配
機率
80%
機率
20%
機率
80%
機率
20%
R
（80%）
R
（80%）
RR
（64%）
r
（20%）
r
（20%）
Rr
（16%）
Rr
（16%）
rr
（4%）
：
：
＝64%：32%：4%
（RR）
（Rr）
（rr）
R：r＝80%：20%

只要條件不變，基因頻率就不會改變

在基因頻率為R：r＝80%：20%的族群中，隨機交配的情況以球來模擬的示意圖。雌配子（卵細胞）為R或r的機率，分為80%及20%，雄配子（精細胞）也是如此。

當這些花彼此交配時，比例會如左圖所示之紅（RR）：粉（Rr）：白（rr）＝64%：32%：4%。從這個比例計算基因頻率時，還是一樣R：r＝80%：20%。只要袋中的球比例不變，且為隨機抽取，這個比例就不會改變，意即不會發生演化。

是R：r＝80%：20%。**即使一直反覆交配下去，這個比例也不會改變。這意味著族群會保持原樣不發生演化，生物學上稱這種狀態為「哈溫平衡」（Hardy-Weinberg equilibrium），**是由英國的數學家哈地（Godfrey Hardy，1877～1947）與德國的醫生溫伯格（Wilhelm Weinberg，1862～1937）各自獨立發現的定律。

哈溫平衡不會永遠都成立，而是有條件的。舉例來說，左頁的袋中若增加1顆藍球會發生什麼事？可以想像得到基因頻率似乎會變化。或是，看著袋中並選擇性地取出藍球又會如何呢？也會聯想到基因頻率會變化。

成立哈溫平衡需滿足以下五個條件。

（1）不會發生突變（mutation）
（2）不會發生天擇（natural selection）
（3）隨機交配（panmixia）
（4）不會發生遺傳漂變（genetic drift）
（5）沒有基因的交流

接下來，至下一頁分別驗證每一個條件。

基因頻率不改變的五個條件

使用從袋中取出球再配對的模型，來達到哈溫平衡的條件如圖所示。只要這其中有一項不成立，就會發生演化。

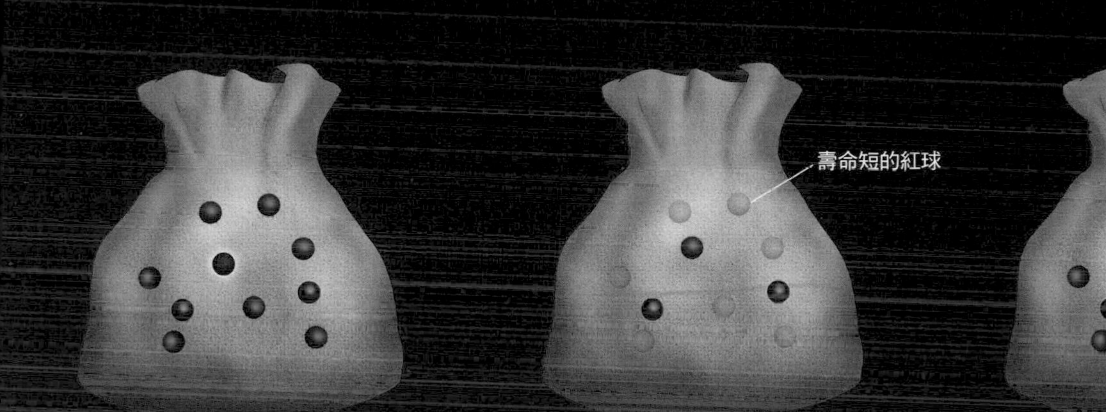

壽命短的紅球
看著球選擇

條件1. 不會發生突變
如果紅球突然變成別的顏色（上圖中的黃色），顯然基因頻率會改變。「突變」會於第112頁討論。

條件2. 不會發生天擇
若紅球比藍球容易壞掉（壽命較短），顯然基因頻率會改變。「天擇」會於第114頁討論。

條件3. 隨機交配
當看著袋中選球時，就不是隨機選球了，此時可預估基因頻率會改變。「性擇」（詳見第116頁）即為此機制。

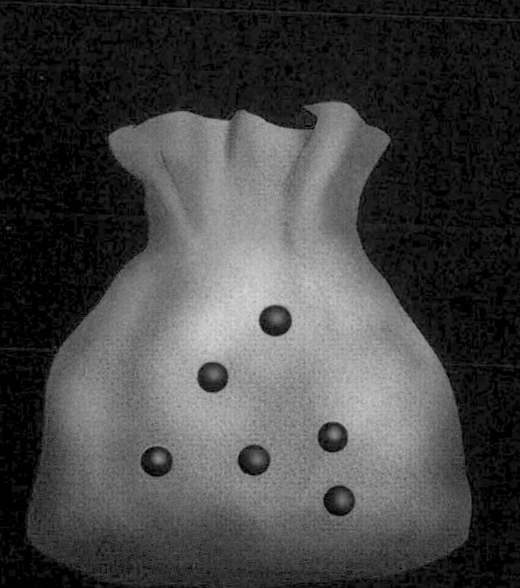

條件4. 不會發生遺傳漂變
若只將少數的球放入袋中，而非放入全部的球，那抽到的球色比例就有可能產生偏差，顯然基因頻率會改變。這種情況稱為「創始者效應」，是「遺傳漂變」（詳見第118頁）的一種。

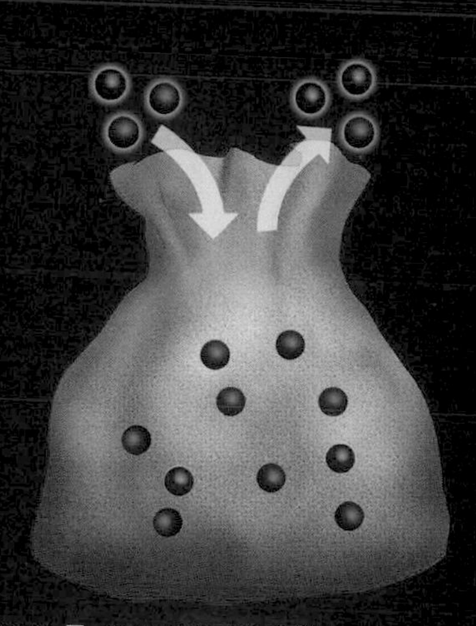

條件5. 沒有基因的交流
將球從袋中取出，放入來自別處的球時，顯然基因頻率會改變。「基因交流」會於第120頁討論。

突變

基因有時會突變

細胞分裂在複製DNA時，發生複製錯誤的情況非常罕見。存在於自然界的放射線及化學物質有時也會傷害DNA。碰到上述情況，雖然DNA的修復機制會啟動，但並不保證能100%完全修復，**有時會將改寫過的DNA傳給下一代，這個現象稱為「突變」**。突變可能會使族群的基因頻率改變。

具體來看一下DNA是如何被改寫的。

首先鹼基有「取代」（substitution）、「插入」（insertion）與「缺失」（deletion）的情況。取代是將已寫好ATGC鹼基序列的其中1個鹼基換掉；插入是數個鹼基序列插入原本的鹼基

各種突變方式 左右頁是發生在基因體上的多種突變範例示意圖。

A T C C A T G C C T

原本的鹼基序列

取代 A被換成了G

A T C C G T G C C T

插入 T與C之間插入了A與G

A T A G C C A T G C

缺失 C與T之間的A遺失，前後接合不留空隙

A T C C T G C C T

序列中；缺失是原本的鹼基序列中失去數個鹼基後，前後接合不留空隙。

基因有時會整個在基因體中移動，這種會移動的基因稱為「轉位子」（transposon）。當轉位子的目的地有另一個基因並插入其中後，那個基因便會被破壞而失去功能。

此外，有時候一個基因會複製為二份，這種情況稱為「基因重複」（gene duplication）。不只是基因，有時候連整個基因體都有可能倍增，則稱之為「基因體重複」。

移動的基因（轉位子）

當基因A（轉位子）插入基因B之間時，基因B會喪失功能。

A
B
基因A（轉位子）
基因B
B1
A
B2
基因B被破壞
基因A在基因體中移動

基因重複

基因A複製成二份。

A
基因A
A
A'
基因A
基因A的複本

基因體重複

整個基因體（所有的染色體）倍增。

染色體A
染色體C
染色體A
的複本
染色體B
的複本
染色體C的複本
染色體A
染色體B
染色體C

突變造成演化的實例

鐮刀形紅血球對瘧疾有抗性（抵抗力）。瘧原蟲會寄生在紅血球上，不過在擁有鐮刀形紅血球的人體上卻難以大量增殖。因此，在有瘧疾蔓延的熱帶地區，若各帶有一條普通基因與一條突變基因會更利於生存。而且，非裔美國人中擁有突變基因的比例（基因頻率）少於非洲人，一般認為這是因為抵抗瘧疾對於在美國生存沒有幫助。這可謂突變與天擇造成演化（基因頻率的變化）的實例。

正常的紅血球

正常血紅素基因的鹼基序列

…TCCTGAGGAG…

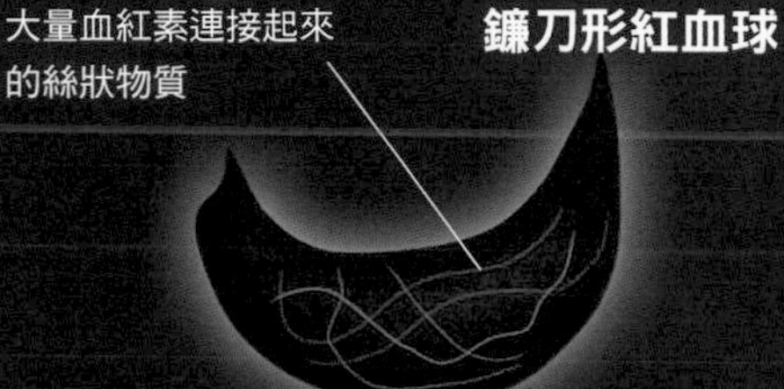

大量血紅素連接起來的絲狀物質

鐮刀形紅血球

血紅素基因突變後的鹼基序列（將A換成T）

…TCCTGTGGAG…

天擇 大自然會「選出」利於生存的鳥喙

本頁插圖是加拉巴哥群島上可見到的鳥類：一群有親緣關係的「雀鳥」。現在群島上仍棲息著許多種鳥類，不過一般認為這些雀鳥皆演化自同一祖先。

雀鳥的祖先在約200萬年前來到加拉巴哥群島。加拉巴哥群島由好幾個島構成，每個島上的雀鳥主食相異。例如某個島上的樹木堅果很豐富，所以擁有堅硬鳥喙，能破壞堅果外殼的個體較容易存活下來，並繁殖下一代，因此那個島上擁有堅硬鳥喙的雀鳥在族群內的比例會逐漸增加。

像這樣因**擁有特定遺傳特徵而提高生存率及繁殖力**的過程，稱為「天擇」（natural selection）。當出現天擇時，族群的基因頻率就會改變。換句話說，族群會發生演化，而且經過的時間愈長，天擇下的生物會演變成更適應當地環境的形態。**在天擇之下，加拉巴哥群島演化出了鳥喙型態各不相同的達爾文雀。**

1. 綠鶯雀
Certhidea olivacea
以昆蟲為主食。

2. 尖嘴地雀
Geospiza difficilis
以植物為主食。地棲型雀鳥

13. 紅樹林樹雀
Cactospiza heliobates
以昆蟲為主食，擁有銳利的鳥喙。
樹棲型雀鳥。

費爾南迪納島

12. 鴷形樹雀
Cactospiza pallida
以昆蟲為主食，擁有銳利的鳥喙，會銜住仙人掌的刺，伸入樹洞掏出昆蟲來吃。樹棲型雀鳥。

伊莎貝拉島

11. 中樹雀
Camarhynchus pauper
樹棲型雀鳥。

10. 大樹雀
Camarhynchus psittacula
以昆蟲為主食，會吃葉子背面的昆蟲。樹棲型雀鳥。

加拉巴哥群島的雀鳥

加拉巴哥群島由好幾個島構成，共棲息著14種雀鳥，這些雀鳥又稱為「達爾文雀」。插圖顯示了其中的13種，另1種「灰鶯雀」是最近鑑別為新種的雀鳥。此外，距離加拉巴哥群島700公里遠的科科斯島也有達爾文雀的近親物種居住，名為「科科斯島地雀」，有時會將牠歸納在達爾文雀中。

數十種的雀鳥棲息在加拉巴哥群島的各個島嶼上。有的雀鳥只棲息於一個島上，有些則廣泛分布於多個島嶼。

達爾文雀的演化系統關係樹
一般認為，棲息於加拉巴哥群島的數
十種雀鳥是在約200萬年前，由單一
共同祖先分支演化而來。
大嘴地雀
勇地雀
紅樹林樹雀
小地雀
鴷形樹雀
大仙人掌地雀
中樹雀
尖嘴地雀
大樹雀
植食樹雀
小樹雀
仙人掌地雀
科科斯島地雀
地雀
綠鶯雀
樹雀
共同祖先
約200萬年前來到
加拉巴哥群島。
大仙人掌地雀
Geospiza conirostris
以植物為主食，會吃圓扇仙人掌
的花。地棲型雀鳥。
4. 仙人掌地雀
Geospiza scandens
以植物為主食。地棲型雀鳥。
塔島
馬切納島
赫諾韋薩島
聖地牙哥島
聖菲島
聖克魯斯島
聖克里斯托巴島
弗雷里安納島
艾斯潘諾拉島
5. 勇地雀
Geospiza fortis
以植物為主食。地棲型雀鳥。
6. 小地雀
Geospiza fuliginosa
以植物為主食。地棲型雀鳥。
7. 小樹雀
Camarhynchus parvulus
以昆蟲為主食。樹棲型雀鳥。
9. 植食樹雀
Platyspiza crassirostris
以植物為主食。地棲型雀鳥。
8. 大嘴地雀
Geospiza magnirostris
以植物為主食，鉗子般的鳥喙
會破壞堅果。地棲型雀鳥。

性擇

雄性與雌性的繁殖策略會誕生多樣化的姿態

長尾巧織雀雌鳥的異性間選擇實驗

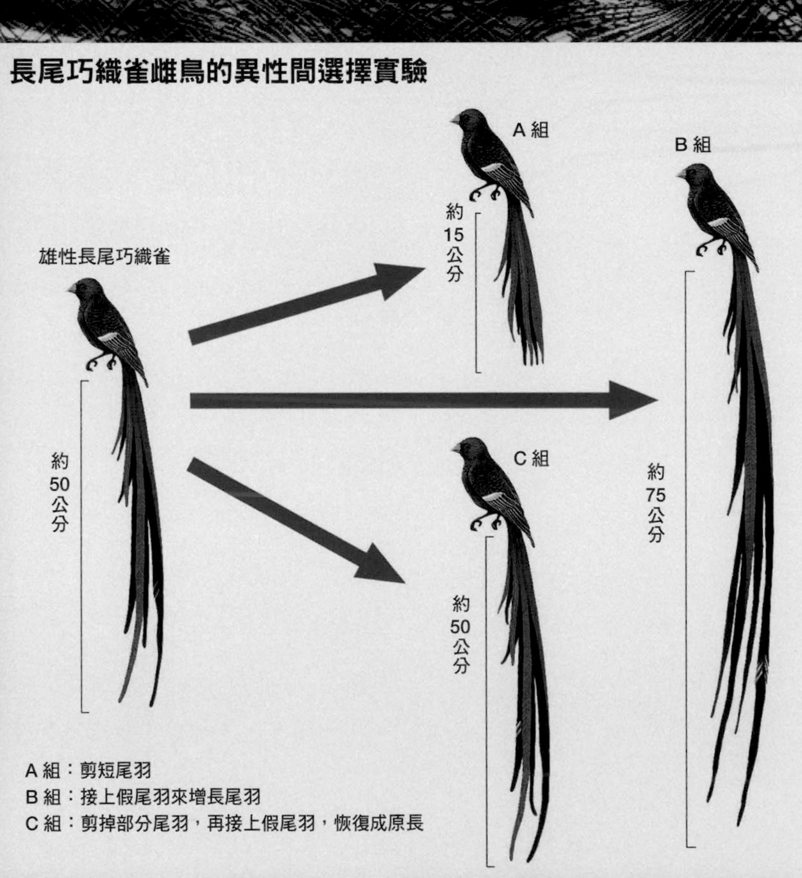

雄性長尾巧織雀
約50公分
A組
約15公分
B組
約75公分
C組
約50公分
A組：剪短尾羽
B組：接上假尾羽來增長尾羽
C組：剪掉部分尾羽，再接上假尾羽，恢復成原長

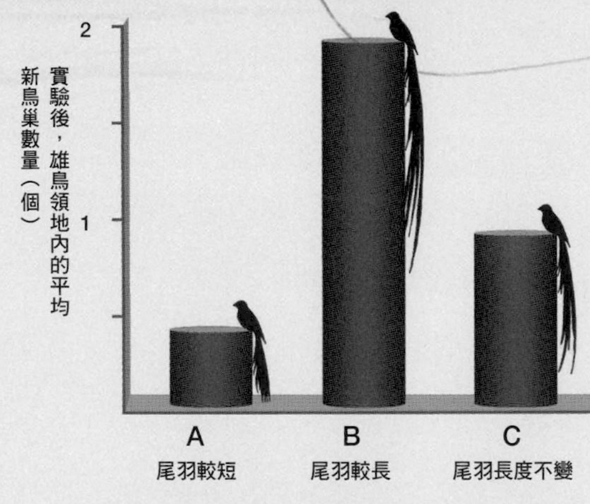

實驗後，雄鳥領地內的平均新鳥巢數量（個）
2
1
A
尾羽較短
B
尾羽較長
C
尾羽長度不變

長尾巧織雀的雄鳥一到繁殖期時，就會增長尾羽向雌鳥求偶。將實驗用的長尾巧織雀分成三組：**A**組剪短尾羽；**B**組先剪短尾羽，再接上更長的假尾羽；**C**組先剪短尾羽，再接回原長。之後觀察這些個體分別會跟幾隻雌鳥交配。**C**組是用來觀察剪去尾羽本身造成的影響。實驗結果顯示，尾羽加工前，各組的交配數都差不多，但在尾羽加工後，長尾羽組別的交配數明顯增加了。

上圖是安德森使用長尾巧織雀來研究異性間選擇的實驗。透過這項實驗，證明了雌鳥有異性間選擇的行為。

如果生物選擇配偶時，是隨機交配，不考慮對方的外貌與個性時，生物中的雌雄個體外觀應該不會產生差異。但是，如果雌鳥偏好羽毛華麗的雄鳥，則雄鳥羽毛會在數個世代後變得更加華麗。因為這樣的羽毛會吸引更多的雌鳥，產下更多的子孫。

那麼，**為什麼雌鳥會對外觀產生偏好呢？其中一個假說是雌鳥會選擇擁有優良基因的雄鳥，而優良基因會反映在性狀。**雌鳥若選擇代表有優良基因性狀的雄鳥，則其後代在生存與繁殖上會比較有利。於是一旦喜好與被喜好的關係成立時，只要一直維持這種關係，雌鳥都會選擇特定的雄鳥。

配偶數或受精數的差異所引起的變化，稱為「性擇」（sexual selection）。**擁有雌鳥偏好外貌的雄鳥，以及比其他雄鳥強壯的雄鳥，可以讓較多的配子受精，因而造成族群中基因頻率產生變化**，也就是發生演化。這就是雄孔雀擁有華麗羽毛的原因。

彼此競爭的雄性，選擇配偶的雌性

達爾文是第一個試圖闡明性擇機制的人。他認為性擇有2種，第1種是「同性競爭」（homosexual competition），第2種是「異性間選擇」（intersexual selection）。海獅及鹿的雄性個體彼此間會為了雌性個體發生激烈的打鬥，這就是「同性競爭」；而雌孔雀會觀察雄孔雀的裝飾羽、舞姿及叫聲來選擇的行為就是「異性間選擇」。在達爾文提出假說的100多年後，才於1982年證明異性間選擇確實屬實。

動物行為學家安德森（Malte Andersson）進行了異性間選擇的實驗，他使用棲息於東非的「長尾巧織雀」（*Euplectes progne*）作為實驗動物。這種鳥的雄鳥一到繁殖期時，部分尾羽會增長至50公分左右，並於飛翔時抖動尾羽來向雌鳥求偶。

安德森進行了改變雄鳥尾羽長度的實驗（如左頁所示），發現與長尾羽雄鳥交配的雌鳥明顯多於與短尾羽雄鳥交配的雌鳥。也就是說，雌鳥對雄鳥的尾羽長度有選擇性，牠們會選擇長尾羽的雄鳥。

遺傳漂變

小族群易因偶發事件改變基因頻率

本頁的照片是棲息於北非草原的「草原榛雞」(*Tympanuchus cupido*)。美國伊利諾州在1800年代前，整個州棲息著數百萬隻草原榛雞。但是1900年代之後，牠們失去了棲息地，數量銳減，1993年時整個州僅剩下不到50隻。

這個只剩下50隻個體的草原榛雞出現了卵孵化率低落的問題。跟棲息於其他州族群較大的草原榛雞相比，伊利諾州的草原榛雞孵化率不到50%。究竟發生了什麼事呢？

科學家研究表示，這個僅剩下50隻的小族群失去了許多曾存在於大族群內的等位基因。遺傳多樣性大幅減少，加上使卵孵化率低落的有害基因似乎在族群內擴散。

原本很大的族群在某些原因下突然大幅縮小時，基因頻率很可能會異於原本族群，這種現象我們稱為「遺傳漂變」(genetic drift)。遺傳漂變如何造成基因頻率的改變，取決於「偶然」。

草原榛雞的實例相當於遺傳漂變中的「瓶頸效應」(bottleneck effect)，請參照下圖。

此外，「創始者效應」(founder effect)也是一種遺傳漂變。當某種生物的一個小族群移動到離島，並在該地棲息繁殖時，就會出現這種效應。由於族群遠小於原本族群，遺傳多樣性低，所以特定的等位基因會在族群內擴散，並固定在族群中。

瓶中裝入紅球與黃球
（等位基因）各半
從較細瓶頸倒球出來時，偶然倒出紅球比例較高的結果。

瓶頸效應

遺傳漂變中「瓶頸效應」的示意圖。裝入瓶內的大量色球代表大族群中的基因。瓶中代表等位基因的紅球與黃球大概各占一半。從瓶中倒球出來時，因為要通過很細的瓶頸，所以一次只能倒出幾顆球。倒出的球顏色比例（基因頻率）變為紅：黃＝3：1，異於原本瓶中的球色比例（基因頻率）。

棲息於草原的草原榛雞

照片是在打鬥的草原榛雞。研究人員從鄰近的洲引進了271隻草原榛雞至伊利諾州的小族群草原榛雞，孵化率已恢復至90%以上。一般認為由於族群變大，所以能減弱有害等位基因的作用。

參考文獻：《campbell生物學》

基因流動

萬里長城阻礙了基因流動

這裡要再次提出第108頁中開花島嶼的範例。假設這個島都不會發生前面提到的「突變」、「天擇」、「性擇」及「遺傳漂變」。在這樣的狀況下，島上的花要發生演化只有一個方法，那就是「基因流動」(gene flow)。

例如，將島上的白花全部拔除，則基因頻率應該會發生改變。或是隔壁突然形成了一座新島嶼，該島上只開白花，結果會如何呢？白花花粉會飄到原本的島嶼，造成基因頻率發生改變。像這樣**基因的流入及流出就稱為「基因流動」，是引起演化的因素之一**。

另一方面，現實中經常會討論到「阻礙基因流動的障礙物」，存在於自然界的障礙物就如河流與山巒，人工障礙物則如道路。這些障礙物會分隔生物族群，若基因流動產生阻礙，當各小族群內產生不同的突變，或發生天擇時，最後有可能會變成二個相異的族群。

本頁插圖是中國的萬里長城，根據中國北京大學研究員的調查發現，這個萬里長城就是基因流動的障礙物。

鄰近研究地點的萬里長城為600多年前所建，平均高度6公尺，寬度5.8公尺。研究團隊於長城兩側分別採集了5種植物並分析其基因，另外於寬度1.5公尺山路的兩側進行同樣的研究作為對照組。

結果發現，不論是長城兩側或山路兩側，兩邊植物的基因組成都有差異，且長城兩側的差異更顯著。特別是靠昆蟲傳播花粉的物種，差異性比靠風傳播花粉的物種更大。這就是人類建築物成為基因流動障礙物的一個例子。

靠昆蟲傳播花粉的植物，其基因組成差異更顯著

插圖是中國的萬里長城。研究人員採集高大牆壁兩側的植物並分析其基因。結果發現，靠風傳播花粉的樹種「*Ulmus pumila*」(榆樹，榆科)在長城兩側的族群基因組成差異較其他4種物種小。其他4種皆是由昆蟲授粉的物種，在長城兩側的族群基因組成皆有顯著差異，這4種植物如下：「*Prunus armeniaca*」(杏樹，薔薇科)、「*Ziziphus jujuba*」(棗樹，鼠李科)、「*Vitex negundo*」(黃荊，唇形科)與「*Heteropappus hispidus*」(狗娃花，菊科狗娃花屬)。產生兩側族群基因組成差異的原因很多，風、昆蟲與人類都有可能影響到花粉的傳播或種子的散布，光靠這項研究還很難有定論。

參考文獻：H Su et.al 2003

達爾文《物種起源》

生物會產生變異並傳給下一代

在還不知道遺傳法則及基因存在的年代，英國的博物學家達爾文提出了「演化論」（evolutionism）。儘管當時的人們普遍接受聖經所說的創造論，即「所有生物都是由神創造，永遠不會改變」。

在達爾文之前也有一些學者懷疑過創造論，他們認為生物確實在演化，並試圖想要解釋生物是怎麼改變的。

這些學者當中，法國的博物學家布豐（Georges Buffon，1707～1788）及拉馬克（Jean Lamarck，1744～1829）分別提出了他們的想法。布豐認為生物會改變的原因是「熱」，他運用地質學的知識來思考全球性的演化；而拉馬克的著作《動物哲學》（1809）指出，生物是由低等生物演化成高等生物，並進一步說明生物在一生中獲得的變異會遺傳給後代，透過數代的累積，生物便發生了演化。時至今日，這些假說仍無證據支持。

在《動物哲學》出版後剛好過了半世紀，達爾文於1859年發表了《物種起源》，書中所講述的演化理論在全世界掀起了一陣旋風。

達爾文靠自己蒐集的資料證明生物演化是被認定的事實，他還注意到家畜及作物的育種，其實就是人類從這些擁有多種變異的生物中，挑出符合需求的性狀（人擇，artificial selection）。達爾文認為自然界也會發生類似人擇的事（天擇）。

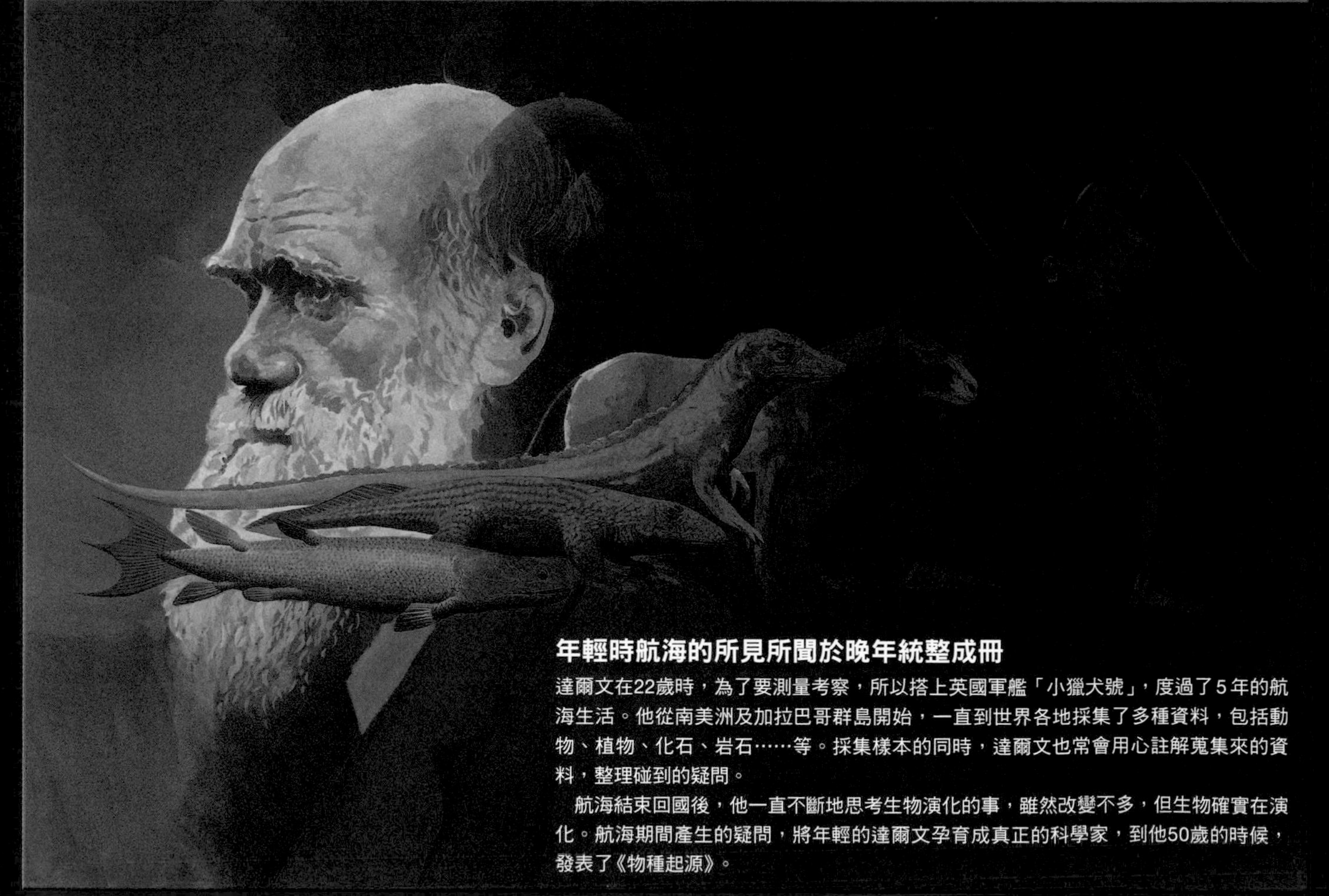

年輕時航海的所見所聞於晚年統整成冊

達爾文在22歲時，為了要測量考察，所以搭上英國軍艦「小獵犬號」，度過了5年的航海生活。他從南美洲及加拉巴哥群島開始，一直到世界各地採集了多種資料，包括動物、植物、化石、岩石……等。採集樣本的同時，達爾文也常會用心註解蒐集來的資料，整理碰到的疑問。

航海結束回國後，他一直不斷地思考生物演化的事，雖然改變不多，但生物確實在演化。航海期間產生的疑問，將年輕的達爾文孕育成真正的科學家，到他50歲的時候，發表了《物種起源》。

也有人將非洲象的亞種「非洲森林象」（現生種）視為獨立的物種，因此現生的大象有3種。

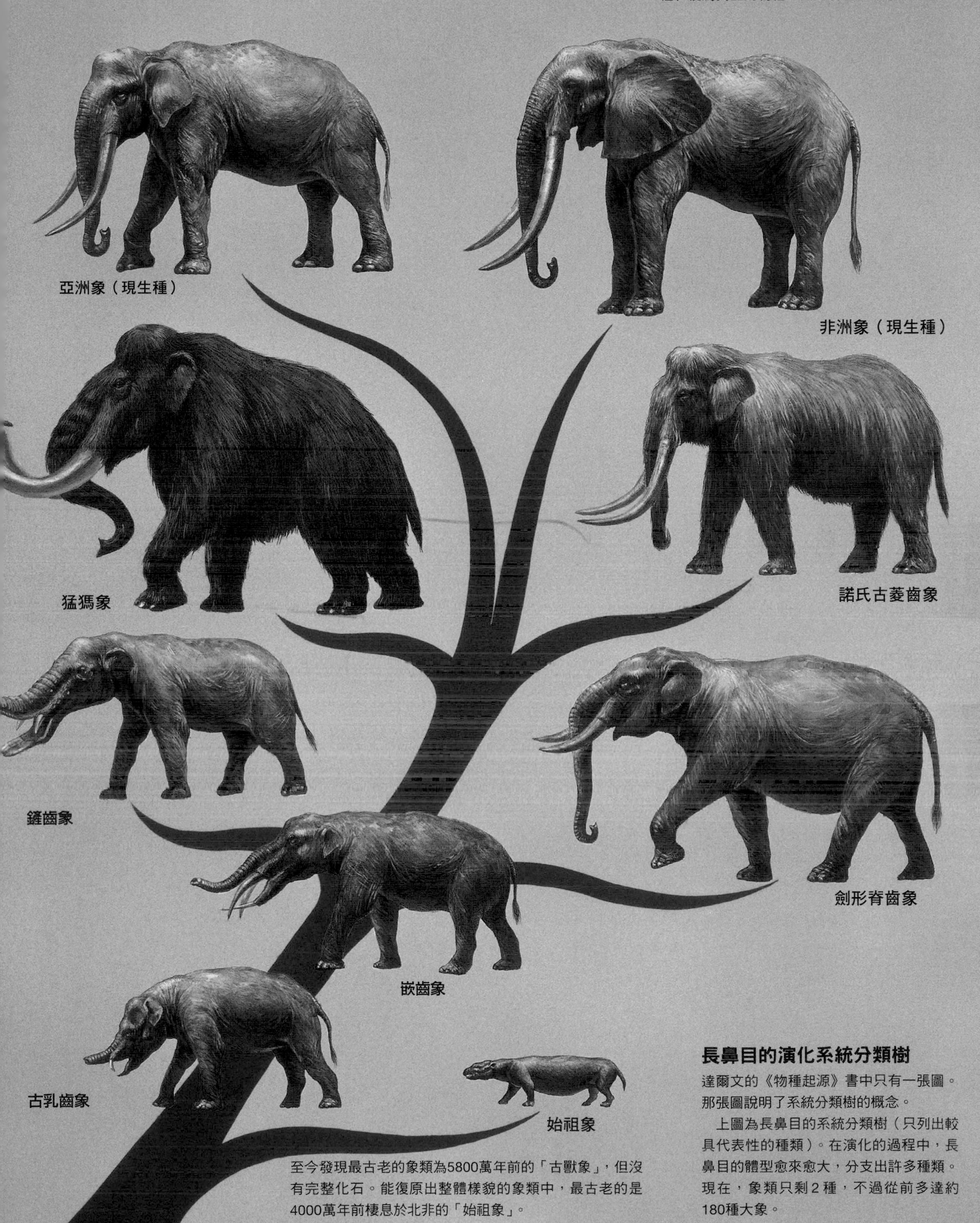
亞洲象（現生種）
非洲象（現生種）
猛獁象
諾氏古菱齒象
鏟齒象
劍形脊齒象
嵌齒象
古乳齒象
始祖象

至今發現最古老的象類為5800萬年前的「古獸象」，但沒有完整化石。能復原出整體樣貌的象類中，最古老的是4000萬年前棲息於北非的「始祖象」。

長鼻目的演化系統分類樹

達爾文的《物種起源》書中只有一張圖。那張圖說明了系統分類樹的概念。

上圖為長鼻目的系統分類樹（只列出較具代表性的種類）。在演化的過程中，長鼻目的體型愈來愈大，分支出許多種類。現在，象類只剩２種，不過從前多達約180種大象。

適應輻射

生物會不斷演化以填補棲位

不同生物種類所需的食物（資源）不同，生存條件（如溫度）也相異，**這些資源與可棲息條件的組合稱為「棲位」（niche，或稱生態區位）**。棲位也包含了同物種個體間或與其他物種個體間的關係。若將棲地比喻為「住處」，那棲位就是「職業」。

回顧生物的歷史，最早出現的是生物的共同祖先。若有空著的棲位，生物會分支出不同物種並持續演化來填補該棲位，透過上述過程的演化稱為「**適應輻射**」（adaptive radiation）。現在於地球上繁榮不衰的哺乳類演化，就是適應輻射的代表性實例。

哺乳類的祖先在中生代初期（約2億5200萬年前）就已存在，幾乎跟最早出現的恐龍生活在同一時代。哺乳類活過了恐龍稱霸的中生代，牠們在當時不過是隱身棲息於森林深處的小型動物。**但是當中生代末期恐龍滅絕時，曾被恐龍占據的水陸空棲位全部釋放出來，哺乳類便開始在這些區域一起展開適應輻射，結果形成哺乳類的多樣化。**

同樣的現象也發生在澳洲的有袋類。澳洲的有袋類不斷演化並填補棲位，結果發現，有袋類的部分多樣化形態類似於真獸類的形態，而真獸類棲息於其他大陸。例如，真獸類的鼯鼠與有袋類的蜜袋鼯都可以展開飛膜滑翔，外觀也很相似。

恐角獸
恐角類為體長達3公尺的巨型動物。

兜齒獸
已滅絕的一種全齒目草食動物。

伊神蝠
最古老的蝙蝠類動物。
副鼠
類似松鼠的原始嚙齒類動物。
父貓
始新世的代表性肉齒目動物。
武中獸
類似狗的中爪獸。
貘犀
犀類祖先的奇蹄類動物。
始貧齒獸
犰狳般大小的貧齒類動物。

因填補棲位而演化

哺乳類在恐龍滅絕後，為適應各式各樣的環境而演化出多樣化的物種，每種動物都填補了空出來的棲位。

化學演化

生命的原料來自海底熱泉？

包括病毒在內，不論是哪種生物都擁有核酸（DNA或RNA）與蛋白質。目前認為這些生命的原料不只出現在剛形成的地球，也出現在後來的特定環境中，這個現象稱為「化學演化」（chemical evolution）。

任職於美國加州大學的米勒（Stanley Miller，1930～2007）博士將甲烷、氨與水蒸氣裝滿燒瓶，使水蒸氣循環並反覆放電來進行實驗。他重現了假想中的原始地球大氣，且讓燒瓶內部不斷打雷。

過了數日，燒瓶底部慢慢地累積了胺基酸（蛋白質的原料）及鹼基（DNA的原料）。米勒重現了**原始地球上的簡單化合物會合成複雜化合物的過程**。但是現在認為，原始地球大氣成分與米勒博士的假想不一樣。那麼，胺基酸與核酸是如何形成的呢？答案的關鍵在於深海的「海底熱泉」（hydrothermal vent）。

具備符合化學演化的所有條件

海底熱泉是滲入海底的水，經地熱加熱到超過300℃後，噴出熱水到海底。因為海底水壓高，所以熱水加熱超過100℃也不會沸騰。

熱水會將硫化氫等化學活性高的物質，及甲烷等簡單有機物從地底下沖上來。噴出的物質會跟海水中的物質混合而降溫，或是產生化學反應。於是只要有海底熱泉，熱水就含有簡單有機物，能夠形成製造RNA及蛋白質的原料。甚至有學者認為海底熱泉就是生命最初誕生的地方。

300℃以上的「黑煙囪」（black smoker）海底熱泉，因為溫度太高所以無法形成RNA及蛋白質的原料。但其周圍通常會有很多「海底白色煙囪」（white smoker），會噴出較低溫的「溫水」，而且溫度較低的水會透過熱泉壁的海綿狀結構滲入海中。據說這些地方有可能會製造出複雜的有機化合物，發生多種化學反應。

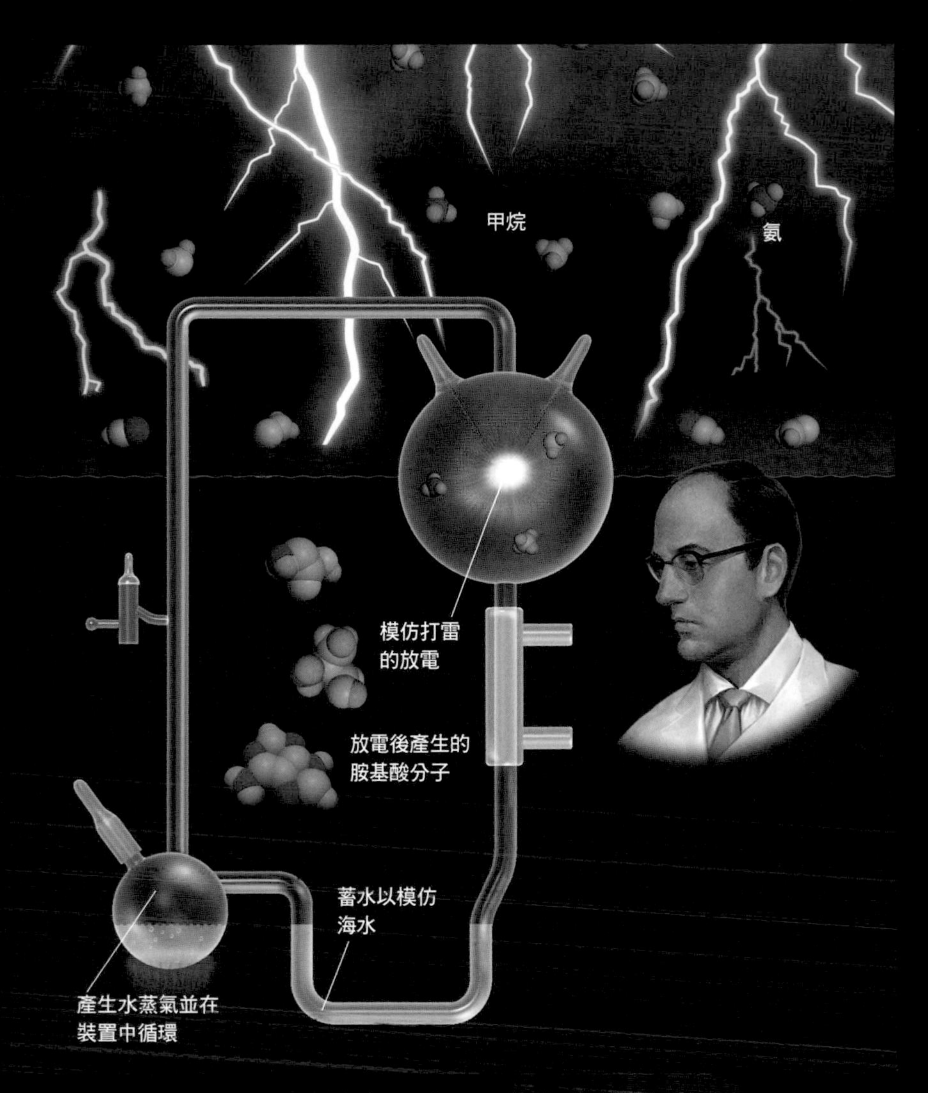
甲烷
氨
模仿打雷
的放電
放電後產生的
胺基酸分子
蓄水以模仿
海水
產生水蒸氣並在
裝置中循環

海底熱泉
（黑煙囪）

海底熱泉
（海底白色煙囪）

重現自然合成有機物的「米勒實驗」

1953年，米勒博士當時還是美國芝加哥大學的研究生，他將主成分為甲烷及氨的混合氣體裝滿燒瓶，並使水蒸氣循環。混合氣體的成分模仿當時假想的原始地球大氣，在反覆放電模仿打雷後，燒瓶中產生了許多種有機物。其中有生命的原料，包括甘胺酸及丙胺酸等胺基酸（蛋白質的原料）與鹼基（DNA及RNA原料的其中一種）。插圖為米勒博士透過雷電能量，將假想的原始地球大氣合成胺基酸及鹼基的示意圖。

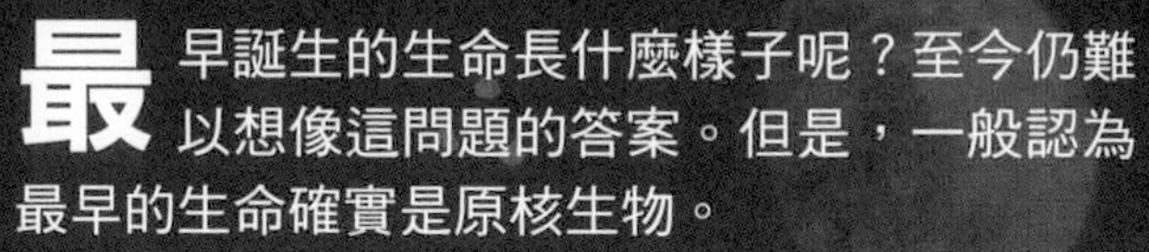
藍綠菌

會行光合作用的細菌大量繁殖，釋放出氧氣

最早誕生的生命長什麼樣子呢？至今仍難以想像這問題的答案。但是，一般認為最早的生命確實是原核生物。

有種早期的原核生物大量繁殖，改變了地球環境，那就是「藍綠菌」（cyanobacteria）。藍綠菌會利用二氧化碳、水與陽光行光合作用，製造出自體所需的物質，並釋放出氧氣。

藍綠菌將天空變成藍色

本頁插圖為27億年前的地球假想圖。天空偏紅色，遠處霧氣彌漫，照映天空顏色的海洋也偏紅色。

當時大氣的成分與現在的成分差異甚大。此時地球的大氣幾乎不含氧氣，反而含有豐富的甲烷及二氧化碳等溫室氣體。由甲烷發生化學反應所產生的大量微粒遍布在大氣中，因此天空才會呈現霧紅色。此外，海中有豐富的鐵離子。藍綠菌就是在這樣的環境下大量增殖。

藍綠菌釋放出來的氧會與海中的鐵離子反應形成「氧化鐵」，並沉積在海底。氧還會與大氣中的甲烷反應，甲烷便逐漸減少。於是原本甲烷發生化學反應形成的微粒減少，天空漸漸變成清澈的藍色。此外，二氧化碳因光合作用而減少，大氣中的氧氣就增加了。藍綠菌花上5億年大幅度改造了地球環境。

鐵離子

疊層石是會成長的岩石

圖為由藍綠菌的屍體與泥土等所形成的層狀岩石。藍綠菌會在疊層石的表面行光合作用，死亡後就會變成下一代的立足之處。疊層石會慢慢地長成圓頂狀外形，即藍綠菌會製造出疊層石。現在澳洲西部的鯊魚灣還保留有疊層石的遺跡。

二氧化碳
甲烷

那時地球幾乎沒有氧氣

大氣的成分為氮、二氧化碳與甲烷等氣體。由於微粒很多，所以遠方看起來霧濛濛的，天空偏紅色。

寒武紀大爆發

約5億年前，突然出現多樣化的動物

最早生命誕生的時間有很多種說法，一般認為是在35億年前左右。之後的30億年間，生物一點一點地多樣化，並演化至今。

而距今約5億年前，來到寒武紀時，突然爆炸性地出現多樣化的生物，這件事稱為「寒武紀大爆發」(Cambrian explosion)。對於這件事，達爾文在書中提到他想不出合理的解釋，並且感到困惑。

寒武紀始於距今5億4100萬年，結束於4億8500萬年前，共持續了5600萬年的時間。在達爾文發表演化論當時，完全沒有從寒武紀之前的地層找到過化石。然而一進入寒武紀的地層時，突然發現了數種「三葉蟲」（trilobite）的化石。這些三葉蟲有外殼、有腳，甚至連眼睛都有，是節肢動物（arthropod）的親戚。三葉蟲雖屬於寒武紀的生物，但卻跟現在的動物一樣擁有複雜且精密的器官。此外，還發現了雙殼類動物的化石。

一般認為上述現象顯示**進入寒武紀後，花了僅僅不到1000萬年的時間，就突然演化出多樣化的物種**，許多學者稱這個「事件」為「寒武紀大爆發」。

櫛板動物門
（櫛水母的親戚）

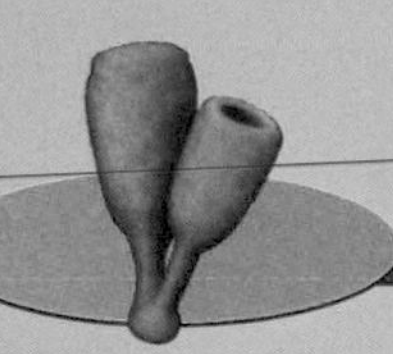

海綿動物門
（海綿的親戚）

刺絲胞動物門
（海葵的親戚）

寒武紀大爆發出現多樣化動物，從3門到38門

英國自然歷史博物館的帕克（Andrew Parker，1967～）博士表示，寒武紀之前的地層只存在過海綿動物門、刺絲胞動物門及櫛板動物門等三門動物群。然而，在寒武紀開始不到1000萬年間，就出現了與現代相同的38門生物。

研究學者對於寒武紀大爆發的確切時間各有不同的見解。本頁插圖採用的是美國加州理工學院的地球科學家柯什文克（Joseph Kirschvink，1953～）博士團隊的說法，即「5億2500萬年前～5億1000萬年前左右」。

圖中的動物插圖是該動物群的代表物種。以黃色圓形為底的是寒武紀大爆發的代表性物種。

10億年前

前寒武紀時代

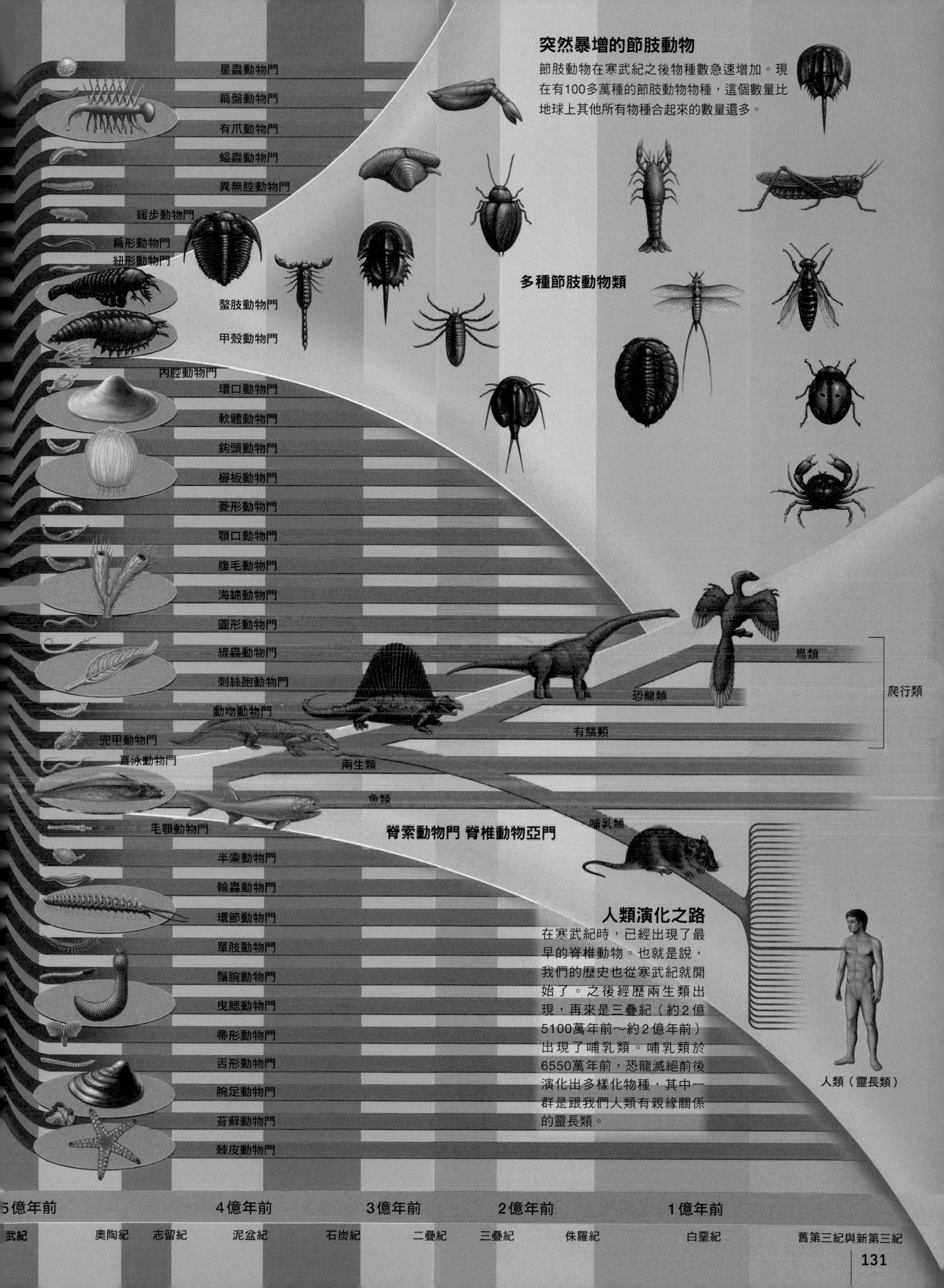
星蟲動物門
扁盤動物門
有爪動物門
螠蟲動物門
異無腔動物門
緩步動物門
扁形動物門
紐形動物門
螯肢動物門
甲殼動物門
內腔動物門
環口動物門
軟體動物門
鉤頭動物門
櫛板動物門
菱形動物門
顎口動物門
腹毛動物門
海綿動物門
圓形動物門
線蟲動物門
刺絲胞動物門
動吻動物門
兜甲動物門
直泳動物門
毛顎動物門
半索動物門
輪蟲動物門
環節動物門
單肢動物門
鬚腕動物門
曳鰓動物門
帚形動物門
舌形動物門
腕足動物門
苔蘚動物門
棘皮動物門
多種節肢動物類
鳥類
恐龍類
有鱗類
爬行類
兩生類
魚類
哺乳類
脊索動物門 脊椎動物亞門
人類（靈長類）
5億年前
4億年前
3億年前
2億年前
1億年前
武紀
奧陶紀
志留紀
泥盆紀
石炭紀
二疊紀
三疊紀
侏羅紀
白堊紀
舊第三紀與新第三紀

突然暴增的節肢動物

節肢動物在寒武紀之後物種數急速增加。現在有100多萬種的節肢動物物種，這個數量比地球上其他所有物種合起來的數量還多。

人類演化之路

在寒武紀時，已經出現了最早的脊椎動物。也就是說，我們的歷史也從寒武紀就開始了。之後經歷兩生類出現，再來是三疊紀（約2億5100萬年前～約2億年前）出現了哺乳類。哺乳類於6550萬年前，恐龍滅絕前後演化出多樣化物種，其中一群是跟我們人類有親緣關係的靈長類。

大滅絕與新物種的繁盛發生了數次

現在地球上的哺乳類相當繁盛。一般認為，要不是6550萬年前小行星撞擊地球造成大滅絕，也不會有現在的盛況。拜恐龍大滅絕所賜，哺乳類填補了空白的棲位（詳見第124頁），才能演化出多樣的物種。

地球史上**至少發生過5次「大滅絕」**。除了6550萬年前的白堊紀末期及2億5200萬年前二疊紀的大滅絕，還發生過2億100萬年前三疊紀末期、3億7000萬年前泥盆紀後期及4億4300萬年前奧陶紀末期的大滅絕。會知道有5次，是因為在**這些年代前後地層發現的生物物種有相當大的差異**。

右圖顯示了6億年前至今海洋無脊椎動物群的數量（科的數量）變化。圖上的白色箭頭標示科數銳減的時間點，就是大滅絕的發生時期。

有趣的是，即使是經過至少5次的大滅絕，在寒武紀大爆發時所誕生的生物門至今幾乎都存在。例如，二疊紀大滅絕時，估計約有96%的物種滅絕，不過大滅絕後，物種數恢復時，又出現了大滅絕前已有的各個生物門。因此，目前認為即使發生大滅絕，高層級的分類群也不會因此消失。

另外，除了6550萬年前的白堊紀大滅絕之外，其他大滅絕的原因尚不清楚。雖然學者提出了很多種假說，但愈是古代發生的事，留到現在的證據愈少，所以很難驗證這些假說。

「大滅絕」訴說地球史上的懸案

右邊是美國芝加哥大學古生物學家塞普考斯基（Jack Sepkoski，1948～1999）教授所繪製的圖，顯示出6億年前至今海洋無脊椎動物的科數變化（Sepkoski, 1990）。圖的周圍繪有各時期的代表性生物，且不限於海洋無脊椎動物。

另外，塞普考斯基教授將海洋生物分類成以下三群，並依分類群製圖。首先是「現代型動物群」，牠們取代了於二疊紀大滅絕中，種數減少的古生代型生物群並繁盛於地球，包括了雙殼類、海螺、有孔蟲類、軟骨魚類、硬骨魚類、爬行類與哺乳類。「古生代型生物群」是於奧陶紀增加物種數量並繁盛的生物群，包括海百合、頭足類、有鉸腕足類及筆石類等。「寒武紀型動物群」是在寒武紀增加物種數的生物群，包括三葉蟲、無鉸腕足類及單板類等。

這三種動物群約在6億年前出現，其中的寒武紀型動物群已在約3億6000萬年前幾近滅絕，其他的二個生物群還存活至今。

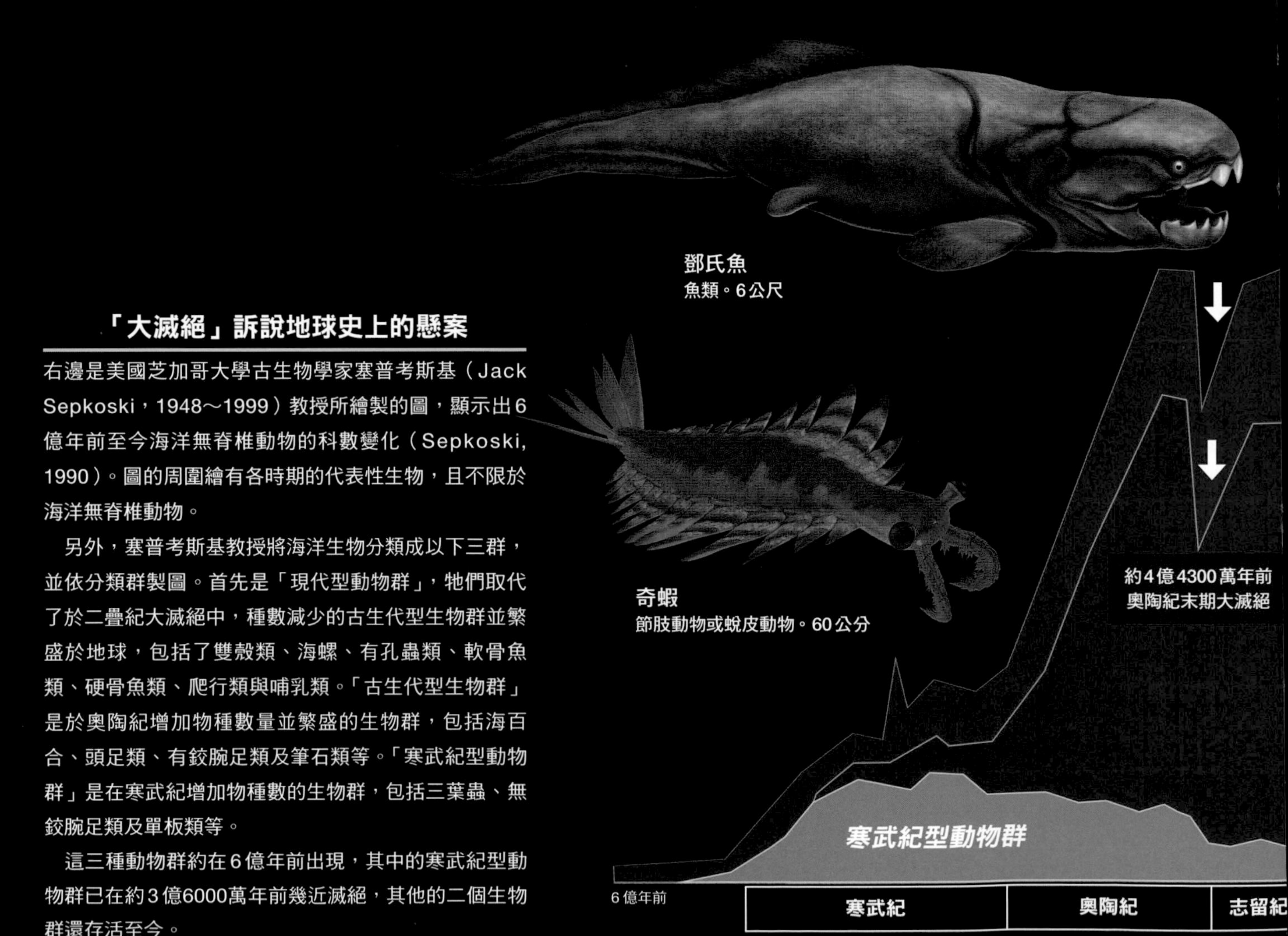
鄧氏魚
魚類。6公尺
奇蝦
節肢動物或蛻皮動物。60公分
約4億4300萬年前
奧陶紀末期大滅絕
寒武紀型動物群
6億年前
寒武紀
奧陶紀
志留紀
4億4340萬年前

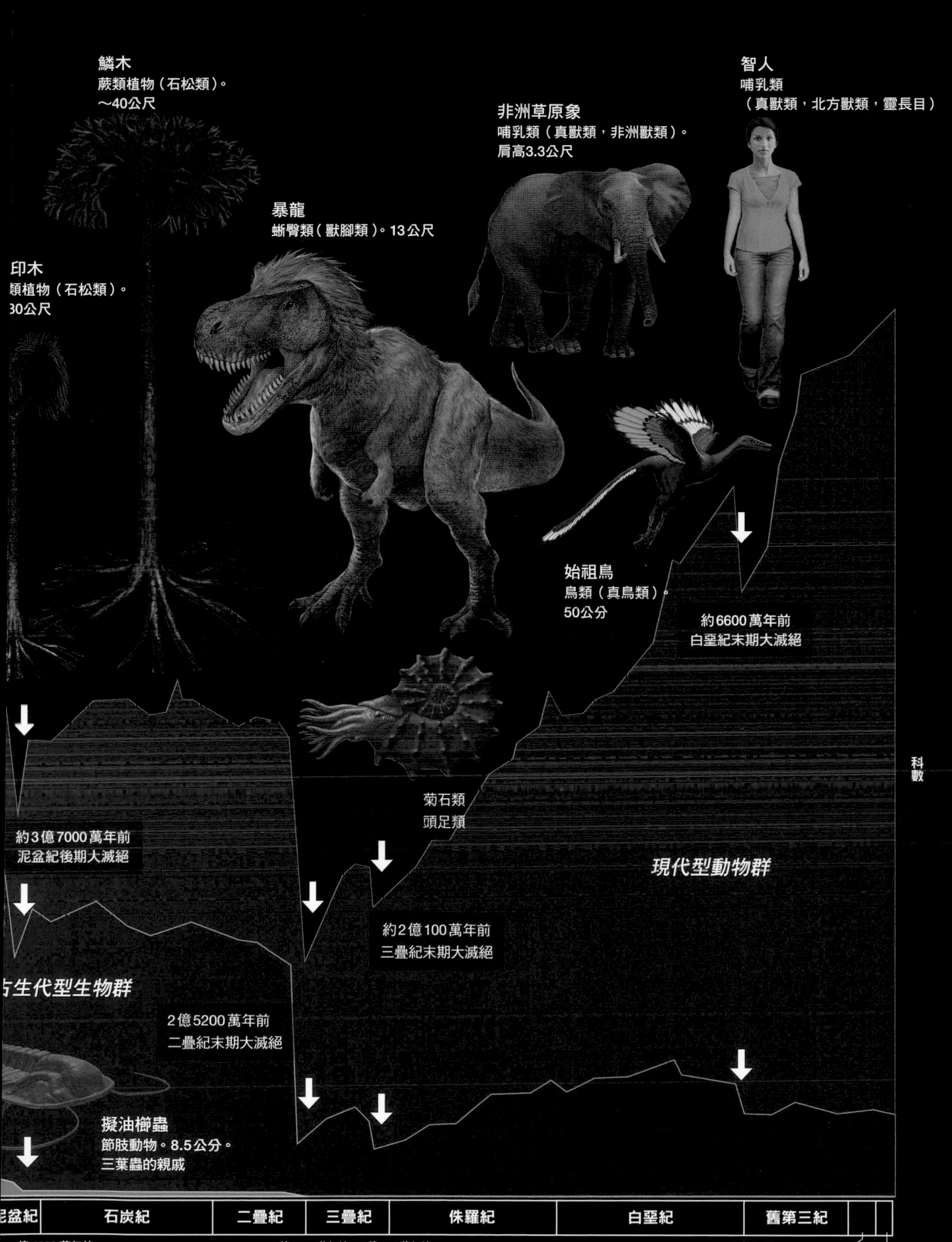
鱗木
蕨類植物（石松類）。
~40公尺
印木
類植物（石松類）。
30公尺
暴龍
蜥臀類（獸腳類）。13公尺
非洲草原象
哺乳類（真獸類，非洲獸類）。
肩高3.3公尺
智人
哺乳類
（真獸類，北方獸類，靈長目）
始祖鳥
鳥類（真鳥類）。
50公分
約6600萬年前
白堊紀末期大滅絕
菊石類
頭足類
約3億7000萬年前
泥盆紀後期大滅絕
現代型動物群
約2億100萬年前
三疊紀末期大滅絕
古生代型生物群
2億5200萬年前
二疊紀末期大滅絕
擬油櫛蟲
節肢動物。8.5公分。
三葉蟲的親戚
科
數
泥盆紀
石炭紀
二疊紀
三疊紀
侏羅紀
白堊紀
舊第三紀
3億5890萬年前
2億5217萬年前
2億130萬年前
6550萬年前
新第三紀
第四紀

人類譜系中只有我們存活至今

人的祖先出現於700萬～600萬年前，之後從猿人演化成原人，再演化成智人（*Homo sapiens*）。這期間出現了許多物種又消失。**至今已找到約20種人類近親的化石，我們現代人是唯一生存至今的物種**。

人與黑猩猩的共同祖先跟猿人的主要差異，在於以直立雙足步行及犬齒的形態。人類與類人猿在犬齒與小臼齒的咬合上有很大的差異。

與猿人（黃色框）相比，原人的（紅色框）的腦容量大增，而且體型也較大。早期的人屬動物為240萬年前的巧人，之後於180萬年前出現直立人，屬於原人。常聽到的北京原人及爪哇原人都屬於直立人。

一般認為，屬於猿人的粗壯南猿及鮑式南猿，與巧人及直立人生活在同個時代，但猿人譜系卻滅絕了。這是為什麼呢？

直立人於150萬～160萬年前開始製作手斧，過了約100萬年後，牠們大範圍地分布在亞洲一帶，擴張領土，逐漸適應了當地環境。

鮑式南猿滅絕的原因尚無明顯的證據來解釋，其中一個推論如下述。鮑式南猿有特化的下顎，可能用來食用季節性的特定食物，環境改變造成牠們食物短缺因而滅亡。

直立雙足步行

從共同祖先分支後，現生的類人猿層級以上的物種多為直立雙足步行。現代人類會步行是因為膝蓋與腰部伸長，腳拇趾向外側伸出，並以腳跟著地。已有研究指出湖畔南猿已經用直立雙足的方式行走，不過對於其中間的階段還有諸多更廣泛的意見。

Ardipithecus ramidus（始祖地猿）

Australopithecus anamensis（湖畔南猿）

Australopithecus afarensis（阿法南猿）

最早的人類化石

一般認為查德沙赫人可能出現於約700萬～600萬年前，始祖地猿可能出現於約530萬～440萬年前。

Orrorin tugenensis（圖根原人）

Sahelanthropus tchadensis（查德沙赫人）

600萬年前　500萬年前　400萬年前　300

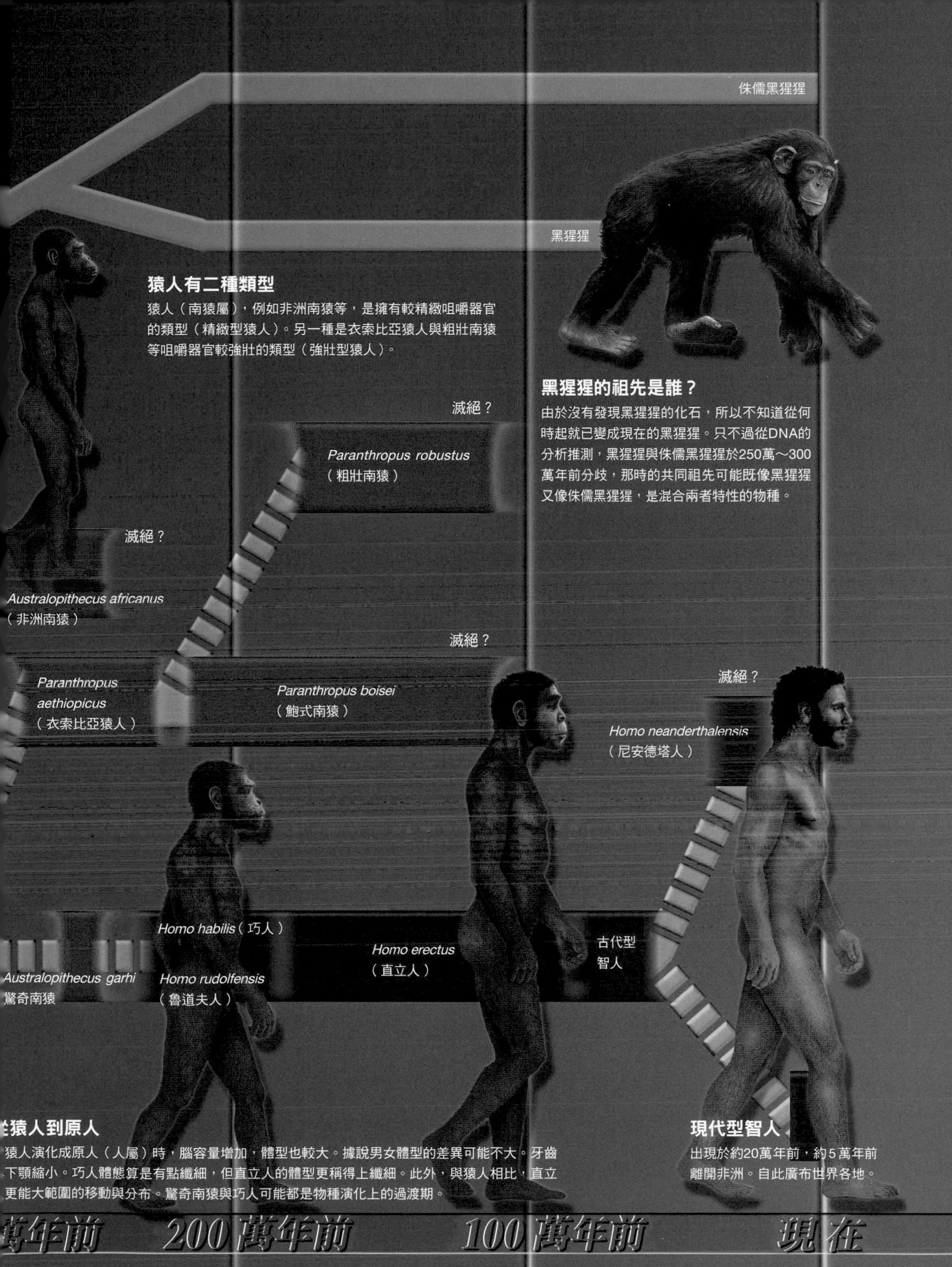

倭儒黑猩猩
黑猩猩
猿人有二種類型
猿人（南猿屬），例如非洲南猿等，是擁有較精緻咀嚼器官的類型（精緻型猿人）。另一種是衣索比亞猿人與粗壯南猿等咀嚼器官較強壯的類型（強壯型猿人）。
黑猩猩的祖先是誰？
由於沒有發現黑猩猩的化石，所以不知道從何時起就已變成現在的黑猩猩。只不過從DNA的分析推測，黑猩猩與倭儒黑猩猩於250萬～300萬年前分歧，那時的共同祖先可能既像黑猩猩又像倭儒黑猩猩，是混合兩者特性的物種。
滅絕？
Paranthropus robustus
（粗壯南猿）
滅絕？
Australopithecus africanus
（非洲南猿）
滅絕？
Paranthropus aethiopicus
（衣索比亞猿人）
Paranthropus boisei
（鮑式南猿）
滅絕？
Homo neanderthalensis
（尼安德塔人）
Homo habilis（巧人）
Homo erectus
（直立人）
古代型智人
Australopithecus garhi
驚奇南猿
Homo rudolfensis
（魯道夫人）
從猿人到原人
猿人演化成原人（人屬）時，腦容量增加，體型也較大。據說男女體型的差異可能不大。牙齒下顎縮小。巧人體態算是有點纖細，但直立人的體型更稱得上纖細。此外，與猿人相比，直立人更能大範圍的移動與分布。驚奇南猿與巧人可能都是物種演化上的過渡期。
現代型智人
出現於約20萬年前，約5萬年前離開非洲。自此廣布世界各地。
萬年前
200萬年前
100萬年前
現在

食物網與能量流

碳會在生態系中循環

光合作用產生的糖，用來供植物行呼吸作用或構成植物體。動物無法自行產生糖，需食用植物來維持生命。也就是說，從源頭講起的話，構成我們身體的碳是來自植物從空氣中吸收的二氧化碳（CO_2）。

會分解植物或動物及其遺骸的細菌及真菌，行呼吸作用時不會排出CO_2，所以大多數的CO_2還是靠植物行光合作用時吸收。如此一來，**地球的碳就會透過食物網（food web）循環著**。

本頁插圖是生態系的「能量流」（energy flow）示意圖。**能**

碳循環與能量流
本頁為植物製造的光合作用產物被食用或被分解，並在生物圈裡循環的示意圖（1～4）。植物體內製造的化合物不僅含有碳，還含有氮與硫等元素，這些物質也有各自的循環。
1.
利用陽光製造出養分
植物與浮游植物會利用太陽能行光合作用，產生糖。深黃色箭頭代表光合作用製造出來的糖能量。當其他生物獲得糖並行呼吸作用時，能量會以熱的形式逸散（紅色箭頭），所以黃色箭頭會愈來愈細。
樹木及草本植物
（生產者）
浮游植物
（生產者）
※除此之外，光合細菌也會利用太陽能製造糖，但是光合作用中的電子不來自水，所以不會排出副產物的氧氣。
植物與浮游植物行呼吸作用時，會以熱的形式逸散能量。

量流是指透過太陽能生產多少糖，並在各階段釋放多少熱能。已知細菌及真菌釋放的熱能較動物多。

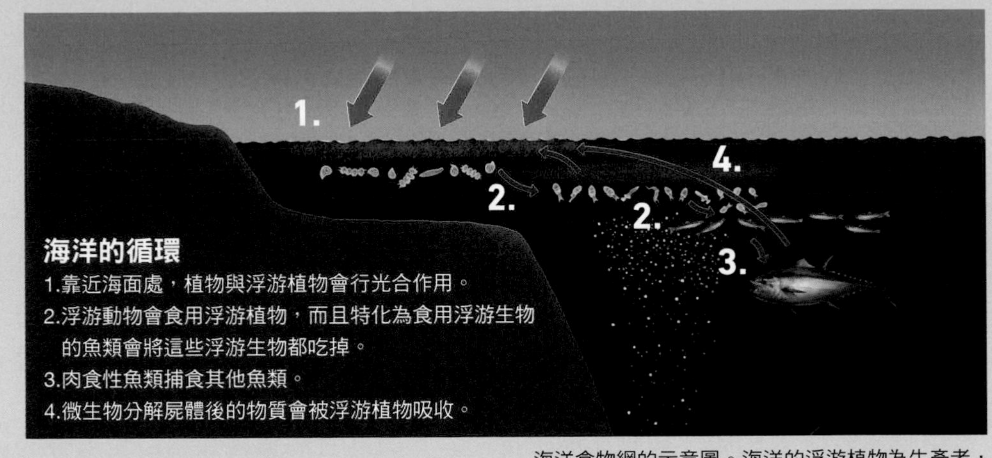
1.
2.
2.
3.
4.
海洋的循環
1.靠近海面處，植物與浮游植物會行光合作用。
2.浮游動物會食用浮游植物，而且特化為食用浮游生物的魚類會將這些浮游生物都吃掉。
3.肉食性魚類捕食其他魚類。
4.微生物分解屍體後的物質會被浮游植物吸收。

海洋食物網的示意圖。海洋的浮游植物為生產者，物質會在海中循環。

細菌與真菌行呼吸作用時，會以熱的形式逸散能量。
細菌與真菌（分解者）
3.
分解遺骸
細菌及真菌會分解植物與動物的遺骸。
動物行呼吸作用時，會以熱的形式逸散能量。
4.
再度用於光合作用
細菌與真菌分解屍體後，剩下的物質會回到環境中，再次被生產者利用。
2.
食用光合作用產生的糖
光合作用產生的糖會構成植物與浮游植物的植物體，且直接或間接被動物食用。
昆蟲
鳥類
魚類
浮游動物
哺乳類

生態系

當有物種滅絕有時會導致生態系的崩潰

海獺棲息於美國加州近海。這種海獺因過量食用此地魚類而遭人類驅趕，導致數目大幅減少。人們想，這樣又能補捉到大量的魚了，但事實並非如此，魚反而愈來愈少了。這是為什麼呢？

這個地區廣布著一種巨型海帶（giant kelp）構成的昆布森林，所以這片森林是多種魚類及海膽等生物的住所。**人們認為海獺會吃光魚類，所以驅趕海獺。確實魚就沒有天敵了，但同時海膽也沒有天敵了，於是海膽大量繁殖。**

而其實海膽會食用巨型海帶的根部。大量增殖的海膽吃光巨型海帶，最後森林便消失了。於是魚群失去了藏身處，所以很快地魚群也消失了。**像這樣，有時只因某個物種消失，就會撼動整個「生態系」，這種物種稱為「關鍵物種」（keystone species）**。

生態系包括棲息在某地的各種生物，與該地的水、陽光、空氣及土壤等非生物環境。生物們會彼此形成某種關係生活著，不過要清楚了解其關係是非常困難的，因此才會產生上述海獺事例的結果。

我們的生活獲得來自生態系的許多恩惠，這份恩惠稱為「生態系服務」（ecosystem service）（右下圖）。

生物種類間有意外的聯結

住在生態系中的生物透過「吃與被吃」，各自有緊密的關係。若某一物種消失，有時也會引起整體生態系大崩潰，這種物種稱為「關鍵物種」。某物種跟其他物種之間有什麼樣的關係，是很難清楚知道的。

原來的海
海獺
巨型海帶
（魚的藏身處）
海膽

許多魚類會藏身在巨型海帶中，進行覓食或產卵。海底棲息著海膽，以巨型海帶為食。棲息於此地區的海獺以捕食魚類或海膽等為生。

生態系崩潰的海
幾乎全數的巨型海帶都劇減，
魚類也消失了
海膽大量繁殖

海獺因過量食用魚類而遭人類驅趕後，不僅魚類，連海膽都沒有天敵了。於是海膽大量增殖，吃光巨型海帶的根部，原本藏身於巨型海帶的魚也消失了。

大自然給予我們「生態系服務」的恩惠

供給服務

提供食物、建材及燃料等，獲得來自大自然的「恩惠」。

調節服務

CO_2

森林會吸收二氧化碳、調節氣候、減輕洪水及天然災害等，為我們調節環境的恩惠。

文化服務

人們享受濕地景觀，或觀察生物等活動，提高了文化與知性素養，是自然給予人類的恩惠。

支持服務

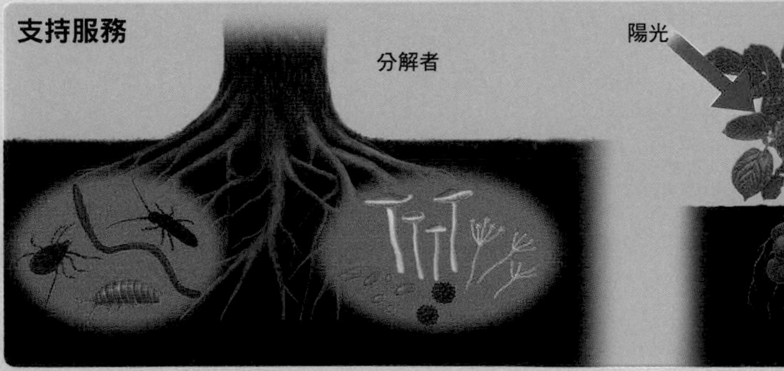
分解者

陽光

生產
有機物

蚯蚓、細菌及真菌等會分解生物的遺骸，如此一來就會形成富含養分的土壤，供植物生長所需。而且，植物會行光合作用將無機物轉換成生物代謝必須的有機物。在這些作用下，生態系服務會形成多種生態系的地基，並提供「供給」、「調節」與「文化」這三種服務。

生態系給予我們的恩惠稱為「生態系服務」，可分成四大類。

全球暖化

全球暖化與氣候變遷會改變生物作息

過去至少約100年內，地球上的平均氣溫一直持續在上升。1980年左右起，暖化速度約是過去的2倍，伴隨而來的是世界各地的乾旱、森林大火或洪水發生頻率增加。而且，全球暖化與氣候變遷已對生物造成了嚴重影響。

多數生物會因應季節而成長與繁殖，但全球暖化後，有些生物的開花時期與產卵時期等會跟著改變。例如，飛來日本的候鳥紫背椋鳥（照片），其產卵起始日在27年來平均提早了約15天。

全球暖化後，有些生物分布區

地球暖化帶來的影響

列舉出幾個因地球暖化而受到影響的實例。

產卵時期改變

紫背椋鳥（***Sturnus philippensis***）在1987年時，平均於5月25日開始產卵，不過2004年卻提前到5月10日（小池與樋口，2006）。

棲地減少

北極熊（***Ursus maritimus***）主要於海冰上狩獵。地球暖化後若海冰逐漸減少，推測北極熊的數量會劇減。

域會改變，這類案例已在許多種蝶類（照片）與鳥類論文中被提出。但是棲息環境有限時，生物不能移動到他處，個體數就會逐漸減少。棲息於高山區（alpine zone）及南北極地的生物中，實際上有些物種正在失去牠們的棲地（照片）。

生物的生存建立在複雜關係上，主要為吃與被吃，以及其他如傳播花粉、授粉與寄生等。即使只是錯過某物種的開花時期，也會產生生物間關係的改變，甚至可能造成其他物種數量減少或滅絕。

大鳳蝶

大鳳蝶（*Papilio memnon*）在日本的分布北限為山口縣與愛媛縣，不過到了2000年左右，關東地方也看得到大鳳蝶（樋口等人，2009）。

提早開花

日本的櫻花開花時間在這10年來平均提早了1.6天（小池等人，2012）。而且，在一項以阿拉伯芥為實驗植物的實驗中，發現當溫度不斷暖化時，開花的期間就愈短，最後甚至不會開花（Satake等人，2013）。

column3

不斷貼近生活的基因體編輯

基因體編輯（genome editing）是指自由地更換DNA遺傳訊息的技術。2020年諾貝爾化學獎得主道納（Jennifer Doudna，1964～）博士與法國微生物學家夏邦提耶（Emmanuelle Charpentier，1968～）博士，她們獲獎的原因是研發出基因體編輯技術所需的「CRISPER-Cas9」。

基因體編輯時，「會使用『剪刀』將目標DNA剪下，並重寫基因」。有種RNA（嚮導RNA，guide RNA）具有與DNA結合的特性。「CRISPER-Cas9」是能引導嚮導RNA正確地剪斷目標DNA的一種技術。但是，為什麼剪斷DNA會跟重寫基因有關係呢？

其實細胞具有修復斷裂DNA的機能。細胞在修復斷裂DNA時，有時會發生誤植，這個誤植就會重寫DNA序列。而且，實際上像這樣重寫DNA的事情在自然界並不少見。

經基因體編輯後的番茄含有豐富的GABA

基因體編輯所誕生的食品是怎樣的產品？

現在，最貼近日常生活的基因體編輯應用，最受到注目的是食品方面，開始運用基因體編輯開發新的作物品種。日本國內最接近實用化的基改作物是由筑波大學的江面浩教授團隊研發，他們開發出了富含GABA的番茄。GABA是胺基酸的一種，會活化神經細胞，抑制血壓上升，或帶來放鬆的效果。番茄中含有製造GABA的「麩胺酸去羧酶」（glutamate decar-boxylase，GAD）基因。但是番茄有「抑制」GAD的機能，平常不製造GABA。運用基因體編輯卸除掉抑制機能，便能開發出會生產GABA的番茄，且其GABA含量約是普通番茄的5倍。

此外，日本京都大學的木下政人副教授與近畿大學的家戶敬太郎教授團隊運用基因體編輯，已經成功研發出厚身的赤鯮了。透過「CRISPER-Cas9」，使會抑制肌肉細胞增加及成長的「肌抑素」（myostatin）基因失去機能，開發出肉身比平常厚1.5倍的赤鯮。

另一方面，人們對於這種基因體

⊙經基因體編輯後的赤鯮肉身變厚

欠缺肌抑素的的赤鯮

一般的赤鯮

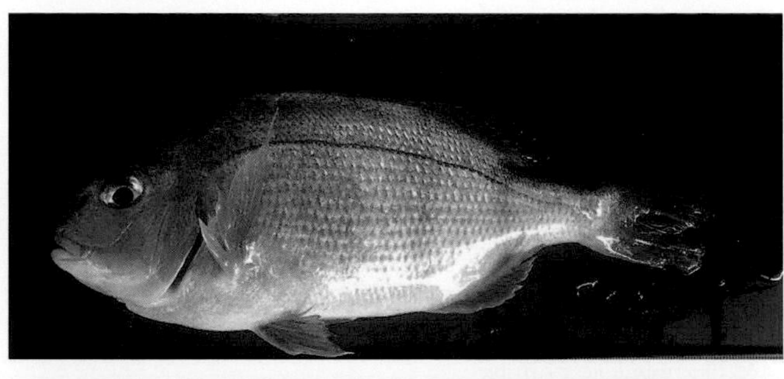

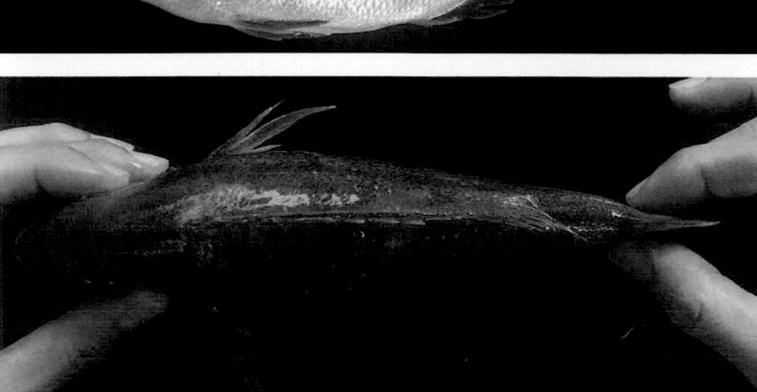

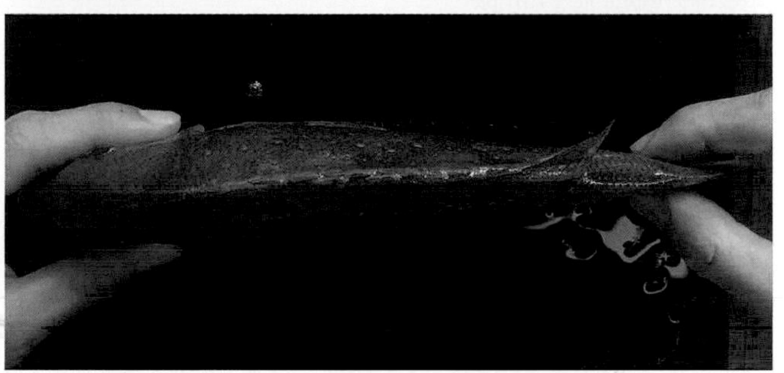

編輯食品經常會在意安全性問題。特別令人不放心的是「脫靶效應」（off-target effect）。脫靶效應是指改寫了目標DNA以外的DNA訊息。CRISPER-Cas9雖會在嚮導RNA指定的地方與DNA結合並作用，不過也有可能會跟非目標但類似序列的DNA結合，於是會剪斷序列類似的DNA，產生非目標DNA的突變，擔心會給作物帶來不可預期的影響。

脫靶效應很容易發生在與目標DNA序列類似的地方，不過可以在收錄了基因體資訊的資料庫中搜尋類似的序列，重點調查類似序列是否有改變。為了消除眾人的擔憂，日本厚生勞動省在事前針對基因體編輯食品進行討論時，規定研發人員必須要報告是否可能發生脫靶效應。

基因體編輯在治療愛滋病方面也受到矚目

基因體編輯技術也應用在醫療臨床，其中一例是愛滋病（後天免疫不全症候群，Acquired immuno-deficiency syndrome，AIDS）的治療。愛滋病是廣為人知的疾病，愛滋病毒（HIV）會感染「淋巴球」，而淋巴球是擁有免疫機能的細胞，感染後其免疫機能會慢慢下降。目前研究發現，HIV要感染淋巴球時，會以淋巴球表面的「CCR5」蛋白質為「標記」並入侵淋巴球。因此若運用基因體編輯消除CCR5基因，HIV就無法感染淋巴球了。

治療的概念，首先要從患者體內抽取出淋巴球，透過基因體編輯使CCR5基因失去機能。然後，再將淋巴球注入患者體內，這樣的話HIV便會失去感染目標，不久便消失於體內。

從上述諸多案例可知，基因體編輯技術已運用在我們生活上的食品及醫療技術等方面。

【 人人伽利略系列 37 】

國中・高中生物

從細胞開始認識生物的遺傳、演化與生態系

作者／日本Newton Press
特約編輯／謝宜珊
翻譯／林筑茵
編輯／林庭安
發行人／周元白
出版者／人人出版股份有限公司
地址／231028 新北市新店區寶橋路235巷6弄6號7樓
電話／（02）2918-3366（代表號）
傳真／（02）2914-0000
網址／www.jjp.com.tw
郵政劃撥帳號／16402311 人人出版股份有限公司
製版印刷／長城製版印刷股份有限公司
電話／（02）2918-3366（代表號）
香港經銷商／一代匯集
電話／（852）2783-8102
第一版第一刷／2023年2月
第一版第二刷／2023年5月
定價／新台幣450元
港幣150元

國家圖書館出版品預行編目（CIP）資料

國中・高中生物：從細胞開始認識生物的遺傳、演化與生態系
日本Newton Press作；林筑茵翻譯. -- 第一版. --
新北市：人人出版股份有限公司, 2023.02
面；公分. —（人人伽利略系列；37）
ISBN 978-986-461-321-2（平裝）
1.CST：生物 2.CST：中等教育

524.36 111021999

NEWTON BESSATSU MANABINAOSHI
CHUGAKU KOKO NO SEIBUTSU

Staff

Editorial Management 木村直之

Design Format 宮川愛理
Editorial Staff 上月隆志
宇治川裕

Photograph

4 【DNA】ipopba/stock.adobe.com
【海の生態系】whitcomberd/stock.adobe.com
【発芽】singkaham/stock.adobe.com
5 【猫】seregraff/stock.adobe.com
【森林】SB/stock.adobe.com
【ゾウガメ】Grispb/stock.adobe.com
60-61 only_kim/stock.adobe.com
93 Vladimir Wrangel/stock.adobe.com
102-103 Cat Bell/stock.adobe.com
116-117 Baranov/stock.adobe.com
118-119 Jaynes Gallery/Danita Delimont/stock.adobe.com
138-139 Jody/stock.adobe.com
140-141 【コムクドリ】askaflight/stock.adobe.com, 【ホッキョクグマ】Alexey Seafarer/stock.adobe.com, 【ナガサキアゲハ】FUJIOKA Yasunari/stock.adobe.com, 【サクラ】UbjsP/stock.adobe.com
142-143 【トマト】サナテックシード株式会社, 【マダイ】提供：京都大学木下政人・近畿大学家戸敬太郎

Illustration

Cover Design 宮川愛理（イラスト：Newton Press）
1～3 Newton Press
6-7 黒田清桐
8-9 Newton Press
10-11 Newton Press
13 Newton Press
14～43 Newton Press
45～51 Newton Press
52-53 月本事務所（AD：月本佳代美, 3D監修：田内かほり）
54-55 羽田野乃花
56-57 Newton Press
58 Newton Press
59 佐藤蘭名
62-63 Newton Press
65～68 Newton Press
69 黒田清桐
70 Newton Press, 黒田清桐
71～89 Newton Press
91～95 Newton Press
95 重・治
96～101 Newton Press
104-105 Newton Press
107～116 Newton Press
118 Newton Press
120-121 Newton Press
122 岡本三起夫
123～125 山本 匠
126～129 Newton Press
130-131 小林 稔
132-133 Newton Press/黒田清桐/藤井康文
134～139 Newton Press